Kurt und Max Tozzer

Das Netz der Schattenmänner
Geheimdienste in Österreich

HOLZHAUSEN

Dieses Buch entstand mit freundlicher Unterstützung durch

Das Bundeskanzleramt

Bibliografische Information der deutschen Bibliothek
Die Deutsche Bibliothek verzeichnet diese Publikation in der Deutschen Nationalbibliografie; detaillierte bibliografische Daten sind im Internet über http://dnb.ddb.de abrufbar.

Holzhausen Verlag

Wien 2003
Cover und grafische Gestaltung: Róbert Kaitán
Satz: Stefan Aigner
Lektorat: Claudia Strafner
Druck: Holzhausen Druck & Medien GmbH, Wien

Printed in Austria

ISBN 3-85493-079-8

Kurt und Max Tozzer

Das Netz der Schattenmänner

Geheimdienste in Österreich

Holzhausen Verlag · Wien 2003

Kurt Tozzer, geb. 1929 in Wien, seit 50 Jahren Journalist, zuerst bei Tages- und Wochenzeitungen, von 1967 bis 1994 dann beim ORF als Gestalter und Leiter zeitkritischer Sendereihen (u.a. „Horizonte", „Schwarz auf Weiß"), jetzt freier Journalist und Autor von Büchern zu aktuellen politischen und chronikalen Themen. Bei Holzhausen 1995 erschienen: „Bombenspuren. Briefbomben und politischer Terror".

Max „MATO" Tozzer, geboren 1961 in Wien, Sohn von Kurt Tozzer. War als freier Journalist bei Tages- und Wochenzeitungen tätig, seit dem Jahr 2000 auch Mitarbeit bei mehreren zeitgeschichtlichen Büchern. Spezialgebiet Internet-Recherche. Arbeitet zur Zeit an einem Roman.

Inhalt:

Vorwort

Der Hund schnüffelte unter den Sitzbänken. Dann führte ihn der uniformierte Polizist zu den aufgestapelten Akten und ließ ihn auch noch unter dem Richtertisch und am Papierkorb schnuppern. „Ajax von Helsheim“ war für das Auffinden von Sprengstoff ausgebildet, doch im gesamten Verhandlungssaal 301 des Wiener Landesgerichts für Strafsachen, im Volksmund „Graues Haus“ genannt, konnte der Schäferrüde nichts entdecken. Der Saal wurde versperrt, ein Wachposten blieb über Nacht vor der Tür, die Verhandlung konnte am nächsten Tag gefahrlos beginnen.

Es war ein Prozess, der Anfang 2003 in einigen Etappen abgewickelt wurde, und der im Zusammenhang mit anderen in Wien durchgeführten Verfahren zum gleichen Thema einen Einblick in jene Schattenwelt bot, in der sich Geheimagenten und Sondergruppen der Polizei wie auch internationale Gauner, bestechliche Beamte sowie gekaufte Killer bewegen.

Eine Schattenwelt, in der Lug und Trug regiert, und in die viel Geld investiert wird. Eine Schattenwelt, die uns alle Milliarden Euro, Dollar oder Rubel kostet. Eine Schattenwelt, deren Protagonisten Kriege verhindern und auch anzetteln, deren Akteure Waffenschieber entlarven und auch fördern. In ihr leben gekaufte Spione, die ein paar Akten eines Ministeriums kopieren, genau so wie Agenten, die politische Karrieren beeinflussen. Die Schattenwelt ist bestückt mit elektronischen Ohren, die verschlüsselte Funksprüche auffangen oder Handy-Gespräche belauschen, sie wird umkreist von Satelliten, deren Kameras nicht viel entgeht.

Wie ein Perpetuum mobile hält sich die Schattenwelt selbst am Leben. Denn jeder Spion gebiert einen Gegenspion, jede Aktion fordert Gegenaktionen heraus. Wo es Geheimdienste zur militärischen Aufklärung gibt, ist auch ein Geheimdienst zur militärischen Abwehr notwendig. Ein Agent, der weiß, was ein anderer Agent weiß, kann nie sicher sein, dass nicht dieser weiß, dass er schon etwas weiß. Er täuscht daher vor, dass er nichts weiß, doch der andere weiß bereits, dass er nur so tut, als ob er nichts wisse und täuscht daher vor, dass er nichts von der Täuschung bemerkt hat. Und so weiter, und so weiter, ad infinitum.

Man kann die Geschichte der Geheimdienste und der Agenten beginnen lassen, wann immer man will, ihr Ende ist nicht abzusehen.

Wer in der Internet-Suchmaschine „Google“ nach dem Begriff „Spionage“ sucht, bekommt innerhalb einer Sekunde eine Liste von 71 200 Eintragungen auf seinen Bildschirm. Es würde viele Monate dauern, sie alle auch nur anzusehen.

Spioniert wird, seit es Konflikte gibt, seit versucht wird, neue Gebiete für sich zu gewinnen, die eigenen zu schützen. Kein Wunder, dass schon die Bibel eine Spionagegeschichte erzählt. Nach dem Auszug aus Ägypten bekam Moses von Jehova den Rat, Kundschafter nach Kanaan auszusenden. Spione also, noch besser gesagt waren es Wirtschaftsspione. „Erforschet das Land und den Boden, ob er fett oder mager, mit Bäumen bewachsen oder ob er ohne Bäume ist. Zeigt Euch mutig und bringet uns einige von den Früchten des Landes.“ Als die Kundschafter zurückkamen berichteten sie Moses zusammenfassend: „Wahrlich, es ist ein Land, darin Milch und Honig fließen.“

Die Geschichte der Spionage ist reich an seltsamen Vorgängen, zahlreiche „bunte Vögel“ stehen im Personenverzeichnis. Einer der begabtesten Spione im 17. Jahrhundert war Daniel Defoe, der Autor des Weltbestsellers „Robinson Crusoe“. Er arbeitete für den englischen Secret Service vor allem in Schottland und empfahl, Dossiers über alle wichtigen Persönlichkeiten anzulegen. Spitzelakten also. Für Frankreich arbeitete im 18. Jahrhundert der legendäre Frauenheld Giacomo Casanova als Spion. Er lieferte wertvolle Informationen über die Einrichtung wichtiger Häfen und kassierte dafür hohe Geldbeträge. Auch Robert Baden-Powell, der Gründer der weltweiten Pfadfinderorganisation, war als Spion tätig. Er tarnte sich als Schmetterlingssammler, doch enthielten seine Zeichnungen der seltenen Falter geheime Botschaften. Die nur noch der älteren Generation bekannte Filmschauspielerin Vera Tschechowa spionierte für die Sowjets bei Nazi-Reichsmarschall Hermann Göring. Seit Mata Hari weiß man, dass Betten bewährte Geheimnisbrecher sind.

Interessant ist alles für die Bewohner der Schattenwelt: die Harnprobe eines Herrschers und der Schuster eines Diktators, die Freundin des Präsidenten und die Schulden eines Ministers, der Funkspruch eines Kompaniekommandanten und die Fahrtroute einer Wirtschaftsdelegation, die Nehmer von Bestechungsgeldern und die mieselsüchtigen Hausmeister.

Krisen lassen das Geschäft aufblühen. Nach dem Anschlag auf das New Yorker World Trade Center und das Pentagon in Washington warnen Geheimdienste in aller Welt vor „möglichen weiteren Gefahren" und fordern gleichzeitig mehr Geld, um diese abzuwehren. Als die USA zu Beginn des Jahres 2003 für einen Kampf gegen den Irak entschlossen war, wurde die erste Bombe auf ein Ziel abgeworfen, das der amerikanische Geheimdienst als Nachtquartier Saddam Husseins bezeichnete. Doch der schlief woanders. Niemand weiß, ob militärische Spionage im Laufe der Geschichte tatsächlich Kriege entschieden hat – genau so wenig weiß man, wie die Auseinandersetzungen ohne das verwertete Wissen der Agenten ausgegangen wären.

CIA und KGB und MI 6 – die Kürzel für die Spionage-Firmen sind weltbekannt. Alle Länder haben Geheimdienste, selbst die biedere Schweiz, und vom Vatikan behaupten sogar viele, dass sein Netzwerk unübertroffen ist. In Österreich werken das Heeres-Nachrichtenamt und die Staatspolizei neben Sondereinheiten der Polizei, die oft sehr eigenwillige und diskrete Wege gehen.

Doch einiges aus der Welt der Geheimdienste, der Spione und Agenten, der Experten fürs Lauschen und Spähen, fürs Chiffrieren und Entschlüsseln, fürs Maskieren und Entlarven, fürs Diplomatische und Plumpe, wird doch bekannt. Gewiss, es sind nur ein paar Mosaiksteinchen eines Tausend-Teile-Puzzles, doch richtig zusammengesetzt vermitteln sie doch ein ganz gutes Bild. Scheinwerfer an für einen Blick in die Schattenwelt.

Kapitel 1

Wiener Geheimdienst lieferte Grundlage für Kosovo-Krieg

Das österreichische Bundesheer hat einen schlagkräftigen Nachrichtendienst organisiert. Den elektronischen Ohren des Militärs entgeht kaum etwas, was in der Nachbarschaft gefunkt wird. Spioniert wird seit Prinz Eugen und, wie man seit Oberst Redl weiß, auch für den Gegner.

Ein Brigadier verwaltet das Erbe der Amerikaner

Stiller noch als im Advent ist es meist in den ersten Tagen eines neuen Jahres. Nach den Feiertagen ist die Arbeitsmaschinerie noch nicht so richtig angelaufen, man trödelt herum und weiß nicht so recht, ist es noch abklingender Winterschlaf oder schon heraufdämmernde Frühjahrsmüdigkeit.

Auch in der Theodor-Körner-Kaserne des österreichischen Bundesheeres in Wien-Hütteldorf sind diese Tage zwischen Silvester und dem Heiligen-Drei-König-Tag gemeinhin nicht besonders stressig. Anders jedoch zum Jahresbeginn 1999, und da besonders in jenem streng gesicherten Teil der Kaserne, in dem das Heeres-Nachrichtenamt, das HNA, untergebracht ist. Jener militärische Geheimdienst, der für die Aufklärung im Ausland zuständig ist und unter verschiedenen Namen offiziell seit 1956 existiert.

Hektik pur war damals angesagt, denn in der östlichen Nachbarschaft rumorte es gewaltig.

Befehligt wird das HNA im Jahr 1999 von Divisionär – dem österreichischen Titel für einen Generalmajor – Alfred Schätz. In der Öffentlichkeit tritt er fast nie auf, es gibt ein einziges offizielles Foto von ihm, das ihn in Uniform zeigt. Ein Mann mit hoher Stirnglatze, schütterem Haar in einer undefinierbaren Farbe zwischen braun und grau, runder Brille, schmalen Lippen. Ein Hauch von Freundlichkeit um den Mund. So könnte der Elternvereinsobmann eines Realgymnasiums aussehen, ein Sinnbild für Korrektheit und Zurückhaltung. Ein

Mann, an dessen Äußeres man sich kaum erinnert, auch wenn man ihm gerade in einer Drehtür begegnet ist. Ein Mann wie geschaffen für einen Geheimdienstchef.

Er leitet ein Amt mit etwa 500 Mitarbeitern in aller Welt. Mathematiker, Dolmetscher, Wirtschaftsfachleute, Elektronik-Experten und spezialisierte Militärs zählen zu seiner Mannschaft. Wie viele es genau sind, weiß vielleicht sein Minister. Hoffentlich.

Sie alle basteln an dem, was im Amtsdeutsch des „Organisationspapiers für das Heeres-Nachrichtenamt" geschwollen so lautet: „Aufgabe ist die Information der militärischen und politischen Führung über die militärischen Gegebenheiten in den Nachbarstaaten und Schaffung eines Lagebildes, Sammlung aller für die Verteidigung der Republik notwendigen militärischen, wehrpolitischen, wehrwissenschaftlichen und wehrwirtschaftlichen Nachrichten über das Ausland, Bearbeitung dieser Nachrichten, Beurteilung des Lagebildes." Wie viel Geld dafür zur Verfügung steht, wird der Öffentlichkeit nicht verraten. Und ob es gut angelegt ist, darüber gibt es die verschiedensten Vermutungen.

Hunderte Dollar-Millionen jedenfalls haben die Amerikaner während der Besatzungszeit zwischen 1945 und 1955 und auch noch Jahre danach in die Ausrüstung des HNA in Österreich investiert. Elektronische Lauschstationen und Funk-Peilanlagen wurden vom US-Geheimdienst finanziert und eingerichtet, Sende- und Empfangsanlagen spendiert und Personal ausgebildet.

Für die Amerikaner zeigte sich wieder 1999, dass dieses Kapital Zinsen trägt. Zinsen in Form von wichtigen Informationen, die man vom HNA und dessen Spionen bekam.

Der „Hufeisenplan" wird aus dem Äther gefischt

Es war ein brisantes Geheimpapier, das nach Bekannt werden im ersten Jahresviertel 1999 unter europäischen Politikern und in den Medien Aufgeregtheit und Rätselraten ausgelöst hat. Es waren die Informationen über den sogenannten „Hufeisenplan" der damaligen jugoslawischen Führung. Dieser Plan, in der Landessprache „Potkova" genannt, enthielt die strategischen Grundlagen der jugoslawischen Armee in ihrem Kampf gegen die albanischstämmigen Rebellen in der Provinz

Kosovo. Spione des österreichischen Heeres-Nachrichtenamtes hatten ihn beschafft. Den Mitarbeitern von Divisionär Schätz ist es gelungen, den Funkverkehr der jugoslawischen Truppen aus den Äther zu fischen und den verwendeten Code zu knacken.

Der Schlachtplan, der bei seiner Durchführung unabsehbare Folgen, auch für die unbeteiligte Zivilbevölkerung in dem betroffenen Gebiet, haben musste, stellte ein brutales Rezept der serbischen Führung zur „ethnischen Säuberung“ in der Region dar. Zangenförmig sollten die Truppen das Gebiet einschließen, auf dem Papier sah der Aufmarsch wie ein großes Hufeisen aus, das um den Kosovo gelegt wird.

Das Eingreifen der NATO-Truppen in Jugoslawien ab März 1999 wurde später damit begründet, dass man nach Kenntnis des Hufeisenplans ein derartiges Vorgehen Milosevics verhindern wollte.

Spielte das Heeres-Nachrichtenamt also eine Schlüsselrolle im Krieg gegen Jugoslawien? Österreichs damaliger Verteidigungsminister Werner Fasslabend von der ÖVP gab dem Parlament dazu folgende Stellungnahme ab: „Planungen zur Operation ‚Potkova' wurden erstmals im Jänner 1999 erkannt. Die diesbezüglichen Informationen stammen aus mehreren Quellen und wurden mit nachrichtendienstlichen Mitteln erfasst, die einem besonderen Quellenschutz unterliegen. Nähere Auskünfte darüber sind nicht geeignet, im Rahmen einer parlamentarischen Anfrage öffentlich erörtert zu werden.“

Mehr gab er nicht bekannt. Die Details werden auch bis heute geheim gehalten. Aus sicherer Quelle ist jedoch den Autoren bekannt:

- Bereits am 14. Jänner 1999 wird das HNA informiert, dass die jugoslawische Führung den Streitkräften den Auftrag gab, das Kosovo-Problem zu lösen.
- Schon am 20. Jänner liefern Österreichs Schattenmänner einen ersten Bericht über die Aufmarschlinien und den ungefähren Kräfteeinsatz für die Operation Potkova an Verteidigungsminister Fasslabend. Danach sollen sich neun Divisionen, darunter sechs der Sonderpolizei, an der Operation beteiligen.
- Nur eine Woche später wissen die Spione des Heeres-Nachrichtenamtes, wo Feldspitäler, Treibstofflager und Munitionsdepots für die teilnehmenden Truppen der jugoslawischen Armee errichtet werden. Es wird mit der Requirierung von Fahrzeugen begonnen.

Während der Verhandlungen zur Bereinigung der Kosovo-Krise im französischen Rambouillet Anfang Februar 1999 wird Funkstille über die Potkova-Truppen verhängt, damit die Vorbereitungen nicht publik werden.

Damit ist es jedoch am 20. Februar vorbei, der Aufmarsch der Truppen lässt den Äther überquellen und das HNA erfährt, dass „Potkova" zwischen 25. Februar und 25. März beginnen wird. Am 20. Februar werden die Reservisten mobilisiert, am 24. Februar wird der Wehrdienst für die planmäßig im März abrüstenden Soldaten um sechs Wochen verlängert.

Geheimnisse werden an „befreundete Dienste" gegeben

Über alle diese Aktionen und Erkenntnisse wird Österreichs Verteidigungsminister Fasslabend vom HNA informiert. Diese Berichte habe er auch, so der Minister in der Beantwortung der parlamentarischen Anfrage, an Bundeskanzler Viktor Klima und Außenminister Wolfgang Schüssel weitergeleitet.

Mit diesen Geheimberichten versorgte offenkundig der Außenminister laufend seine Amtskollegen in der EU, darunter auch Deutschlands Joschka Fischer. Anzunehmen ist, dass von dort auch der NATO-Partner Amerika informiert wurde. Was die Agenten und Funkaufklärer des österreichischen Geheimdienstes herausfanden, wusste daher postwendend der Westen und konnte sich darauf vorbereiten.

Weitere Details aus den HNA-Berichten, die an Deutschland und damit auch an die NATO weitergingen: Am 19. März befiehlt der Generalstab der Jugoslawischen Volksarmee „volle Einsatzbereitschaft" für den 25. März. Die gewarnten Mitglieder der „Kosovo-Vermittlungs-Mission" verlassen rechtzeitig das Land, und Slobodan Milosevic lässt sofort Potkova anlaufen. In der Nacht zum 24. März beginnen daraufhin die Luftangriffe der NATO auf Jugoslawien.

Nur verschlüsselt gaben später Österreichs Politiker ihre Rolle dabei der Öffentlichkeit bekannt. In den „Salzburger Nachrichten" erschienen im April 1999 Äußerungen von Außenminister Wolfgang Schüssel, wonach er diesen Hufeisenplan „an Amtskollegen in der EU" weitergegeben habe. Nicht viel klarer der Außenminister in der

Beantwortung einer parlamentarischen Anfrage zu dem Thema: „Im Rahmen der EU erfolgt ein regelmäßiger Meinungsaustausch über außenpolitisch relevante Fragen, auch über die Lage in Südosteuropa. Mir ist nicht bekannt, ob und inwieweit Inhalte dieses Meinungsaustausches auch in die NATO einfließen, deren Mitglied die USA ist."

Der deutsche Verteidigungsminister Rudolf Scharping bestätigte dann im Mai 1999 öffentlich, dass der Hufeisenplan „vom österreichischen Geheimdienst" kam und aus Wien zuerst Außenminister Joschka Fischer übermittelt worden ist. In seinem Tagebuch vermerkt Scharping dazu Folgendes, wobei die Daten wohl den Zeitpunkt der Eintragung festhalten und nicht jenen, als die Informationen ankamen: „5. April 1999: Erhalte von Joschka aus Geheimdienstquellen ein Papier, das die Vorbereitungen und die Durchführung der Operation Hufeisen der jugoslawischen Armee belegt. Haben wir jetzt einen vollständigen Beweis über lange geplante serbische Vertreibungen im Kosovo? Sofortige Auswertung veranlasst. 7. April 1999: Auswertung des Operationsplans Hufeisen liegt vor. Endlich haben wir einen Beweis dafür, dass schon im Dezember 1998 eine systematische Säuberung und die Vertreibung der Kosovo-Albaner geplant worden waren, mit allen Einzelheiten und unter Nennung aller dafür einzusetzenden jugoslawischen Einheiten. Die Informationen stammten aus einer zuverlässigen Geheimdienst-Quelle. Die Auswertung ergab ein erschreckend klares Bild."

In Österreich entflammte nach Bekannt werden der Details der Operation Hufeisen und der Aktivitäten der Politiker eine Debatte, ob man die Erkenntnisse des Geheimdienstes eines neutralen Landes weitergeben und dadurch – zumindest mittelbar – einer später kriegsführenden Macht Material zuspielen dürfe.

Eine Debatte, die ohne Konsequenzen blieb, da es ein offenes Geheimnis war, dass der Nachrichtenaustausch zwischen Geheimdiensten zum Alltagsgeschäft gehört und das Heeres-Nachrichtenamt seit Jahrzehnten sowohl mit dem US-Geheimdienst als auch mit dem deutschen Bundesnachrichtendienst (BND) zusammenarbeitet.

Bestens informiert über die Rüstungsindustrie

Doch schon ehe das HNA durch das Auskundschaften des Hufeisenplans zu internationalem Ruhm kam, belegen geheime Berichte das umfassende Wissen des österreichischen Geheimdienstes über die Vorgänge nicht nur in den südöstlichen Nachbarstaaten. Hier Auszüge aus den „top-secret"-Analysen der 40. Kalenderwoche des Jahres 1998:

„Militärisch hat die NATO alle Vorbereitungen getroffen, die es ihr in einem kurzfristigen Zeitraum ermöglichen, eine Luftoperation (unter Einsatz von Cruise Missiles und ca. 100 Kampfflugzeugen) gegen die Bundesrepublik Jugoslawien durchzuführen. Eine für ein gemeinsames militärisches Handeln notwendige politische Entscheidung ist jedoch nicht in Sicht. Eine Erhöhung des Drucks auf Moskau mit einer etwaigen Junktimierung von wirtschaftlichen Hilfeleistungen im Gegenzug zu russischen Zugeständnisse ist erwartbar."

„In verschiedenen Betrieben der Rüstungsindustrie Jugoslawiens wurden verstärkte Sicherungsmaßnahmen erkannt. So wurden u. a. Videoüberwachungsanlagen in der ‚Elektronica Industrija' in Nis, bei ‚Minel' in Belgrad bei ‚Fabrika Automobila' in Priboj installiert und Fliegerabwehrsysteme für den Objektschutz bereitgestellt. Beim Kampfpanzer M-84 treten Probleme bei der Ersatzteilbeschaffung auf. Es liegen Hinweise vor, dass Ersatzteile aus Kroatien von der Rüstungsagentur ‚RH-Alan' beschafft wurden. Hinweisen zufolge sollen von der Firma Zorka in Sabac Komponenten für die Produktion binärer Kampfstoffe hergestellt werden. Das Unternehmen soll auch Kontakte zum Irak halten."

Die Agenten des HNA beobachteten aber auch Banalitäten und reichten sie an den Minister weiter: „Im Zentralgebäude der albanischen Streitkräfte in Tirana (in der Nähe des Zentrums an der Llana gelegen) fand die Präsentation neuer albanischer Uniformen statt. Die neuen Uniformen für die Streitkräfte sollen mehr Rücksicht auf traditionelle albanische Elemente nehmen und mit Abzeichen und Insignien versehen werden, welche sich auf die Geschichte des Landes bis zurück in die Antike beziehen."

Erster Spionagelohn: die türkischen Kaffeereserven

Nicht ganz so weit zurück, aber immerhin bis zur Zeit des Prinzen Eugen um 1700, lässt sich die Geschichte des österreichischen militärischen Geheimdienstes zurückverfolgen. Durch Kundschafter sollten damals schon Truppenaufmärsche beobachtet werden. Zu diesem Zweck wurden bereits in Friedenszeiten Vertrauenspersonen angeworben. Im heutigen Sprachgebrauch werden derartige Agenten „Schläfer" genannt, da sie erst bei Bedarf in Aktion treten.

Zum berühmtesten Kundschafter jener Zeit wurde Georg Kolschitzky. Vertraut mit türkischen Dialekten, gekleidet nach der muslimischen Mode, schlich er im September 1683 aus dem von den Türken belagerten Wien und spionierte auch im Lager Kara Mustafas. Er erfuhr vom Heranrücken des Entsatzheeres und diese Nachricht stärkte noch einmal die Widerstandskraft der Wiener. Nach dem Rückzug der osmanischen Armeen erhielt Kolschitzky von den Verteidigern Wiens als Dank für seine Agententätigkeit die gesamten zurückgelassen Kaffeevorräte als Lohn. Der Siegeszug der Melange im Abendland konnte durch die Tüchtigkeit eines Kundschafters beginnen.

Staatskanzler Wenzel Anton Graf Kaunitz brachte im 18. Jahrhundert nicht nur die polizeiliche Postüberwachung durch die sogenannte „Ziffernkanzlei" auf Hochtouren, er interessierte sich auch sehr für den militärischen Geheimdienst. Eine Meisterleistung von ihm: er zog den preußischen Panduren Friedrich Freiherr von der Trenck auf seine Seite und schickte ihn als militärischen Kundschafter quer durch Europa. Der Nachwelt blieb Trenck vor allem in der Figur des Hans Albers in Erinnerung, der ihn in einem Film dargestellt hat.

Später setzte Feldmarschall Josef Graf Radetzky durch, dass bei den diplomatischen Vertretungen Österreichs im Ausland Militärattachés Dienst machten, die über die Armeen im betreffenden Land informiert zu sein hatten.

Als Oberst Alfred Redl seine Fäden zog

1850 wurde das „k. u. k. Evidenzbüro“ als ständiger militärischer Geheimdienst geschaffen. Informationen über „fremde Rüstungen und ausländische Befestigungen“ sollten gesammelt werden, ebenso gehörten der Abhorchdienst, die Auswertung von Gefangenenverhöre und die Überwachung des Reiseverkehrs verdächtiger Personen zum Aufgabenkreis des Evidenzbüros, das zum Generalstab des Heeres ressortierte.

Der Erfolg des Geheimdienstes war mäßig, ebenso sein Budget. Dennoch wurden im Ausland eine Reihe von Agenten ausgehalten, denen auch Spezialwerkzeuge wie ausgehöhlte Spazierstöcke oder Haarbürsten zum Verstecken geheimer Nachrichten, sowie Spezialtinten zum Abfassen von unsichtbaren Informationen zur Verfügung standen.

Umgekehrt tummelten sich auch in Österreich die Geheimdienste. Besonders einsatzfreudig war die russische Ochrana, die sogar Einbrecher beschäftigte, die in Militär-Büros Stahlschränke plünderten. Im Solde dieser Organisation stand auch Generalstabsoberst Alfred Redl, der eine Zeitlang sogar stellvertretender Leiter des Evidenzbüros war.

Im Juni 1913 wurde er als Super-Spion entlarvt. Sein höchster Vorgesetzter, Generalstabschef Franz Conrad von Hötzendorf, beruhigte nach dem Auffliegen der Affäre: „Redl hat keine entscheidenden Geheimnisse verraten können.“ Der hohe Herr log, wohl im Interesse des Kaisers und des Hofes. Der Fall wurde von der Politik und den Behörden so behandelt, wie es auch heute noch oft üblich ist: Nur das zugeben, was man absolut nicht vertuschen kann; die Dimension der Affäre herunterspielen; und im übrigen möglichst rasch zur Tagesordnung übergehen.

Alfred Redl hatte als stellvertretender Leiter des österreichischen militärischen Geheimdienstes Zugang zu brisanten Akten und Aufstellungen, kannte die österreichischen Agenten im Ausland und ihre Quellen. Als Spion verdiente er in seiner Laufbahn, umgerechnet auf die heutige Kaufkraft, etwa 2,5 Millionen Euro.

Der im März 1864 im galizischen Lemberg geborene Redl trat mit 14 Jahren in die Kadettenschule in Brünn ein, mit 23 diente er als Leutnant beim Infanterieregiment Nr. 9 in Lemberg. In die höhere Kriegsschule, notwendige Voraussetzung für eine Karriere im Generalstab, wurde er aufgenommen, nachdem er eine Syphilis-Infektion zumindest äußerlich überstanden hatte. Als 32-Jähriger wird er dann Hauptmann im Generalstab und zum Sprachstudium nach Russland geschickt. Schon damals war er dafür ausersehen, in die „russische Abteilung" des Geheimdienstes einzutreten.

Agenten des Zaren suchten nach Schwachstelle

Die russische „Ochrana", die Geheimdienstorganisation des Zaren, sandte damals regelmäßig Agenten aus, die hohe Offiziere im Ausland beobachten und deren Schwachstellen herausfinden sollten. Auch auf Redl, der inzwischen im Evidenzbüro arbeitete, wurde ein Mann angesetzt.

Er hatte Erfolg und entdeckte die homosexuellen Neigungen des Geheimdienstmannes. Er war, wie es damals hieß, ein „Päderast". Redl hing an der Angel: würde er nicht spuren, wären seine Kontakte zu etlichen Offizieren – und sogar zu seinem Burschen – aufgeflogen und er hätte seinen Abschied nehmen müssen.

Also spurte Redl ab 1901 und verriet, was er unter die Hände bekam. Umgekehrt versorgte er auch das Evidenzbüro mit „Spielmaterial" des zaristischen Geheimdienstes, also brisant wirkende, aber falsche Informationen über das russische Heer.

In den folgenden Jahren belieferte Redl auch die Geheimdienste Italiens und Frankreichs und wurde zum reichen Mann.

1912 wird Redl Generalstabschef des VIII. k. u. k. Korps und übersiedelt nach Prag. In seinem Panzerschrank befinden sich die aktuellen Aufmarschpläne gegen Russland und Serbien. Redl versteckte seinen Reichtum gar nicht mehr. Er fuhr privat einen brandroten Daimler Benz, auf dessen Türen seine Initialen A. R. in vergoldeter Schrift prangten. Am Steuer saß bei Überlandfahrten sein livrierter Diener. Redls Auftraggeber vermieden damals weitgehend den persönlichen Kontakt mit ihrem Spion. Wünsche und Honorare kamen per Post. Und das wurde dem Obersten zum Verhängnis.

Wochenlang lag am Wiener k. u. k. Hauptpostamt am Fleischmarkt ein „Poste restante"-Brief an Herrn Nikon Nizetas, abgesandt aus der deutschen Gemeinde Eydtkunen nahe der russischen Grenze. Da er nicht abgeholt wurde, ging der Brief zurück nach Deutschland, wo er geöffnet wurde. Der Inhalt: 6 000 Kronen, nach heutigem Geldwert etwa 30 000 Euro. Der deutsche Geheimdienst informierte das österreichische Evidenzbüro, das damals Maximilian Ronge leitete, und man legte den Brief samt Geld wieder ins Hauptpostamt. Gemeinsam mit der Geheimpolizei observierte man dann das Gebäude. Noch ehe Herr Nizetas den Brief holte, kamen zwei weitere Schreiben, mit insgesamt 15 000 Kronen, also etwa einer 70 000 Euro.

Samstag, der 24. Mai 1913. Am späten Nachmittag erschien ein Herr in Zivil, grauer Anzug, Schnurrbart, behob die Post und ging ins Hotel Klomser in die Wiener Herrengasse, Ecke Bankgasse. Die Polizisten verfolgten ihn. Im Hotel erfuhren sie, dass der Mann Oberst Alfred Redl war. In aller Eile entsandte das Militär eine Gruppe zu Redl, der seine Enttarnung ahnte: „Ich bin das Opfer meiner unseligen Leidenschaften. Ich bitte um eine Waffe, um mein Dasein beschließen zu können." Er bekam einen Browning und erschoss sich um 1.45 Uhr. Vorher sagte er den Polizisten noch, Beweise für seine Spionagetätigkeit habe er in seiner Prager Wohnung aufbewahrt.

Die offizielle Mitteilung über Redls Tod erfolgte durch das k. k. Telegraphen-Korrespondenzbüro am 25. Mai 1913 und die Zeitungen druckten es brav ab: „Der Generalstabschef des Prager Armeekorps, Oberst Alfred Redl, hat sich in einem Anfall von Sinnesverwirrung das Leben genommen. Der hochbegabte Offizier, dem eine große Karriere bevorstand, hat in letzter Zeit an Schlaflosigkeit gelitten." Redl wird in aller Stille am Wiener Zentralfriedhof (Gruppe 79, Reihe 29, Grab Nr. 38) beerdigt.

Der fehlende Fußballer gab wichtige Hinweise

Der Prager Schriftsteller Egon Erwin Kisch, der später zum „rasenden Reporter" geadelt wurde, deckte dann auf, was wirklich im Fall Redl geschehen war.

Ein Verteidiger seiner Fußballmannschaft „Sturm" hatte beim Match gegen Union Holeschovice am 25. Mai gefehlt und sein Fernbleiben Kisch gegenüber damit entschuldigt, dass er für eine militärische Kommission aus Wien Redls Wohnung und dessen Schränke öffnen musste. Die Offiziere hätten Photos von Plänen gefunden, die Wohnung habe „wie von einer Dame“ ausgesehen. Kisch witterte einen Zusammenhang mit dem eben gemeldeten Selbstmord Redls und berichtete darüber vorsichtig im Prager „Bohemia“. Von dort ging die Meldung in alle Welt – und die Dementierer und Verniedlicher in der Bürokratie standen auf verlorenem Posten. Redls Spionagetätigkeit und seine Homosexualität konnten nicht mehr verheimlicht werden.

Sein Fall wurde zum beliebten Stoff für Filme. Zwei entstanden schon in der Ersten Republik, Alexander Lernet-Holenia schrieb dann später das Drehbuch für einen 1955 entstanden Franz Antel-Film. Ewald Balser spielte den Spion, Oskar Werner seinen homosexuellen Freund. Zuletzt verkörperte 1984 Klaus Maria Brandauer den berühmtesten Geheimdienstler Österreichs.

Militärischer Geheimdienst verbrannte seine Dossiers

1914 hatte Kaiser Franz Joseph I. Thronfolger Erzherzog Franz Ferdinand nach Sarajevo gesandt, um die österreichisch-ungarischen Truppen bei ihrem Manöver in Bosnien-Herzegowina zu inspizieren. Vom Wiener Evidenzbüro sollte Major Maximilian Ronge für seine Sicherheit während der Reise sorgen, doch Franz Ferdinand hielt nicht viel von derartigen Maßnahmen.

Der Chef des serbischen Geheimdienstes, Oberst Dragutin Dimitrijevic, sah die Verwundbarkeit des Gegners, und bestimmte Männer der Crna Ruka (Schwarze Hand), ein Attentat auf Franz Ferdinand durchzuführen. Es gelang und war in der Folge eine Begründung für den Beginn des Ersten Weltkriegs. Redls Verrat allerdings hatte keine Auswirkungen auf den Feldzug gegen Russland, da die Aufmarschpläne der österreichischen Armee rechtzeitig geändert worden waren.

Zu den verstärkten geheimdienstlichen Aktivitäten im Krieg kam die Funkspionage als neues Einsatzgebiet. Fast alle Erkenntnisse über die gegnerischen Truppenbewegungen konnten durch das Abhören und Dechiffrieren der Funkmeldungen gewonnen werden.

Gegen Kriegsende beschäftigte das Evidenzbüro etwa 300 Offiziere, 20 Beamte, 600 Soldaten und ebensoviel Konfidenten.

Der militärische Geheimdienst ging 1920 für vier Jahre in die „Zentrale Evidenzstelle“ der Polizei auf, doch sträubten sich die Militärs gegen die Übergabe von Archivmaterial an die Staatspolizei. Die Offiziere des Geheimdienstes sammelten ihre Akten ein und verließen durch einen noch aus der Zeit von Oberst Redl stammenden Geheimgang das Gebäude am Wiener Stubenring. Anschließend wurden die Papiere verbrannt.

Unter Verteidigungsminister Carl Vaugoin wurde dann 1924 der Nachrichtendienst des Heeres, der Informationen im Ausland zu beschaffen hatte, wieder selbstständig, die Abwehr aber blieb in der Zuständigkeit der Sicherheitsbehörden. Sie hatte für die Sicherheit des Bundesheeres innerhalb Österreichs zu sorgen und Spionage zu verhindern.

In der Folge wurde sowohl die Funkaufklärung durch den Geheimdienst verstärkt als auch eine große Zahl von V-Männern im Ausland angeworben. Zeitweise waren an die 500 Spione für den österreichischen Nachrichtendienst in Europa unterwegs. Eine weitere Maßnahme war, die Zahl der im Ausland stationierten Militär-Attachés zu vergrößern und sie mit mehr finanziellen Mitteln auszustatten. In der Hauptsache werteten sie frei zugängliche Informationen aus. Penibel, wie die österreichische Bürokratie immer schon war, hielten die Kontrollore des Finanzministeriums fest, dass die Attachés „71 Tageszeitungen, 51 Zeitschriften, 14 Illustrierte und die Meldungen von 5 Nachrichtendiensten“ abonniert hatten.

Der Admiral kam zu Besuch nach Wien

Im Mai 1937 erhielt Alfred Jansa, der Generalstabschef des österreichischen Bundesheeres und damit auch für den militärischen Geheimdienst zuständig, unerwarteten Besuch aus Berlin: Admiral Wilhelm Canaris, der neue Abwehrchef der deutschen Wehrmacht, kam nach Wien, um über eine bessere Zusammenarbeit der beiden Spionageorganisationen zu beraten. Canaris erhielt die Zusage, dass Wien seine Erkenntnisse über die Tschechoslowakei auch dem Berliner Geheimdienst weitergeben werde.

Trotz des Gipfeltreffens der Spionage-Chefs wurde hinter den Kulissen emsig weiter im jeweils anderen Bereich spioniert. Canaris ließ sich laufend Berichte über die Stärke der illegalen Nazis und der prominentesten Nazi-Gegner liefern, Jansa setzte alles daran, mehr über die deutschen Pläne für Österreich zu erfahren. Tatsächlich gelang es seinem Geheimdienst, im Herbst 1937 den genauen deutschen Aufmarschplan für eine Besetzung Österreichs zu beschaffen. Im Februar 1938 meldeten dann die Agenten des Nachrichtendienstes, dass eine militärische Aktion unmittelbar bevorstehe.

Der österreichischen Regierung unter Kurt Schuschnigg half das nichts mehr. Sie war zu schwach, um politisch zu reagieren, militärischen Widerstand wollte man nicht leisten, „um kein deutsches Blut zu vergießen“.

Am 11. März 1938 trat Schuschnigg zurück. Während er noch seine Radioansprache hielt, die mit den Worten „Gott schütze Österreich“ endete, waren Heinrich Himmler und Reinhard Heydrich, die Spitzen der deutschen Polizei und des Sicherheitsapparats, bereits per Flugzeug auf dem Weg nach Wien.

Der österreichische Geheimdienst hörte auf zu existieren, alles wurde dem Abwehrchef Canaris unterstellt. Jansa wurde gezwungen, für einige Jahre nach Deutschland zu übersiedeln. Erst nach Ende des Zweiten Weltkriegs entstanden wieder getrennte Nachrichtendienste in Österreich und Deutschland.

Kapitel 2

Auch Minister unter Verdacht. Bequeme Paragraphen gebastelt.

Die amerikanischen Besatzer halfen beim Aufbau eines österreichischen Bundesheeres und des militärischen Geheimdienstes. Doch die Agenten ermittelten später auch gegen den eigenen Minister. Zuletzt bekam das Nachrichtenamt des Bundesheeres umfangreiche Vollmachten.

Spionage-Handwerker wurden rekrutiert

Die moderne Geschichte des österreichischen militärischen Geheimdienstes beginnt in den 50er-Jahren des vorigen Jahrhunderts, zwei Generationen haben bisher ihre Spuren in dieser Schattenwelt hinterlassen.

Zwar wurde schon in der im April 1945 gebildeten „Provisorischen Staatsregierung" unter Karl Renner mit Oberstleutnant Franz Winter ein Unterstaatssekretär für das Heerwesen ernannt, doch wollten die Alliierten damals noch nichts von einem Bundesheer wissen. Die Amerikaner forcierten dann jedoch aus Angst vor sowjetischer Expansion die Militarisierung Österreichs. Schon vor Abschluss des Staatsvertrags wurde mit US-Hilfe die sogenannte B-Gendarmerie als getarntes Heer aufgestellt. Die Westmächte wollten sich aus Österreich nur dann zurückziehen, wenn kein militärisches Vakuum entsteht.

Als dann mit Wiedererlangen der vollen Souveränität das Bundesheer die B-Gendarmerie-Tarnung abwarf, waren unter den rekrutierten Offizieren auch zahlreiche Spezialisten, die während des Weltkrieges beim deutschen Nachrichtendienst gearbeitet hatten, und jetzt dringend gebraucht wurden. Frei nach dem Sprichwort „Handwerk hat goldenen Boden" wurden auch die Spionage-Handwerker rekrutiert.

Vorsorglich hatte der österreichische Nationalrat im Wehrgesetz 1955 als Aufgaben des neuen Bundesheers nämlich nicht nur den Grenzschutz und die Landesbefestigung festgelegt, sondern auch die Aufgaben „militärische Lagebeschreibung und militärisches Nachrichtenwesen" dazugefügt.

Der Geheimdienst war geboren, und mit Kurt Benno Fechner, damals 59 Jahre alt, wurde ein Mann aus der Umgebung des legendären Admirals Wilhelm Canaris als erster Chef eingesetzt. Canaris war Abwehrchef der Großdeutschen Wehrmacht und ist kurz vor Kriegsende als Verräter hingerichtet worden.

Fechners Vergangenheit im Dritten Reich war für die Amerikaner kein Hindernis, sich seiner Einsetzung zu widersetzen, für sie war jedenfalls dessen pro-westliche Haltung entscheidend und über jeden Zweifel erhaben. Das wurde bei zahlreichen Zusammenkünften zwischen dem ehemaligen Oberstleutnant der Hitler-Armee und US-Agenten im Cafe Rudolfshof in der Cobenzlgasse in Wien-Grinzing stets aufs Neue bei etlichen Gläsern Heurigen bekräftigt.

Damals nannte sich der Geheimdienst des Bundesheeres noch äußerst zurückhaltend „Gruppe Nachrichtenwesen" (NaGrp) im Bundesministerium für Landesverteidigung. Zuständig war man sowohl für die offensive Aufklärung als auch für die Spionageabwehr. Niemals wurde in einem Stellenplan enthüllt, wie groß der Personalstand dieser Gruppe ist, in keinem Budget konnte man feststellen, wie viel Geld dem Geheimdienst zur Verfügung steht. Alles verschwamm im Verteidigungshaushalt. Und es kümmerte sich auch kaum jemand in der Öffentlichkeit darum.

Fechner umgab sich mit höchst seltsamen Mitarbeitern: Als Leiter der Informationsabteilung der NaGrp setzte er den ehemaligen Wehrmachts-Major Robert Wrabel ein, der die Angewohnheit hatte, sich mit seinen Agenten im Wiener Café Carlton zu treffen und dort nur mit seinem Decknamen „Doktor Schwarz" angesprochen werden wollte, obwohl jeder Piccolo wusste, wer er war. Wrabel begann, unter den Matrosen und Kapitänen der österreichischen Donauflotte Vertrauensleute zu akquirieren und setzte durch, dass die Schiffe leistungsfähige Funkeinrichtungen bekamen, damit sie Meldungen aus den Donauuferstaaten an den österreichischen Geheimdienst weiterleiten konnten.

Als Abwehr-Chef bestellte Fechner ebenfalls einen Wehrmachtskameraden, Hauptmann Alexander Kragora, den man wegen seiner Vorliebe für Weinbrand auch den „Drei-Sterne-General" nannte.

Die Gruppe Nachrichtenwesen arbeitete von Beginn an – Neutralität hin, Neutralität her – mit den amerikanischen Geheimdiensten und auch mit der Organisation Gehlen des deutschen Nachbarn, aus der später der Bundesnachrichtendienst entstanden ist, zusammen. Fechner und sein Chef Ferdinand Graf, der erste Verteidigungsminister im neutralen Österreich nach 1955, ließen mit amerikanischem Geld und Erfahrungen vor allem Horchstationen an der Grenze zum Ostblock bauen.

Offenes Ohr war gegen den Osten gerichtet

Das wichtigste elektronische Spionage-Ohr entstand an der nordöstlichsten Ecke Österreichs. Dieser Horchposten heißt „Königswarte“, er liegt in 344 Meter Höhe auf einem Hügel bei Hainburg, direkt gegenüber von Pressburg. Von hier aus kann weit in den Osten hinein gelauscht werden, können Funkmeldungen der Truppen der Ostblockländer aufgezeichnet, durch österreichische Spezialisten dechiffriert und zur weiteren Auswertung den deutschen oder amerikanischen Kollegen übermittelt werden. Nach und nach wurde ein Gürtel von Horch- und Peilstationen um Österreich gelegt, wodurch der militärische Geheimdienst zu umfassenden Informationen vor allem aus dem Osten und Südosten Europas kam.

Die wichtigste Einrichtung, neben der Königswarte, wurde in der Nähe der niederösterreichischen Gemeinde Neulengbach, im Ortsteil Götzwiesen, untergebracht: ein unterirdischer Bunker, dessen elektronische Ohren weit über die Grenzen Österreichs hinausreichten. Der amerikanische Militärattaché kam oft mit seinem Dienstwagen (WD 5.006) hierher – hatte sein Land doch bei der Einrichtung finanziell und mit Ratschlägen kräftig mitgeholfen.

Zum Netz gehört auch die Station bei Seindl an der Südgrenze Österreichs, die Lauschstation bei Wels und jene in St. Johann im Salzburger Pongau, wo auch ein Kommandobunker für den Krisenfall eingerichtet worden ist. Hier könnte man, so man rechtzeitig den Weg dorthin findet, auch einen Atomangriff überstehen.

Darüber hinaus gibt es auch mobile Lauschgeräte, die je nach Bedarf an verschiedenen Stellen eingesetzt werden können.

Jede Lauschstation horcht verschiedene Frequenzbänder ab, stellt durch Peilung den jeweils aktuellen Standort fest, und zeichnet die

Gespräche, wenn es notwendig erscheint, vollautomatisch auf. Übersetzt und dechiffriert werden sie dann in das Lagebild einfließen. Im Gegenzug zur Finanzierung erhielten die Amerikaner die Aufzeichnungsbänder, die per Flugzeug in die Europa-Zentrale der US-Gegenspionageabteilung CIC nach Frankfurt gingen. „Das sind alles Erfindungen, kommunistische Propaganda, um unsere Neutralität in Frage zu stellen", dementierte man beim Bundesheer diese „Gegengeschäfte".

Rasch über die ČSSR-Krise informiert

Im Februar 1962 wurde Alexander Buschek als Nachfolger Fechners zum Leiter der Gruppe Nachrichtenwesen (NaGrp) ernannt. Auch Buschek hatte als Offizier in der deutschen Wehrmacht gedient, avancierte dann im österreichischen Bundesheer zum Major und war schließlich als Militärattaché in die Sowjetunion abkommandiert worden. Aus der Botschaft in Moskau übersiedelte er dann in die Wiener Theodor-Körner-Kaserne zum Geheimdienst.

Buschek freut sich darüber, dass der Agentenkrieg zwischen Ost und West zwar nicht beendet wurde, aber 1963 durch die Einrichtung eines „heißen Drahtes" zwischen Moskau und Washington zumindest die Chancen eines „irrtümlichen Kriegs" gemildert werde. Im Jahr darauf haben seine Abhörspezialisten viel zu tun – Nikita Chruschtschow wurde in der UdSSR entmachtet. Solche Situationen bringen alle Geheimdienste in Aufruhr. Auch 1967 haben die Analytiker von Buscheks Nachrichtengruppe viel zu tun: Israel führt einen Blitzkrieg gegen seine Nachbarn, alle Welt versuchte herauszubekommen, welche Rolle der Geheimdienst bei der Vorbereitung gespielt hat.

Im Frühsommer des Jahres 1968 ist man in den Horchstationen Neulengbach und auf der Königswarte besonders auf neue Nachrichten aus der benachbarten Tschechoslowakei erpicht. Der „Prager Frühling" versprach eine Aufweichung des kommunistischen Ostblocks, doch der Bazillus „Freiheit" drohte auch die Umgebung anzustecken, die Furcht war daher begründet, der Warschauer Pakt könnte diesem Frühling ein jähes Ende setzen. Buschek, der Mann an der Spitze des militärischen Geheimdienstes, spürt, dass sich beim Nachbarn etwas Schlimmes zusammenbraut. Die Auswerter der „Gruppe Nachrichtenwesen" im dritten Stockwerk der Theodor-Körner-Kaserne analysieren die dechiffrierten und übersetzten Funksprüche der tschechischen Armee. Für Verteidigungsminister Georg Prader wird ein täglicher Lagebericht erstellt.

Aus den aufgefangenen Funksprüchen ergibt sich für Buschek ein ziemlich klares Bild, was sich jenseits der Grenze abspielt. Im Juni 1968 werden offiziell Manöver der Truppen des Warschauer Paktes in der ČSSR abgehalten, doch es gibt darüber hinaus viel Militär in Bereitschaft: „Auf dem Gebiet der DDR stehen 4 oder 5 Divisionen, mobmäßig aufgerüstet, in Polen die 24. MotSchDiv der 13. Armee, im Militärbezirk Karpaten die 38. Armee Iwano-Frankowsk mit 4 Divisionen“, meldet Buschek die Stärke der Roten Armee an das Ministerium. Er weiß früher als alle anderen, dass die Sowjets durch eine militärische Invasion dem „Prager Frühling“ des Jahres 1968 ein jähes Ende bereiten könnten. Verteidigungsminister Georg Prader, Außenminister Kurt Waldheim, Kanzler Josef Klaus und Bundespräsident Franz Jonas werden ständig von ihm über die Lage informiert. Aber auch der US-Geheimdienst und der deutsche Bundesnachrichtendienst erhielten eine Auswahl von dem Material. „Es galt die alte Regel in diesem Geschäft: gib dem anderen immer etwas weniger, als du selbst weißt. Wir haben der USA jedoch immer so viel gegeben, dass sie daraus Nutzen ziehen konnte“, definierte Alexander Buschek in einem Interview die Geheimdienstlinie.

Später meinte dann Verteidigungsminister Georg Prader über die Qualität seines Geheimdienstes in der ČSSR-Krise: „Man kann ja über dies alles leider nicht reden, aber unser Nachrichtendienst war und ist wirklich ganz hervorragend. Das eine kann ich aber doch sagen: wir sind zehnmal besser informiert gewesen als die Amerikaner mit ihren ganzen Möglichkeiten.“ Dazu kam, dass der Bundesheer-Geheimdienst auch das Taxi-Funknetz in Pressburg, Brünn und Prag abhörte. Dadurch kam man zu Informationen, welche Truppenbewegungen es in diesen Städten gab. Daneben hatte die Gruppe Nachrichtenwesen im Laufe der Jahre auch Handelsvertreter, Fernfahrer und Bedienstete von Reisebüros sozusagen als „freie Mitarbeiter“ angeworben, die Spezialaufträge zu erfüllen hatten und das durch die Funkaufklärung erarbeitete Lagebild ergänzten.

Es ist eine riskante Angelegenheit, Amateure als Spione arbeiten zu lassen. Zuerst einmal wurden sie von den Profis eingeschult, worauf sie im Einsatzgebiet achten mussten – auf die Art der Uniformen der Soldaten, auf die Kennzeichnung von Kraftwagen, auf die verwendeten Typen der Fahrzeuge. Sie durften nicht fotografieren, keine Notizen machen, sie durften keinen Telefonkontakt mit Österreich aufnehmen, und außer unverfänglichen Ansichtskarten auch ihren Angehörigen nicht schreiben. Ihre Berichte hatten sie dann persönlich nach ihrer Rückkehr zu machen. Die Amateure wurden auch höchstens zwei- oder dreimal im gleichen Gebiet eingesetzt, um jede Gefahr eines Auffallens zu vermeiden.

In der Tschechoslowakei existierten auch zwei professionelle Agentenringe des österreichischen Geheimdienstes. Von ihrer Existenz erfuhr man erst, als im August 1968 ein Kurier von einem dieser Ringe von Offizieren des sowjetischen Geheimdienstes KGB geschnappt worden ist. Der Mann, mit Papieren eines fiktiven Erdölarbeiters aus Niederösterreich ausgestattet, war mit dem Material eines Brünner Hotelportiers auf dem Weg nach Österreich. Doch der Kurier ahnte nicht, dass der Portier in der Zwischenzeit von den Sowjets „umgedreht" worden war und ihn verraten hatte. Der österreichische Spion wurde später in Prag zu acht Jahren Gefängnis verurteilt.

Chiffriergerät des Bundesheeres im Visier

In den krisenhaften 60er-Jahren war auch das österreichische Bundesheer selbst Objekt der Geheimdienste des Ostens. Besonders aktiv neben dem sowjetischen KGB: der tschechische Geheimdienst „Statni Tajna Bespecnost" (STB).

Nach bewährter Agentenmanier hatten die Tschechen einen ehemaligen österreichischen Bundesheersoldaten in eine Liebesfalle gelockt. Bei einem Besuch in Brünn lernte er „ganz zufällig" eine fesche Bardame namens Helena kennen und war von ihr so beeindruckt, dass er sie heiratete. Helena war Agentin des STB. Ein anderer Agent informierte den Soldaten, der in die Falle getappt war, was man von ihm wollte: er sollte die vom österreichischem Bundesheer benutzte Chiffriermaschine MFF1 stehlen. Das in der Schweiz hergestellte Präzisionsgerät wog etwa 30 Kilogramm und wurde in der Maria-Theresien-Kaserne in Wien-Hietzing aufbewahrt. Der Einbruchsplan war bis ins Detail ausgefeilt, der Tag, an dem die Entführung von MFF1 stattfinden sollte, fixiert.

Die Abwehrspezialisten des Bundesheeres bekamen Wind von der Aktion, der Dieb sollte in flagranti erwischt werden. Jemand von der Einsatzgruppe hielt allerdings nicht dicht, und so erfuhr auch der Dieb, dass sein Plan verraten war. Er blies die Aktion ab und verschwand nach London. Erst Jahre später wurde herausgefunden, welcher Ex-Soldat das Husarenstück durchführen hätte sollen. Der Mann wurde daraufhin zu einer bedingten Strafe verurteilt.

Weniger glimpflich ging es einem anderen Österreicher im Dienste des tschechischen Geheimdienstes: er wollte 1967 von einem Bundesheer-Gefreiten um 20 000 Schilling Pläne von österreichischen Radaranlagen kaufen. Bei einem vereinbarten Treffen im Wiener Café Schottenring kommt zwar der Gefreite an den Tisch des Agenten, doch das Personal des Kaffeehauses war an diesem Tag durch Polizeibeamte ersetzt worden. Der Gefreite hatte dem Bundesheergeheimdienst gestanden, dass er einen Spionageauftrag habe, und so konnte der für den STB tätige Agent verhaftet werden. Vierzehn Tage später wird er zu acht Monaten Kerker verurteilt.

Intrigen gegen eigenen Minister gesponnen

Der österreichische militärische Geheimdienst bleibt natürlich vom Parteienstreit nicht unbeleckt: nach der ÖVP-Alleinregierung kommen 1970 die Sozialisten an die Mehrheit, Bruno Kreisky zieht ins Kanzleramt ein. Natürlich versucht er, in jenen Ministerien, die bisher von der ÖVP geleitet wurden, auf hochrangigen Stellen auch Parteigänger der SPÖ einzuschleusen.

An die Spitze des Verteidigungsministeriums, einer ÖVP-Hochburg, setzt er zuerst den Bundesheer-General Johann Freihsler, doch muss dieser bald abtreten. Sein Nachfolger wird ein weiterer General, der parteipolitisch nicht abgestempelt ist: Freiherr Karl von Lütgendorf, damals 56. Dem aus einer Soldatenfamilie stammenden Lütgendorf gelang es vorerst nicht, den Geheimdienst unter seine Kontrolle zu bringen. Er versuchte es etappenweise, doch außer einer 1972 erfolgten Namensänderung – von „Gruppe für das Nachrichtenwesen“ auf „Heeres-Nachrichtendienst“ – kam er nicht weiter.

Dennoch fürchteten die Geheimdienstler um ihr Reich, und man begann, gegen den eigenen Minister zu recherchieren. Bald wussten die Agenten von Lütgendorfs chronischer Geldknappheit und fanden ebenso rasch heraus, dass er dieser mit zweifelhafter Vermittlungstätigkeit bei Waffengeschäften zu Leibe rücken könnte. Als die Geheimdienstler genügend Material gesammelt hatten, fütterten sie anonym den Zoll am Flughafen in Wien-Schwechat und später einen Journalisten mit Informationen.

Der Zoll entdeckte am 3. Dezember 1976 in großen Holzkisten, die nach Syrien bestimmt waren, 600 Scharfschützengewehre und 400 000 Schuss Munition. Der Exporteur, der Waffenhändler Lois Weichselbaumer, hatte sich das Material über Vermittlung Lütgendorfs vom Bundesheer „ausborgen“ dürfen. Die Affäre wurde heruntergespielt, doch die Agenten des Heeres ließen nicht locker – nun wurde durch einen Mittelsmann Gerald Freihofner, damals Chefredakteur der Wiener „Wochenpresse“, mit Material über Lütgendorfs Geschäfte und seine Beziehungen zu Waffenhändlern gefüttert. Es reichte offenkundig aus, denn im Mai 1977 musste der Minister zurücktreten.

Am 9. Oktober 1981 wird Lütgendorf in seinem Geländewagen Lada Taiga, mit dem er in sein Jagdgebiet bei Schwarzau (Niederösterreich) gefahren war, tot aufgefunden. Getötet durch einen Schuss in den Mund. Selbstmord, wie die Behörden attestieren, Mord, wie viele nach wie vor vermuten. Sogar der ostdeutsche Geheimdienst, der „Stasi“, soll seine Hand dabei im Spiel gehabt haben. Angeblich waren den Agenten die vermuteten Waffengeschäfte Lütgendorfs mit Syriens General Mustafa Tlass ein Dorn im Auge.

Die Witwe des Verteidigungsministers jedenfalls kann kurz nach dem rätselhaften Tod ihres Mannes von einem Konto der Schweizerischen Bankgesellschaft in Zürich 493 517 Schweizer Franken abheben. „Es waren Provisionsgelder“, gab die Frau später in einem Interview zu.

Dem Heeres-Geheimdienst waren auch die Beziehungen zwischen dem Verteidigungsminister und dem stadtbekannten Unikum Udo Proksch aufgefallen. Da gab es Zusammenkünfte im sagenhaften

„Club 45" über der Konditorei Demel in der Wiener Innenstadt, da gab es einen von Proksch gegründeten Verein CUM (Civil und Militär), der von Lütgendorf Militärgeräte erhalten hat. Die Agenten sahen aufklärungsbedürftige Zusammenhänge, doch Lütgendorf stoppte die Neugier: durch eine ausdrückliche Weisung untersagte er Nachrichtendienst-Chef Alexander Buschek alle weiteren Ermittlungen. Ebenso blockte der Minister alle Untersuchungen des Geheimdienstes ab, wieso Udo Proksch Sprengstoff des Bundesheeres bekam. Sprengstoff, der später benutzt wurde, um das Schiff „Lucona" im Indischen Ozean zu versenken, das statt einer hochversicherten Uranerz-Aufbereitungsanlage wertlosen Schrott an Bord hatte.

Österreichische Spione in Jugoslawien verhaftet

Nach dem Rücktritt Lütgendorfs wurde 1977 der beinharte Sozialist Otto Rösch Verteidigungsminister und damit auch Chef des Heeres-Nachrichtendienstes. Eine peinliche Panne der Agenten dürfte das Verhältnis von Rösch zu seinem Geheimdienstchef von Beginn an nicht gerade gefördert haben.

Die jugoslawische Polizei nahm im September 1978 in Varazdin zwei Österreicher fest, die militärische Anlagen fotografiert haben. Es waren zwei Agenten der Klagenfurter Filiale des Heeres-Nachrichtendienstes, die erwischt wurden und später in Jugoslawien auch zu jahrelangen Freiheitsstrafen verurteilt worden sind.

Kurz nach dem Prozess schickte Rösch Geheimdienstchef Brigadier Alexander Buschek 1980 in Pension. Ob dabei auch persönliche Motive eine Rolle gespielt haben, konnte nie ganz geklärt werden. Jedenfalls war der Minister informiert, dass sein ihm unterstellter Geheimdienst auch über ihn selbst Material archiviert hat. Dabei ging es um die Vergangenheit von Rösch im NS-System, über die von den Heeresagenten dicke Akten angelegt worden sind. Nachfolger Buscheks wurde Divisionär Johann Ulrich.

Offenkundig beschäftigen sich Geheimagenten auch besonders gern mit ihren Agenten-Kollegen, und so wird es bei vielen zur zweiten Natur, auszuspionieren, was der andere Spion macht. Kommen dazu noch parteipolitische Motive, sind schnell ein paar Dossiers angelegt.

Zu den Besonderheiten des Heeresgeheimdienstes gehörte es, dass zwar einerseits viele Offiziere eine mehr oder weniger deutliche antikommunistische Linie verfolgen, andererseits aber gerade kommunistische Zeitungen, wie etwa die damalige „Volksstimme", immer wieder brisantes internes Material zugespielt bekamen. Kein Wunder, dass daher auch der Inhalt eines anonymen Briefes eines „besorgten Mitarbeiters" des Nachrichtendienstes an Verteidigungsminister Rösch an die Öffentlichkeit kam.

Kritisiert wird die Zusammenarbeit mit den US-Diensten und dem BND, gespickt mit Details, wo und wann sich welche Agenten mit ihren Kollegen zum Nachrichtenaustausch treffen. Doch auch Rösch konnte oder wollte nicht auf Gegenkurs gehen.

Geheimdienst wird in zwei Ämter geteilt

1983 müssen die vorher alleinregierenden Sozialisten mit der Freiheitlichen Partei eine Koalition eingehen, da sie im Nationalrat die absolute Mehrheit verloren haben. Das ungeliebte Verteidigungsministerium bekommt der knapp vierzigjährige FPÖ-Mann Friedhelm Frischenschlager. Knapp ehe er zurücktreten musste, weil er dem aus der Haft entlassenen Kriegsverbrecher Walter Reder mit Handschlag begrüßt hatte, teilte 1985 Frischenschlager noch den Bundesheer-Geheimdienst auf und gab ihm neue Namen: künftig würde ein Heeres-Nachrichtenamt (HNA) für die Aufklärung zuständig, und ein Heeres-Abwehramt (HAA) für die Sicherheit des Bundesheeres und die Abwehr im Inland verantwortlich sein.

HNA-Chef blieb Ulrich, zum Leiter des HAA wurde Oberst Kurt Diglas bestellt. Damit bekam erstmals ein der SPÖ zugerechneter Mann Zugang, wenn auch nur einen bescheidenen, zu einem Teil des Heeresgeheimdienstes.

Dann kommt es 1987 wieder zu einer großen Koalition zwischen der SPÖ und der ÖVP, und die Christsozialen dürfen wieder an die Schalthebel des Verteidigungsministeriums. Leiter des Heeres-Nachrichtenamtes wird Divisionär Alfred Schätz

Doch irgendwie scheint ein Fluch auf dem Haus zu liegen. Nach Lütgendorf kommt auch der neue ÖVP-Minister Robert Lichal in Korruptionsverdacht. Der Wiener Staatsanwalt Wolfgang Mekis beginnt gegen ihn zu ermitteln, da angenommen wird, Lichal habe den schweizerischen Oerlikon-Konzern beim Ankauf von teurerer Munition bevorzugt. Der Panzerschrank im Verteidigungsministerium wird durchsucht – mit dabei, neben der Polizei, auch Mitarbeiter des Heeres-Geheimdienstes. Doch 1990 wird die gerichtliche Voruntersuchung gegen Lichal eingestellt. Es gab keine Beweise, dass der Minister gesetzwidrig gehandelt habe. Als Regierungsmitglied wurde er dennoch abgelöst – als Trostpflaster gab es den Posten des Zweiten Nationalratspräsidenten.

Der neue Minister will mehr Macht für das HNA

Fast zehn Jahre lang, von Dezember 1990 bis Februar 2000, bleibt dann Lichals Nachfolger, ÖVP-Mann Werner Fasslabend, Verteidigungsminister. Er kann sich auf den Mann an der Spitze des Heeres-Nachrichtenamtes, Divisionär Alfred Schätz, voll verlassen.

Der Ostblock zerbricht, auf dem Balkan gärt es, da gibt es für die Agenten des Bundesheeres – „Wir sind lauter Schätze" albern sie in Anlehnung an den Namen ihres Chefs herum – eine Menge zu tun.

Einen Großteil ihrer Erkenntnisse gewinnen sie aus offenen Quellen, etwa aus Zeitungsberichten. Rund 500 Mitarbeiter des Geheimdienstes sammeln in aller Welt Steinchen für Steinchen, aus denen dann das Mosaik des „Lagebildes" wird. Doch Fasslabend will mehr Macht für seinen Geheimdienst, will ein paar zusätzliche Kompetenzen in einem „Befugnisgesetz" fixieren. Jahrelang wird in der rotschwarzen Koalition darüber ergebnislos beraten.

Moderne Geräte für die geheimen Aufklärer

Technisch am besten ausgestattet ist das Fernmeldeaufklärungsbataillon (FMAB) des HNA. Die Führung des Bataillons ist in der Ortschaft Götzwiesen in der kleinen niederösterreichischen Gemeinde Neulengbach stationiert, in einer riesigen unterirdischen Bunkeranlage mit hochsensiblen Geräten. Wer Ansichtskarten von der Gegend will, bekommt nur solche, die das HNA freigegeben hat.

Es gilt zwar als streng geheim, doch sickerte durch, dass die Fernmeldeaufklärer auch über Geräte verfügen sollen, mit denen man aus den übernationalen Richtfunkstrecken der Telefonnetze Nachrichten auffangen kann. Und zwar nicht nur Telefongespräche, sondern auch Daten des E-Mail-Verkehrs.

Ebenso soll ein sogenannter IMSI-Catcher dem HNA zur Verfügung stehen. „International Mobile Subscriber Identity" ist der volle Name des Zaubergeräts. Es ist nicht größer als ein Schreibtisch, kann in einem Kleinbus untergebracht werden, und die zugehörige Antenne ist im Inneren des Wagens versteckt. Der IMSI-Catcher kann sich zwischen dem Mobiltelefon und der Basisstation des Netzes hineindrängen, er gibt sich quasi als Basisstation aus, empfängt die Nachricht und alle Daten des Anrufers und des Angerufenen, und schaltet die Signale dann, wenn alles, was interessant scheint, aufgezeichnet ist, an die echte Basisstation weiter. Das dauert im Regelfalls nur einige Sekunden, so dass die Teilnehmer und auch die Telefon-Zentrale nichts von dieser Zwischenlagerung bemerken. Wird der IMSI-Catcher in der Nähe eines sensiblen Ortes platziert, kann er alle Gespräche, die dorthin gehen, auffangen. Offiziell wird der Einsatz derartiger Geräte bestritten,

Der neue „Blaue" im „schwarzen" Amt

Einige Aufregung löste es bei den Offizieren im Heeres-Nachrichtenamt aus, als 1991 mit Wolfgang Jung, damals 43, ein deklarierter „Blauer", also ein Anhänger der FPÖ, ins traditionell „schwarze" Amt einzog. Es war zwar eine personelle Blutauffrischung, die jedoch bald zu Unverträglichkeitsreaktionen führte.

Der schnauzbärtige Berufsoffizier aus Oberösterreich hat eine blendende militärische Karriere im Generalstab und bei der Truppe hinter sich, drei Jahre diente er als österreichischer Militärattaché in den Botschaften in Schweden, Norwegen und Finnland, ehe er beim HNA die wichtige Auswertungsabteilung übernahm. Darüber hinaus berät Jung den FPÖ-Bundesparteiobmann Jörg Haider in Militärfragen und ist Bezirksrat der Freiheitlichen in Wien-Liesing.

Sein politisches Engagement findet beim Ressortchef Fasslabend nicht ungeteilte Freude. Und als Jung 1995 als Abgeordneter der FPÖ in den Nationalrat einzog, war der Ofen völlig aus. Obwohl der Blaue weiter im HNA arbeiten wollte, verließ er 1996 schließlich das Heeres-Nachrichtenamt. Der Minister „behindere ihn an der Arbeit", erklärte er dazu in einer Nationalratssitzung. Jung bekam dann vom Ressortchef einen sogenannten „900-er"-Posten zugewiesen, der mit keinerlei Aufgaben ausgestattet ist. Er wurde damit zu einem „weißen Elefanten" im Bundesheer.

Im Nationalrat beschäftigte sich Jung weiterhin mit Problemen des Heeres, verlor aber nach der Wahl im November 2002 sein Mandat. Später übernahm er beim Bundesheer wieder eine wichtige Aufgabe: er leitete von der Wiener Stiftskaserne aus die Tätigkeit der österreichischen Militärattachés bei den Botschaften im Ausland.

Der Code des Briefbombers wurde entschlüsselt

Im September 1996 erhalten die Spezialisten des Heeres-Nachrichtenamtes einen kniffligen Auftrag aus dem Innenministerium. Im Polit-Magazin „profil" ist ein 15 Seiten langer Bekennerbrief des mysteriösen Briefbomben-Attentäters eingelangt, der seit dem Dezember 1993 das Land in Angst und Schrecken versetzt hat. Seine explosive Post und seine Sprengfallen forderten Tote und haben unter anderem auch dem damaligen Wiener Bürgermeister Helmut Zilk die linke Hand verstümmelt. Immer wieder schrieb der Attentäter an Zeitungen Briefe mit wirren Geschichtsphilosophien und voller Ausländerfeindlichkeit – der letzte an das „profil" war jedoch verschlüsselt. 15 Seiten voller Zahlengruppen überforderten die Polizei, die Spezialisten des HNA wurden um Hilfe gebeten. Eine Kopie wurde auch an den amerikanischen Geheimdienst NSA gesandt.

Doch die Dechiffrier-Experten des Bundesheeres in der Theodor-Körner-Kaserne waren schneller als die Kollegen in Washington. Innerhalb von vier Tagen war die Chiffrierung geknackt. Der später als der Steirer Franz Fuchs entlarvte Briefbomber hatte einen sogenannten „Primzahlen-Code" verwendet. Zwei große Primzahlen – also Zahlen, die durch keine andere Zahlen geteilt werden können – werden miteinander multipliziert, es entsteht eine noch größere Zahl. Nur wer eine der verwendeten Verschlüsselungszahlen kennt, kann die andere herausfinden und damit den Code knacken. Im Falle des untersuchten Bekennerschreibens hatte die Schlüsselzahl 243 Stellen, sie würde also etwa 38 Zeilen dieses Buches füllen. Selbst mit modernsten Computern können nur Schlüsselzahlen mit maximal 150 Stellen in ihre beiden zugrundeliegenden Primzahlen aufgeteilt und der Code damit entschlüsselt werden. Die Experten des HNA hatten Glück und konnten schneller als die amerikanischen Kollegen durch Probieren das Unlösbare lösen.

Wenn ein Minister Rede und Antwort steht

Im Februar 1999 rafften sich Abgeordnete der Grünen im österreichischen Nationalrat dazu auf, durch eine schriftliche Anfrage Näheres über die Geheimdienste des Bundesheeres zu erfahren. Sie wollten sogar „Organigramme" sowohl des Nachrichten- als auch des Abwehramtes sehen. Doch Minister Werner Fasslabend ließ nichts zeichnen, sondern lieferte nur ein paar dürre Zeilen: „Das Heeres-Nachrichtenamt gliedert sich in sieben Abteilungen (Führung, Information, Auswertung, Logistik, Informationstechnologie, Fernmeldeaufklärungsdienst und Betriebsstelle), das Abwehramt gliedert sich in je ein Führungs-, Verwaltungs- und Versorgungselement sowie zwei Abteilungen (Erhebung, Auswertung)."

Dann folgte eine fast frotzelnd anmutende Auflistung der Qualifikation der Mitarbeiter des HNA: „Es werden sowohl Soldaten als auch Zivilbedienstete, darunter Frauen und Männer, beschäftigt, welche den Verwendungsgruppen H1, H2, M BO 1, M BO 2, M ZO 2, UO/C, M BUO 1, M BUO 2, M ZUO 2, M ZCh, A 1, B, A2, C, A 3, D, A 4, A 5, VB I/a, VB I/b, VB I/c, VB I/d und VB I/e angehören."

Kein Wort, wie hoch der Personalstand, kein Wort auch darüber, wie viel Geld die Geheimdienste bekommen. Folgt man jedoch einer Schätzung von Reinhard Gehlen, dem ehemaligen Chef des deutschen militärischen Geheimdienstes, fließen etwa vier Prozent des Wehrbudgets in die Nachrichtendienste. Das wäre damals in Österreich etwa eine Milliarde Schilling gewesen. Nach dieser ergebnislosen Anfrage haben Abgeordnete nicht mehr offiziell versucht, Zahlen und Fakten über Budget und Personal des österreichischen militärischen Geheimdienstes herauszufinden.

55 Seiten über Russlands Militär

Über die Arbeit des HNA erfahren sie sowieso nichts. Es sind Journalisten, die ab und zu etwas ausgraben – meist solches, was dem Geheimdienst gar nicht so unangenehm ist und nur dazu beiträgt, seinen Ruhm und sein Ansehen zu mehren. Im April 1999 etwa legte das Heeres-Nachrichtenamt ein 55-seitiges Dossier über die Moskauer Militärmaschinerie an. Titel: „Beurteilung der russischen Streitkräfte“. Neben offenen Quellen, Berichte des Militär-Attachés und der Analyse von Erklärungen russischer Generalstäbler stützt sich der Bericht auch auf Beobachtungen in Russland selbst und auf abgehörte Funkmeldungen.

„Den harten Kern der Landstreitkräfte bilden derzeit sieben große taktische Verbände mit jeweils drei Divisionen und vier Brigaden, die ihre Gefechtsbereitschaft innerhalb von 24 Stunden erlangen und via Transportfliegerkräften rasch schwergewichtsmäßig eingesetzt werden können“, heißt es in dem für Verteidigungsminister Werner Fasslabend angefertigten Dossier, das neben dem Bundespräsidenten und dem Kanzler auch der Außen- und der Innenminister erhielten.

Aus den Beobachtungen der Schattenmänner ergibt sich eine „laufende Reduktion“ der Atom-U-Boot-Flotte, eine schleppende Erneuerung der Raketenwaffen, jedoch eine bessere Koordinierung der Luftraumüberwachung. Schlussfolgerung im Bericht: Russland wird „auf absehbare Zeit über keine materiellen und personellen Ressourcen verfügen, um zu einem militärischen Bedrohungsfaktor mit eurostrategischer Reichweite zu werden. Die Streitkräfte sind aus dem Stand derzeit nicht einmal in der Lage, einen lokalen Konflikt höherer Intensität erfolgreich zu beenden“.

Die Krise in der Kaukasus-Region im Herbst 1999 hat diese Voraussage glänzend bestätigt. Immerhin besitzen die Russen aber immer noch Interkontinental-Raketen mit insgesamt 6 833 atomaren Gefechtsköpfen, die jedoch laut internationalen Übereinkommen keine fixen Ziele einprogrammiert haben. „Eine rein politische Maßnahme, da nach Angaben russischer Fachleute eine neuerliche Eingabe nur wenige Minuten in Anspruch nimmt“, relativiert das HNA das Übereinkommen. Die „blinden“ Raketen können sehr rasch wieder auf Ziele im Westen oder in China eingestellt werden.

Scheibner bekam, woran Vorgänger scheiterten

Nach ihrem fulminanten Erfolg bei der Nationalratswahl Ende 1999 konnten sich die Freiheitlichen erstmals seit 1983 wieder an einer Regierung beteiligen – diesmal unter Führung des Bundeskanzlers Wolfgang Schüssel von der ÖVP. Wie 1983 erhielt auch diesmal die FPÖ wieder den Posten des Verteidigungsministers zugestanden und besetzte ihn mit Herbert Scheibner, 36, einen Berufspolitiker, der seit 10 Jahren fleißig im Nationalrat gearbeitet und ganz still auch seine Position in der Partei gefestigt hatte. Er weiß um die Diskussionen, die immer wieder um Befugnisse und Kontrollen der Geheimdienste geführt wurden. Dass also die Rechte und Pflichten genau umschrieben werden und es eine wirksame Kontrolle geben müsse. Als er Minister geworden ist, legte Scheibner ein derartiges Gesetz vor, über das schon die rot-schwarze Koalition beraten hat.

Am 10. August 2000 erschien im Bundesgesetzblatt für die Republik Österreich dieses umfangreiche Paragraphenwerk, das fünf Wochen vorher die ÖVP-FPÖ-Koalition im Nationalrat beschlossen hat: das Militärbefugnisgesetz, das unter anderem auch festschreibt, was der Geheimdienst des Bundesheeres – unterteilt in Aufklärung und Abwehr – alles machen darf. Dazu heißt es einleitend: „Die nachrichtendienstliche Aufklärung dient der Beschaffung, Bearbeitung, Auswertung und Darstellung von Informationen über das Ausland oder über internationale Organisationen betreffend militärische und damit im Zusammenhang stehende sonstige Tatsachen, Vorgänge und Vorhaben.“ Nach dieser Formulierung dürfen die Agenten des HNA strenggenommen also auch im Inland Informationen sammeln, sofern dies für die Erstellung eines Lagebildes über das Ausland notwendig ist.

Und was notwendig ist, entscheiden die Offiziere des HNA ...

Die nachrichtendienstliche Abwehr hat laut diesem Gesetz vor allem für die Sicherheit des Bundesheeres und der militärischen Anlagen zu sorgen.

Dann heißt es weiter: „Militärische Organe und Dienststellen, die mit Aufgaben der nachrichtendienstlichen Aufklärung oder Abwehr betraut sind, dürfen von jenen Personen Auskünfte einholen, von denen anzunehmen ist, sie könnten sachdienliche Hinweise für die

Wahrnehmung der nachrichtendienstlichen Aufklärung oder Abwehr geben." Zu diesem Zweck dürfen HNA und HAA auch Daten ermitteln und verarbeiten. Diese Daten dürfen auch „ausländischen Militärbehörden" übermittelt werden, „soweit dies militärischen Interessen der Republik Österreich dient".

Das Gesetz hat nicht nur bei der politischen Opposition Kritik hervorgerufen, auch Rechtsexperten fuhren schwere Geschütze auf. So schreibt der Verfassungsrechtler Bernd-Christian Funk aus der Steiermark: „Schon allein der Verdacht des Nachrichtendienstes, dass jemand einen ausländischen Geheimdienst unterstützt oder ‚einen Angriff auf Rechtsgüter des Heeres' plane, reicht aus, die Überwachungsmaschinerie in Gang zu setzen und in alle Bereiche des Privatlebens einzugreifen. Damit erhält der militärische Abwehrdienst weitreichende Befugnisse, die alle Personengruppen betreffen." Zur Genehmigung der Installation „von Wanzen im Wohnzimmer" benötigen, so Funk, die Agenten des Bundesheeres „keine richterliche Genehmigung".

Das Gesetz sieht auch vor, dass Agenten der Heeres-Geheimdienste mit Dokumenten über erfundene Lebensläufe – sogenannten „Legenden" – von den zuständigen Behörden auf Wunsch auszustatten sind. Aus dem HNA-Leutnant Meier kann so der Elektriker Müller gemacht werden, der unauffälliger zu Informationen kommt.

Verzwickte Beziehungen im Geheimdienst-Milieu

Beträchtlichen Wirbel verursachte Grün-Abgeordneter Peter Pilz in einer Parlamentsrede am 12. Mai 2000. Hinter ihm, auf der Regierungsbank, saß Verteidigungsminister Herbert Scheibner. Immer wieder schüttelt er entsetzt den Kopf, und obwohl es gegen die Usancen ist, macht er Zwischenrufe. „Letztklassig" oder „Menschenjagd" verzeichnet das Protokoll.

Zielpunkt der Pilz-Attacken ist ein Mann namens Günther Enzendorfer, der damals Mitarbeiter des Parlamentsklubs der FPÖ war. Seine Hauptaufgabe dort, laut Pilz: „Referent für Geheimdienstausschüsse". Dann Pilz weiter im Originalton: „Am 13. März 1992 wurde er an der slowenischen Grenze unter dem Verdacht angehalten, 20 000 Schuss Maschinenpistolenmunition illegal über die Grenze bringen zu wollen.

Des Weiteren führte er eine Glock-Pistole mit elf Schuss Munition illegal mit sich. Er wurde von den slowenischen Behörden festgenommen und wollte telefonisch nur mit einer einzigen Person sprechen, nämlich mit einem gewissen Herrn Helmut Stubner."

Schnell hatten Journalisten in ihren Archiven herausgefunden, wer dieser geheimnisvolle Herr Stubner, Jahrgang 1957, war. Einerseits Gesellschafter einer zwischenzeitlich aufgelösten „Oswald & Werner GmbH", die mit Gebraucht-Computern handelte, andererseits ein kleiner Wiener Bezirkspolitiker der Freiheitlichen Partei in Wien und in jungen Jahren Ausbildner im Landwehrstammregiment 21 des Bundesheers. 1991 soll er wesentlich dazu beigetragen haben, eine „Österreichisch-Slowenische-Gesellschaft" zu gründen. Angeblich habe er auch, so behaupteten Zeitungen, Südtirol-Aktivisten beraten. Diese trennten sich aber bald von ihm, nachdem er ihnen Computer überlassen hatte, auf deren Festplatten streng geheime Adressen italienischer Militärdienststellen gespeichert waren.

Im Parlament behauptete Peter Pilz, Stubner war 1992 „Agent des Heeres-Nachrichtenamtes mit zwei besonderen Tätigkeitsfeldern: Südtirol und ehemaliges Jugoslawien, insbesondere Slowenien und Kroatien." Welche konkrete Beziehungen es zwischen Stubner und Enzendorfer gegeben hat, erläuterte der Abgeordnete nicht. Im Parlament blieb auch offen, ob Enzendorfer seine Reise nach Slowenien für das HNA oder zumindest mit dessen Wissen angetreten hat.

Enzendorfer kam nach dem Zwischenfall an der Grenze dann in Österreich vor Gericht und sei auch, so Pilz, verurteilt worden. In der Zwischenzeit habe der Mann geheiratet und den Namen seiner Frau angenommen – nun heißt er Günther Barnet.

Die Pointe spielte der bissige Abgeordnete Peter Pilz dann gekonnt aus – Waffentransporteur Barnet sei nun als Pressesprecher für Minister Scheibner tätig. Ob er auf Grund seiner Verurteilung dafür der richtige Mann sei, wurde der Minister von den Grünen gefragt. Nach langem Hin und Her und umständlichen Wortklaubereien stellte sich heraus, dass Enzendorfer-Barnet immer noch im Personalstand des Parlament ist und dem Minister praktisch nur „verborgt" wurde. Und dass seine Verurteilung – zu einer bedingten Geldstrafe – nur wegen des Mitführens seiner privaten Faustfeuerwaffe erfolgt ist. Das Verfahren wegen der mitgeführten MP-Munition sei wegen „unklarer Angaben" der slowenischen Behörden eingestellt worden.

Öffentlich wurde nie mehr darüber diskutiert, ob der angebliche Waffenfund nur ein Trick der slowenischen Behörden war oder was mit der Munition, so es sie überhaupt gegeben hat, geschehen hätte sollen. Immerhin war damals, also 1992, die Situation im selbstständig gewordenen Nachbarland noch brenzlig genug.

Analyse-Abteilung nimmt auch Irak ins Visier

Das Heeres-Nachrichtenamt beschäftigt sich traditionell mit der Lage in den österreichischen Nachbarländern. Aber spätestens seit dem Überfall des Irak auf Kuweit 1990 beobachten die Schattenmänner aus Wien auch intensiv die Lage im Nahen Osten. In der Analyse-Abteilung hängen seit damals auch die Landkarten der Region, und penibel wird die militärische, wirtschaftliche und politische Entwicklung verfolgt. „Gute Aufklärung verlangt eine ständige Beobachtung der Situation", erklärt ein Analytiker des HNA.

Es sind Tausende Puzzle-Steine aus Meldungen von Zeitungen, aus der Beobachtung von diplomatischen Aktivitäten, aus dem Abhören von militärischen Funksprüchen, aus denen sich das Lagebild ergibt. Dazu kommen Tipps von befreundeten Geheimdiensten und die Berichte von Reisenden, die ausgewertet werden. So erhielt die österreichische Bundesregierung vom HNA Ende 1990 die Prognose, dass der vermutete Angriff der USA auf den Irak „nur auf eine Schwächung Saddam Husseins ziele", das Regime aber nicht gestürzt werden soll.

Die Agenda Irak wird auch nach dem Ende des ersten Irak-Krieges weiter geschrieben. In der Wiener HNA-Zentrale verfolgt man den von der USA geduldeten Kampf Husseins gegen die Schiiten im Süden des Landes und beobachtet in der Folge genau, welche Waren, die auch militärisch genutzt werden könnten, aus Österreich in den Irak gehen. Ins Visier kam dabei eine niederösterreichische Gesellschaft, die feinstes Aluminiumpulver lieferte, das auch für Sprengsätze verwendet werden kann.

Als sich 2002 die Situation rund um den Irak wegen der Auseinandersetzung um die UN-Waffeninspektoren neuerlich zuspitzte, beobachtete das HNA intensiv auch die Nachbarstaaten Iraks um rechtzeitig gewarnt zu sein, falls Österreichern die Ausreise aus diesen Ländern empfohlen werden solle. HNA-Chef Alfred Schätz, der im Sommer 2003 in Pension ging und das Amt an Brigadier Fritz Weber übergab, ordnete noch vorher eine Intensivierung der Zusammenarbeit des Heers-Geheimdienstes mit der österreichischen Staatspolizei an: die zivilen Schattenmänner wurden auf verdächtige Personen aufmerksam gemacht, die eventuell aus dem Irak nach Österreich kommen könnten.

Kapitel 3

Deutsche Agentenzentrale bietet Unterhosen als Souvenir an

Um sich von der „menschlichen Seite“ zu zeigen, sucht der deutsche Bundesnachrichtendienst, der von Hitlers Meisterspion Gehlen mit US-Hilfe schon 1947 aufgebaut worden ist, intensiven Kontakt mit den Bürgern. Viele Aktionen des BND erregten jedoch Misstrauen und Proteste. Zuletzt empörte sich Liechtenstein.

Im Internet werden künftige Spione gesucht

Während man in Österreichs amtlichen Telefonbuch zwar das Heeres-Nachrichtenamt findet, die Internet-Seite des Bundesheeres aber keine weiteren Hinweise zum rot-weiß-roten Geheimdienst gibt, zeigt sich die deutsche militärische Spionagezentrale, die unter dem Namen „Bundesnachrichtendienst (BND)“ firmiert, offen und auskunftsfreudig. Zumindest scheint es so, besucht man die spezielle Homepage des BND im Internet. Auf stahlblauem Hintergrund sieht man ein symbolisiertes Auge, einen Mund, ein Ohr und eine Nase. Mit Sprüchen wie „Wir blicken von Deutschland auf die Welt“ oder „Schnuppern Sie doch mal rein“ wird man animiert, die Webseite zu öffnen.

Professionelle Werbetexte stellen den BND als Unternehmen dar, das Informationen sammelt und weitergibt. „Kundenorientiert“, wie es heißt. Natürlich werden die „nachrichtendienstlichen Verbindungen und Methoden durch Geheimhaltung und Diskretion“ geschützt, den Kontrollgremien „stelle“ man sich jedoch. Ausschüsse des Bundestages haben diese Kontrollfunktionen.

Im Text heißt es dann weiter: der BND erfasse „mit modernen elektronischen Anlagen Teile des Fernmeldeverkehrs im Ausland“, nütze aber weiterhin auch direkte menschliche Kontakte zu Informanten im Ausland. Das heißt – es gibt sie noch, die Spione und Agenten, trotz aller Abhörmaßnahmen und Lauschangriffe.

Natürlich gibt es auf der gesamten Internetseite keine Angaben über den Personalstand, das Budget oder zu konkreten Aktionen des BND.

Inzwischen weiß man, dass der Geheimdienst in etwa hundert Ländern rund um den Globus Agenten sitzen hat.

Seine Personalbedürfnisse sucht der BND auf klassische Weise zu decken. An den Wochenenden bringen die großen überregionalen deutschen Tageszeitungen seitenweise Stellenanzeigen. In einem dieser Inserate wurden kürzlich „flexible, junge Mitarbeiter für abwechslungsreiche Aufgaben – auch im Ausland" gesucht. Erwartet werden „Kreativität, Einsatzbereitschaft und Verantwortungsbewusstsein". Außerdem sollten die Mitarbeiter Studienabschlüsse vorweisen können, möglichst als „Diplom-Ingenieur der Fachrichtung Elektrotechnik, Informatik oder Physik". Bewerber, die außer Englisch noch eine andere Fremdsprache, „möglichst Arabisch, Russisch oder Chinesisch", beherrschen, werden bevorzugt.

Die „Bundesbehörde", die auf diese Art qualifizierten Nachwuchs sucht, ist der Bundesnachrichtendienst. Als Anfangsgehalt werden 2 800 Euro netto geboten. Bereits auf die erste Annonce sind 350 Bewerbungen eingelangt.

Um den Geheimdienst eine „menschliche Note" zu verleihen, werden seit einiger Zeit in der Gardeschützen-Kaserne in Berlin, die eine Filiale des BND beherbergt, spezielle Souvenirs angeboten. Zwei Gustostückerln daraus: Männerunterhosen mit der Aufschrift „Verschluss-Sache" um 10,20 Euro und für die Weihnachtszeit ein Adventkalender mit Geheimtüren.

Zu der Vermenschlichung zählt auch eine Aktion der Ehefrau des BND-Chefs August Hanning: „Top(f) Secret" nennt Ruth Hanning ein Kochbuch mit „Geheimrezepten" aus jenen Teilen der Welt, in denen der Bundesnachrichtendienst tätig ist. „Schnitzel für den Spitzel" überschrieb ironisch die „Süddeutsche Zeitung" einen Bericht über das Kochbuch Ruth Hannings.

Der Generalmajor witterte einen Spion

Hinweise auf die eigene Geschichte sind auf der Internetseite des BND aber eher dürr. Nicht mehr als ein paar Daten sind zu finden und ein Hinweis: „Gegründet wurde der Bundesnachrichtendienst 1956 als Dienststelle des Bundeskanzleramtes." Die Vorläuferin des BND war die „Organisation Gehlen“, heißt es weiter. Der Namensgeber dieser Organisation, Generalmajor Reinhard Gehlen, war auch erster Chef des Bundesnachrichtendienstes.

Er kann als Urbild des deutschen Soldaten gelten: Mit 18 Jahren, gerade den ersten Flaum über den schmalen Lippen, tritt Reinhard Gehlen 1920 in Erfurt der Reichswehr bei, macht Karriere als Offizier und wird 15 Jahre später, als schon Adolf Hitler Deutschland regierte, in den Generalstab des Heeres aufgenommen. Rund um ihn und rangmäßig über ihm Vertreter des preußischen Adels. Monokel, Reitstiefel und Rehlederhandschuhe gehören zur Adjustierung.

Im Oberkommando der Wehrmacht leitet seit 1938 der damals 51-jährige Admiral Wilhelm Canaris die Abteilung „Abwehr/Ausland“, er ist also für passive Spionage und die Entlarvung ausländischer Agenten zuständig. Quasi eine hierarchische Etage tiefer, im Generalstab des Oberkommandos des Heeres, wird Reinhard Gehlen am 1. April 1942 Leiter der 12. Abteilung des Generalstabs, die den Titel „Fremde Heere/Ost“ trägt. Diese Abteilung hat die Kampfkraft der sowjetischen Truppen und deren Versorgung mit Lebensmitteln, Treibstoff und Ähnlichem zu erkunden, aber auch Informationen darüber zu beschaffen, welches Kriegsmaterial die Sowjetunion von den westlichen Alliierten bekommt und wie sich die wirtschaftliche Situation im östlichen Riesenreich darstellt.

Gehlen gewinnt Hunderte V-Leute und baut ein dichtes Informationsnetz bis an die Ostgrenze der Sowjetunion auf. Umfangreiche Dossiers über führende russische Offiziere werden ständig ergänzt, ebenso alle Daten über die Parteibonzen im Kreml.

Er arbeitet eng mit Canaris zusammen – und beide kommen durch das Ergebnis ihrer Spionagetätigkeit zur Überzeugung, dass es in der Führungsspitze des Deutschen Reiches einen Informanten der Sowjetunion geben müsse.

In Verdacht gerät ein Mann, der als einer von wenigen Zugang zu einer nicht überwachten Sendestation hat: es ist Martin Bormann, der Chef der Reichskanzlei und engster Mitarbeiter Adolf Hitlers. Ein unglaublicher Verdacht.

Sei es, dass Bormann Wind von den Vermutungen der beiden Geheimdienstleute bekam, oder war es die Usance, den Überbringer schlechter Nachrichten für deren Inhalt verantwortlich zu machen, jedenfalls setzte über Bormanns Drängen Hitler am 9. April 1945 den inzwischen zum Generalmajor avancierten Gehlen als Chef der Abteilung „Fremde Heere/Ost“ ab. Schließlich hatte der immer wieder gemeldet, die Rote Armee dringe unaufhaltsam vor und habe keine Schwierigkeiten mit dem Nachschub und der Munitionsversorgung.

In seinen 1971 erschienen Memoiren bekräftigt Gehlen den ursprünglichen Verdacht gegen Bormann. „Zwei zuverlässige Informationen gaben mir in den 50er-Jahren die Gewissheit, dass der ehemalige Reichsleiter bei der Besetzung Berlins durch die Rote Armee 1945 zu den Sowjets übergetreten ist und nachher perfekt abgeschirmt in der Sowjetunion lebte. Er ist inzwischen gestorben.“

Mit 50 Kisten Material den Amerikanern gestellt

Der bei Hitler in Ungnade gefallene General des Geheimdienstes wollte sich 1945 nicht so einfach abservieren lassen. In den letzten Kriegswochen hatten er und seine Vertrauten nichts anderes zu tun, als das gesamte Material der Abteilung „Fremde Heere/Ost“ auf Mikrofilm zu speichern und in 50 große Stahlkisten zu verpacken. Der Schatz des Meisterspions wurde kopiert und an drei Stellen versteckt beziehungsweise vergraben: in der Nähe von Fritz am Sand bei Reit im Winkel, auf der Wildmoosalm beim Wilden Kaiser sowie unter einer Hütte auf der Elendsalm am Spitzingsee. Gehlen selbst stellte sich am 19. Mai 1945 mit vier seiner engsten Mitarbeitern Offizieren der CIC, der US-Spionageabwehrorganisation. Der 1,85 m große Mann wog damals nur 65 Kilo.

Im US-Hauptquartier in Wiesbaden und später im Gefangenenlager Camp King in der Nähe von Oberursel überzeugte Gehlen vor allem den amerikanischen General Edwin Sibert von der Gefahr einer Ausweitung des sowjetischen Einflussgebietes und davon, dass nur er gegensteuern könne. Das Ergebnis: ein „Gentleman-Agreement“ mit Gehlen, dem die US-Besatzer den Decknamen „Utility“ (Nützlicher) gaben. Entgegen den Abmachungen mit der Sowjetunion verschwiegen die Amerikaner die Gefangennahme Gehlens, er hätte sonst an die Rote Armee ausgeliefert werden müssen.

Danach sollte „eine deutsche nachrichtendienstliche Organisation unter Benutzung des vorhandenen Potentials geschaffen" werden. Der Zweck dieser Organisation wurde so umschrieben: nach Osten aufzuklären, also „die alte Arbeit im gleichen Sinne fortzusetzen". Die Grundlage sei das gemeinsame Interesse an der Verteidigung gegen den Kommunismus.

„Die Organisation arbeitet unter ausschließlich deutscher Führung, die ihre Aufgaben von amerikanischer Seite gestellt bekommt. Sie wird von amerikanischer Seite finanziert", heißt es weiter in der Vereinbarung zwischen Gehlen und dem US-Militär.

Anfang August 1945 wurden Gehlen und sechs seiner Mitarbeiter in die USA geflogen. In Fort Hunt in der Nähe von Washington – Deckadresse „Postfach 1142" – werden die Männer monatelang vom US-Geheimdienst verhört und fertigten erste Expertisen an. Die erste Arbeit Gehlens für seine neuen Auftraggeber: eine 35 Seiten lange Abhandlung unter dem Titel „Aufbau des russischen Oberkommandos und seine strategischen Konzepte". Die Gehlen-Männer wurden in den USA auch mit den neuesten technischen Errungenschaften der Amerikaner auf dem Spionagegebiet vertraut gemacht. Erst im Juli 1947 kam die Gehlen-Gruppe wieder zurück nach Deutschland.

Die „Organisation Gehlen", wie sie anfangs genannt wurde, war damit geschaffen – der nahtlose Übergang von einem Spionagesystem des Deutschen Reiches zu einem, das für die Amerikaner arbeitete. Gehlen heuerte Alt-Nazis für seine Organisation an, unter anderem den SS-Oberführer Wilhelm Krichbaum, den ehemaligen Chef der „Geheimen Feldpolizei". In seinen Memoiren meinte er darüber hinaus geheimnisvoll: „Aus Gründen, die nicht erörtert werden können, hatte der Dienst im Einvernehmen mit den amerikanischen Dienststellen einige frühere Angehörige der SS, soweit sie politisch nicht belastet waren, für spezielle Auslandsaufgaben eingesetzt."

Man übersiedelte in ein Kriegsgefangenenlager in Pullach, südlich von München. Als Deckname wurde die unverfängliche Bezeichnung „Süddeutsche Industrie-Entwicklungs-Gruppe" gewählt. Man konnte den Titel auch abgekürzt als „S.I.E.G" lesen ...

Schon bald begannen die Agenten der „Organisation Gehlen" von Pullach aus auch in Österreich zu arbeiten. Jahrelang brachte die

„Operation Fahrrad“ mit simplen Methoden zahlreiche Erkenntnisse über die Versorgung und die Lebensgewohnheiten der sowjetischen Truppen im Osten Österreichs: den deutschen Spionen war es gelungen, Vertrauensleute bei jenen Betrieben unterzubringen, die den Müll der Roten Armee entsorgten.

DDR bietet eine Million Mark für Gehlens Kopf

Kaum jemand in der deutschen Bevölkerung ahnte etwas von der neuen Geheimdienstorganisation und erst recht nicht, wer an deren Spitze stand. Am 17. März 1952 veröffentlichte jedoch der bekannte Journalist Sefton Delmer, der führend in der „psychologischen Kriegsführung“ Großbritanniens gegen Nazi-Deutschland tätig war und unter anderem auch im Soldatensender Calais deutschsprachige Sendungen gemacht hat, im „Daily Express“ unter dem Titel „Hitlers General spioniert jetzt für Dollars“ einen Artikel über Gehlen und seine Organisation. Der Schattenmann war enttarnt, im Blätterwald rauschte es, und besonders Gehlens Vergangenheit stand im Kreuzfeuer der Kritik.

Nun wurde auch das ostdeutsche „Ministerium für Staatssicherheit“ offiziell aktiv und feuerte aus allen Rohren gegen Gehlen. Im November 1953 präsentierte der Geheimdienst der DDR einen Überläufer aus der Organisation Gehlen: den Agenten Hans-Joachim Geyer, der zugab, in Westberlin und der Ostzone gearbeitet zu haben. Er lieferte Dutzende westdeutsche Spione ans Messer.

1954 schien dem DDR-Staatssicherheitsdienst Gehlen schon so gefährlich zu sein, dass auf seine Person ein Kopfgeld von einer Million Ostmark ausgesetzt wurde.

Dabei hatte der Osten schon lange V-Leute in Gehlens Organisation. Hier war vor allem der russische Geheimdienst KGB aktiv, der, so wie die Amerikaner, ebenfalls ehemalige Nazis für sich anwarb und das Geschäft machen ließ.

1951 war der ehemalige SS-Offizier Hans Clemens, der beim KGB unter dem Decknamen „Hanni“ lief, in die Organisation Gehlen eingeschleust worden. Offenkundig war seine Vergangenheit Empfehlung genug. Seine Informationen ermöglichten es, die „Enttarnung wertvoller Agenten zu verhindern“, wie die Russen später zugaben.

Sein größter Erfolg war, wie sich später herausstellte, die Einschleusung eines anderen, früheren SS-Kameraden in die Organisation Gehlen, des KGB-Agenten mit dem Decknamen „Kurt", der bürgerlich Heinz Felfe hieß.

Felfe schaffte sich dadurch beim westdeutschen Geheimdienst ein fulminantes Entree, weil er ab 1953 Nachrichten ablieferte, die ein angeblich von einem Oberst der Sowjet-Armee geführter Agentenring aus Moskau beschafft hat. In Wahrheit gab es keinen Agentenring, die Nachrichten, die Felfe weitergab, waren vom KGB produziert. Wichtig dabei war, dass neben Erfindungen auch tatsächlich Staatsgeheimnisse der DDR in Felfes Informationen verpackt wurden. Gehlen war glücklich, berichtete immer wieder Bundeskanzler Konrad Adenauer und sonnte sich in seinen Erfolgen. Der KGB ging sogar soweit, Agenten der ostdeutschen Staatssicherheit zu verraten.

Der tüchtige Agent lieferte auch dem KGB Interna aus der Organisation Gehlen. Dabei lief das übliche Spionage-Ritual ab: Mini-Filme wurden in Gläsern mit Babynahrung versteckt, als „tote Briefkästen" fungierten hohle Türstopper in Interzonen-Zügen, natürlich gab es auch Koffer mit doppeltem Boden. Felfe wurde zum Chef jener Abteilung der Organisation, die für die Abwehr der Sowjet-Spionage zuständig war. Sein Deckname bei Gehlen: „Friesen".

Erst 1961 wurde Felfe enttarnt, es war ein Waterloo für den BND. Der 1963 verurteilte Meisterspion wurde in einem komplizierten Tauschgeschäft bald aus der Haft in die DDR entlassen. Eine Ehrenpension des KGB war ihm sicher.

Durch „Schwarzmalen" Geld locker gemacht

Inzwischen war die von den Amerikanern dirigierte und finanzierte „Organisation Gehlen" 1956 in „Bundesnachrichtendienst" (BND) umbenannt und als Dienststelle des Bundeskanzleramtes unter rein deutsche Kontrolle gebracht worden.

Kurz vorher hatte der Spionage-General noch unter Mithilfe des CIC einen Staatsstreich in Deutschland für den Fall vorbereitet, dass es nach einem möglichen Wahlerfolg der SPD zu einer „Neutralisierung" Deutschlands kommen würde.

Innerhalb kurzer Zeit baute Gehlen seine Organisation gewaltig aus, rund 4.000 Mitarbeiter hatte er bald in Deutschland, ebenso viele Agenten in der Sowjetunion und im übrigen Ostblock hörten weiterhin auf sein Kommando.

Die US-Regierung hatte Dollarmillionen in Gehlens Organisation gepumpt. Er hat es verstanden, die Bedrohung des Westens durch die Sowjetunion so drastisch zu schildern, dass er immer mehr Gelder loseisen konnte. Mehr Gelder, um die Situation mit noch mehr Details brisanter erscheinen zu lassen. Eine Spirale der wunderbaren Geldvermehrung, erzeugt durch undurchsichtige Gefahrenvermehrung.

Gehlen selbst war in der Öffentlichkeit unbekannt, wenn er verreiste, dann unter dem Pseudonym „Dr. Schneider“. Im hermetisch abgesicherten BND-Gelände in Pullach ließ er sich vor einem kleinen Teich eine zweigeschossige Dienstvilla bauen. Nichts drang über ihn, über sein Privatleben – so er überhaupt eines hatte – an die Öffentlichkeit.

Zwölf Jahre blieb Gehlen Chef des BND, 1968 wurde Gerhard Wessel zu seinem Nachfolger ernannt – jener Wehrmachtsgeneral, der Gehlen auch 1945 als Leiter der Abteilung „Fremde Heere/Ost“ im Generalstab des deutschen Heeres abgelöst hat. Als Wessel seine Amtsräume in Pullach, wo der BND heute noch residiert, bezog, ließ er Spezialisten sämtliche Räume auf Abhöranlagen überprüfen. „Einen Wäschekorb voller Wanzen“, habe man dabei gefunden, auch auf der Chef-Toilette, berichteten Mitarbeiter.

Ein Spion geht offenkundig nie in Pension, er will auch noch wissen, was seine Nachfolger so treiben ...

1970 holte sich Wessel einen Vertrauten in den BND, den vorher im „Bundesamt für Verfassungsschutz“ tätig gewesenen Richard Meier. Ein hagerer Mann, dessen Seitenscheitel wie mit dem Lineal gezogen anmutete. Meier wurde Leiter der für die operative Aufklärung zuständige Gruppe 1. Damals hatte der BND bereits 7 000 Mitarbeiter, für Meier arbeiteten 2 200 Agenten.

Freimütig bekannte er später: „Der Etat des Bundesnachrichtendienstes wird aus mehreren Quellen bestritten. Der offizielle Teil ist im Haushaltsplan des Bundeskanzleramtes aufgelistet und wird auch veröffentlicht. Daneben bekommt der BND Geld aus zwei Bundesministerien, wie viel, ist streng geheim.“

Mit der Leistung seiner Abteilung war Meier nicht zufrieden, seine Agenten lieferten viel Blabla und verbrauchten eine Menge Geld. „Ein teurer Dilettantismus“, wie er sich ausdrückte. Sein Befehl an die Spione: „Wir müssen zwingend nach geheimen Quellen suchen, die uns geheime Nachrichten mit geheimen Mitteln bringen.“ Mehr Aggressivität wurde angesagt. Und Meier verglich den BND immer wieder mit dem israelischen Geheimdienst Mossad: „Der hat nur 1 200 Mitarbeiter, bewegt aber mehr als wir mit 7 000.“

Mit Geld des Geheimdienstes ausländische Parteien finanziert

Mit gehöriger Verspätung, nämlich erst im Februar 2000, wurde durch einen Bericht der „Süddeutschen Zeitung“ eine seltsame Aktion des Bundesnachrichtendienstes bekannt, die acht Jahre lang von den Spitzenpolitikern aller Parteien und sogar vom Präsidenten des Bundesrechnungshofes gedeckt wurde. Als die SPD mit Helmut Schmidt den Kanzler stellte, wurden ab 1974 durch Jahre hindurch etwa 40 Millionen DM an Schwesterparteien der SPD, der CDU und der FDP in Spanien und Portugal überwiesen. Das Geld stammte aus einem Geheimbudget des BND. Aus einem Budget, das nach allen bisherigen Erklärungen gar nicht existierte.

Immer wieder war betont worden, dass „selbstverständlich“ alle Ausgaben, die für den Bundesnachrichtendienst getätigt werden, im offiziellen Staatshaushalt aufscheinen, dass es keinen sogenannten „Reptilienfonds“ gebe. Nun aber waren plötzlich Millionenbeträge vorhanden, von denen vorher die Öffentlichkeit nichts wusste.

Das Geld, das die Parteien zur Verteilung bekamen, sollte zum Aufbau „demokratischer Strukturen“ und „zur Abwehr des Kommunismus“ in Spanien und Portugal dienen. Das Geheimdienst-Kontrollgremium des Bundestags billigte nachträglich die Aktion und auch der Präsident des Rechnungshofes drückte ein Auge zu. Da in trauter Eintracht alle Parteien profitierten, drang auch durch Jahre nichts in die Öffentlichkeit. Als die Geldverteilungsaktion nach jahrelanger Vertuschung bekannt wurde, musste sich der BND mit anderen Geheimdiensten vergleichen lassen, die nicht nur Informationen im Ausland sammeln sondern auch versuchen, die politische Situation dort zu beeinflussen.

Erich Schmidt-Eenboom, der Direktor des „Forschungsinstituts für Friedenspolitik" im schwäbischen Weilheim, berichtete über eine seltsame Aktion der BND-Agenten. 1984 meldeten sie aus Kairo, sie hätten herausgefunden, in welche Wohnung der neue Militärattaché der DDR einziehen würde. Flugs mieteten sie das benachbarte Appartement und statteten es mit Abhörgeräten aus. Doch die Agenten-Kollegen in der DDR wussten bereits, dass die Herren in Pullach schon informiert waren. Schmidt-Eenboom: „Die Wohnung in Kairo wurde also nicht mit dem Attaché belegt, sondern mit einem harmlosen Außenhandelsbeamten. Über sechs Monate lang war die teure, aus der Bundesrepublik herangeschaffte Abhörtechnik gebunden, bis die Lauscher an der Wand bemerkten, dass ihr Lauschangriff sich nicht gegen einen besonders gut getarnten Offizier der ostdeutschen ‚Nationalen Volksarmee' gerichtet hatte."

Auch über eine andere Aktion des BND gegen einen Vertreter der DDR zeigt sich Schmidt-Eenboom informiert. Im Rahmen einer „Aktion Flattermann" wurde 1975 der Protokollchef der DDR-Vertretung in Bonn, Günter Marsch, abgehört. „Marsch hatte telefonisch Kontakte zu 36 Modells und Dirnen aufgenommen. Durch eine Observation konnte jedoch festgestellt werden, dass es trotz zahlreicher Terminabsprachen zu keiner Begegnung mit dem horizontalen Gewerbe gekommen war. Da diese Überwachung nichts wirklich für eine nachrichtendienstliche Ansprache Verwertbares ergab, erhielt der DDR-Staatssekretär Vogel Anfang 1975 vom Chef des Bundeskanzleramts einen diskreten Hinweis auf die Umtriebigkeit von Marsch." Die Moral von der Geschichte: ein Geheimdienst verwertet alle Informationen – und wenn er damit auch nur private Schicksale beeinflusst.

Gab es krumme Geschäfte mit abrückender Sowjet-Armee?

„Er führt sogar Selbstgespräche nur in einem abhörsicheren Raum" spotteten Insider über den SPD-Politiker Konrad Porzner, der 1990 auf Wunsch von Kanzler Helmut Kohl Präsident des BND geworden war. Die ersten Minuspunkte erntete Porzner, als im Oktober 1991 bekannt wurde, dass der BND Panzer nach Israel liefern ließ. Sie waren als „landwirtschaftliche Maschinen“ deklariert und wurden zufällig von Beamten der Hamburger Wasserschutzpolizei entdeckt. Unklar blieb, ob es sich um einen Alleingang von Beamten des BND gehandelt hat, oder ob auch Porzner selbst oder gar das Bundeskanzleramt an dem Versteckspiel mitgearbeitet haben.

1993 wollte Porzner dann einen seiner wichtigsten Mitarbeiter loswerden, den Leiter der „Abteilung für Operative Beschaffung“, Folker Foertsch. Dessen BND-Agenten sollen beim Abzug russischer Truppen aus Ostdeutschland krumme Geschäfte mit Rotarmisten gemacht haben. Foertsch wurde von seinem Chef aufgefordert, daraus die Konsequenzen ziehen. Doch Porzner scheiterte, Foertsch nahm die seidene Schnur nicht und wies alle Vorwürfe zurück.

Tatsächlich war die ins Zwielicht geratene Aktion der BND-Agenten unterm Strich ein voller Erfolg. Gemeinsam mit amerikanischen Geheimagenten wurde versucht, der scheidenden Sowjettruppe noch ein paar Militärgeheimnisse abzuluchsen. Die Aktion bekam den Codenamen „Giraffe“, vielleicht auch deshalb, weil bisher unerreichbare Früchte in greifbare Nähe zu rücken schienen. Die russischen Offiziere seien nicht mehr motiviert, in der Heimat wären sie nicht mehr privilegiert, sie würden daher finanziellen Lockungen nicht widerstehen können.

Die BND-Agenten trieben sich in der Nähe der Kasernen, die von den Russen verlassen wurden, mit ihren Dienstautos mit Kennzeichen aus Hannover herum, was selbst der schon müden russischen Abwehr auffiel. „Es ist anzunehmen, dass es sich um Agenten des BND handelt, ihre Anwesenheit ist sofort dem diensthabenden KGB-Offizier zu melden“, wurden die russischen Wachposten instruiert.

Trotz ihres auffälligen Gehabens umgarnten die BND-Agenten einen Major der russischen Raketenabwehr und „kauften“ ihm den Rechner einer mobilen Frühwarnanlage für strategische Raketen ab. Das Gerät wurde nach Wilna gebracht, dort zerlegt und als Diplomatenpost in die „Giraffen“-Einsatzzentrale in Berlin geschickt.

In der Nähe von Magdeburg erstanden die BND-Agenten drei Kampfstoffspürgeräte, die in Hubschrauber eingebaut werden können und den Grad von biologischer, chemischer oder atomarer Verseuchung messen können. 15 000 DM wurden dem russischen Offizier pro Stück bezahlt, für die US-Militärs waren es unschätzbare Werte.

Brandstifter und Feuerwehr in Personalunion

Im August 1994 wurde die deutsche Öffentlichkeit neuerlich von einer dubiosen Aktion informiert, in die der BND verwickelt gewesen sein soll. Am Münchner Flughafen war ein Kolumbianer festgenommen worden, der 383 Gramm Plutonium vom Moskau nach Spanien schmuggeln wollte. Zwei Komplizen des Mannes wurden ebenfalls verhaftet, ein dritter Mann, von dem dann der Deckname „Rafa“ bekannt wurde, konnte verschwinden.

Das radioaktive Material ist hochgiftig, für den Bau einer Atombombe sind jedoch etwa neun Kilogramm notwendig. Was sollen also die 383 Gramm Plutonium – für eine Probe ist es zu viel, für eine Bombenkonstruktion zu wenig?

Bald deckten Behörden Details des Schmuggels auf, der unter dem Codenamen „Operation Hades“ gelaufen ist. Das Material sollte über Spanien nach Nordkorea gelangen, weitere Lieferungen waren geplant. Das Frappierende aber: der Mann mit dem Decknamen „Rafa“ sei dem Bundesnachrichtendienst bekannt, wenn nicht vielleicht gar ein Mitarbeiter. Der Verdacht kam auf, der Schmuggel sei vom BND inszeniert worden, um sich dann als „Aufdecker“ rühmen zu können. Die klassische Kombination also: Brandstifter und Feuerlöscher in Personalunion.

Untersuchungsausschüsse des Bundestags prüften die Vorwürfe, kamen aber zu keinem eindeutigen Ergebnis. Besonders verwundert zeigten sich die Abgeordneten über die Aussage von BND-Chef Konrad Porzner, wonach er „über Operationen normalerweise nichts erfährt.“ Der Eindruck verstärkte sich, dass eine Etage höher, nämlich bei dem für den BND zuständigen Kanzleramtsminister Bernd Schmidbauer, die Fäden zusammengelaufen sind. Der Vertraute von Helmut Kohl erhielt daraufhin in der Presse den Spitznamen „Agent 008“.

Geklärt wurde, Mitte 1995, wenigstens etwas: der russische Geheimdienst bestätigte gegenüber dem Bundesaußenministerium, das Plutonium sei aus dem Kernforschungszentrum Obninsk gestohlen worden.

Für Porzner war jedoch die Uhr abgelaufen – 1996 musste er seinen Rücktritt einreichen. Zu seinem Nachfolger wurde Hansjörg Geiger bestellt.

Was Rübezahl über einen BND-Agenten verriet

Doch auch der gewiefte Jurist stieß bald auf Klippen. Von seinem Vorgänger hatte er den Verdacht gegen Volker Foertsch, der seit 1953 in der Geheimdienstorganisation arbeitet, übernommen und ließ ihn eineinhalb Jahre lang observieren. Im Pullacher Intriganten-Stadel hieß es, der hochrangige BND-Mann sei ein Doppelagent der Russen.

Zwei Agenten des BND behaupteten, sie hätten schon 1995 einen russischen Offizier angeworben, der sie aus Moskau mit brisantem Material versorge. Sein Codename sei „Rübezahl". Eine dieser Informationen lautete eben: in der BND-Zentrale sitze ein Vertrauensmann des russischen Geheimdienstes.

Rübezahl wird gut bezahlt. Er liefert sogar Kopien aus Akten der für die Spionageabwehr zuständigen KGB-Nachfolgeorganisation FSB. Und schließlich folgt eine Personenbeschreibung des Doppelagenten: groß, dunkelhaarig, Bauchansatz. Weitere Hinweise deuten auf Foertsch, dem Leiter der Spionageabwehr im BND. Sein Büro wird verwanzt, eine Überwachungskamera eingebaut, Kanzleramtsminister Bernd Schmidbauer eingeweiht. Der Minister verlässt sofort eine Faschingsveranstaltung in München, beordert Geiger zum Flugplatz und düst mit ihm nach Bonn, zu Helmut Kohl. Wie soll man weiter vorgehen, war die Frage. Die Staatsanwaltschaft wird informiert, im März 1998 werden Foertschs Büro und seine Wohnung durchsucht.

Gefunden hat man allerdings nichts Belastendes. Ein paar Wochen später werden die Ermittlungen gegen Foertsch eingestellt. Gedemütigt und beleidigt, den Kopf voller Geheimnisse, verlässt der altgediente Geheimdienstler den BND und geht in die Privatwirtschaft.

Ins Visier geraten nun jene zwei BND-Agenten, die Rübezahls Erzählungen weitergeleitet hatten. Unglaubliches wurde entdeckt: die beiden hatten rund 500 000 DM aus der BND-Kasse erhalten, um damit Rübezahl zu entlohnen. Oder hatten sie in die eigene Tasche gewirtschaftet, gab es Rübezahl gar nicht?

Sie werden angeklagt, Geld unterschlagen zu haben. Im November 2002 beginnt im Saal 173 des Münchner Landgerichts der Prozess gegen sie. Die Öffentlichkeit ist ausgeschlossen. Im Jänner 2003 geht das Verfahren wie das Hornberger Schießen mit bedingten Haftstrafen von zwei Monaten aus. Offenkundig kann man auch den Rübezahl-Erfindern keine Betrugsabsicht nachweisen.

Brauche nur einen Koch, dafür aber hundert Spione

In Deutschland hatte es bis ins späte 19. Jahrhundert an einem systematisch aufgebauten militärischem Geheimdienst gemangelt. Zwar hatte bereits Friedrich der Große den Nutzen solcher Kundschafter erkannt – „Im Felde brauche ich nur einen Koch, dafür aber hundert Spione", soll er sich geäußert haben, – doch erfolgte das Knüpfen eines Kundschafternetzes erst viel später und da auch zuerst als eine Unterabteilung der politischen Polizei.

Wilhelm Eduard Stieber baute etwa um 1860 eine Spionageorganisation auf, die vor allem für die Angriffskriege Preußens gegen Österreich und Frankreich eingesetzt worden ist.

Der listige Stieber wusste auch mit unkonventionellen Mitteln zu punkten: als die französischen Militärs 1870 aus dem eingeschlossenen Paris Nachrichten per Brieftauben an andere Heeresgruppen sandten, setzte Stieber Jagdfalken ein, die die fliegenden Kuriere abfingen.

In der Folge legte allerdings die deutsche militärische Führung wenig Wert auf eine ausgedehnte Spionagetruppe. Im Ersten Weltkrieg kooperierte man mit den Kollegen vom österreichischen Geheimdienst, und erst mit der Machtübernahme Adolf Hitlers 1933 begann mit der Aufrüstung auch wieder der Bedarf an militärischer Aufklärung. 1935 wird der im Ersten Weltkrieg hochdekorierte Marineoffizier Wilhelm Canaris Chef der Abwehrabteilung im Reichskriegsministerium.

Mit einem einzigen Satz umreißt jetzt das Gesetz die Aufgaben des BND, der derzeit vom Juristen Dr. August Hanning, Jahrgang 1947, geleitet wird: „Der Bundesnachrichtendienst sammelt zur Gewinnung von Erkenntnissen über das Ausland, die von außen- und sicherheitspolitischer Bedeutung für die Bundesrepublik Deutschland sind, die erforderlichen Informationen und wertet sie aus."

Ein Blankoscheck, der den beamteten Spionen aus Pullach alle Möglichkeiten offen lässt. Das Gesetz ermächtigt sie quasi, die im Ausland geltenden Gesetze zu brechen. Erwischen lassen sollte man sich dabei lieber nicht.

Dem Präsidenten des BND unterstehen zwei Stabs- und sechs Fachabteilungen. Die „Stabsabteilung Sicherheit und Spionageabwehr" hat vor allem dafür zu sorgen, dass der BND nicht von anderen Geheimdiensten ausspioniert oder unterwandert wird. Die „Stabsabteilung Qualitätsmanagement" soll eine Kosten- und Leistungsrechnung führen und eine Erfolgskontrolle der übertragenen Aufgaben ermöglichen.

Die „Abteilung 1 (Operative Aufklärung)" betreut die Anwerbung und Führung von Informanten im In- und Ausland. Die „Abteilung 2 (Technische Beschaffung)" betreibt die elektronische Aufklärung. In der „Abteilung 3 (Auswertung)" laufen alle diese Informationen zusammen und werden hier analysiert. Die „Abteilung 4 (Verwaltung)" macht das, was schon der Titel sagt, und hat mit geheimdienstlicher Tätigkeit nichts zu tun. Die „Abteilung 5 (Operative Aufklärung/Auswertung)" beschäftigt sich mit der Organisierten Kriminalität und dem Terrorismus. Die „Abteilung 6 (Technische Unterstützung)" hat für funktionierende Technik und Laborarbeit zu sorgen, verwaltet die vorhandenen Dokumente und betreut die Datenverarbeitung.

Nach vorsichtigen Schätzungen verfügt der BND heute über ein Budget von 400 Millionen Euro, damit versorgt er seine derzeit 6 000 fixen Mitarbeiter und etwa ebenso viele Agenten im Ausland. Neben den klassischen lokalen Spionen verrichten deutsche Mitarbeiter des BND in den sogenannten „Legalresidenturen" – also bei diplomatischen Missionen – ihren Dienst.

Der hohle Teddybär aus dem Spionage-Fundus

Schade, falls Sie die Ausstellung versäumt haben sollten: vom 22. Mai bis 3. August 2003 war in Bonn unter dem Titel „Duell im Dunkeln" eine beeindruckende Schau zu sehen, die der Spionage im geteilten Deutschland gewidmet war. Auf Monitoren sah man Sequenzen aus Spionagefilmen, in Vitrinen war die Ausrüstung von Agenten zu sehen: hohle Teddybären mit Geheimbotschaften im Inneren, Zigarettenpackungen mit eingebauten Mini-Kameras, Deckenleuchten mit integriertem Mikrophon und Sender.

Besonders beeindruckend war die Darstellung Berlins während des Kalten Krieges. Tunnels wurden gegraben, um die Telefonleitungen des jeweiligen Gegners anzuzapfen, Entführungen inszeniert oder auch nur zur Irreführung vorgetäuscht. 20 000 bis 30 000 Informationspersonen soll der DDR-Geheimdienst unter Markus Wolf gehabt haben, zahlreiche Prostituierte standen im Sold aller Geheimdienste – ihre Aufgabe: wichtige Persönlichkeiten ins Bett zu locken, damit sie dann mit heimlich aufgenommen Videos erpresst werden konnten. Bezeichnend auch die Dokumente und Berichte über Bundeskanzler Willy Brandt: zuerst hatte ihn der sowjetische Geheimdienst in Zusammenarbeit mit DDR-Agenten bei einem Misstrauensantrag im Bundestag 1972 durch den „Kauf" einer CDU-Oppositionsstimme gehalten, dann stürzte er 1974 durch die Enttarnung des KGB-Spions Günter Guillaumes.

Über eines bleibt die Ausstellung allerdings die Antwort schuldig: welchen Einfluss hat die Tätigkeit der Schattenmänner auf die Entwicklung des Geschehens, wieweit beeinflussen sie die Geschichte? Dazu passend das allgegenwärtige Hintergrundgeräusch in den Ausstellungsräumen: das flüsternde und monotone Herunterlesen von Zahlenreihen, wie es bei der verschlüsselten Information der Agenten über Radiosender üblich war.

Die „Kastagnette" und die Operation „Stimmgabel"

Fast drei Viertel ihrer Informationen gewinnen Geheimdienste aus der Funkaufklärung, auch der deutsche Bundesnachrichtendienst bedient sich in ständig steigendem Ausmaß dieser Methode. Aber was eine echte Spionageorganisation sein will, tarnt alles mit Codenamen.
Einer der Lauschposten firmiert als „Objekt Stellwerk", spezielle Aufklärungssysteme tragen Namen wie „Susanne" oder „Lerche", die Operationen werden „Stimmgabel", „Hummer" oder „Reingewinn" genannt, und der rasante Ausbau der Funkaufklärung Anfang der 90er-Jahre bekam den treffenden Namen „Nase vorn".

Eine der größten Lauschstationen ist in Höfen eingerichtet, nahe der belgischen Grenze. Eine andere ist in Husum in Schleswig-Holstein untergebracht – Codename „Kastagnette“. Beide Stationen werden offiziell als Büros für Fernmeldestatistik bezeichnet. Neben den festen Lauschstationen betreibt der BND auch mobile Abhöranlagen, meist in Transportern getarnt.

Eine der wichtigsten Lauschstationen wird in Bad Aibling betrieben, jetzt als „Objekt Orion“ bezeichnet. Im Juli 1991 wurden hier Funksprüche aus Moskau aufgefangen, durch die der BND die deutsche Bundesregierung beruhigen konnte: nach den entschlüsselten Gesprächen wurde dem Bundesnachrichtendienst klar, dass der Putsch gegen Präsident Michail Gorbatschow scheitern würde, da die Armee den Aufrührern die Unterstützung verweigerte.

So wichtig wie das Hineinhören in fremde Kommunikation ist dem BND auch die möglichst sichere Verbindung mit den eigenen Agenten im Ausland. Hochkomplizierte technische Geräte ermöglichen das: verschlüsselte Nachrichten werden im sogenannten „Schnellsendeverfahren“ komprimiert ausgestrahlt. Unauffällig in Radiogeräte eingebaute Empfänger (entwickelt als System „Harpune“) können die Nachrichten auffangen. Daneben entwickelte der Bundesnachrichtendienst auch das System „Schnellbahn“, mit dem auch über Telefonleitungen komprimierte Datenpakete gesendet werden können.

Fast alle Funksprüche oder Telefonmitteilungen zwischen der Zentrale des BND und seinen Agenten werden verschlüsselt. Genau so geschieht es natürlich auch bei anderen Nachrichtendiensten. Weltweit gibt es einen Wettlauf zwischen den Experten, die das Verschlüsselungswesen sicher zu machen versuchen und denjenigen, die auf das Knacken der Codes aus sind.

Material noch aus den Archiven der deutschen Wehrmacht half dem BND im Jahr 1988 Großbritannien während der Falklandkrieges zu Hilfe zu kommen: mit Hilfe eines französischen Codes, den die deutsche Abwehr unter Admiral Canaris in den 40er-Jahren des vorigen Jahrhunderts geknackt hatte, wurde auch der Funkverkehr zwischen Buenos Aires und den argentinischen Truppen auf den besetzten Inseln entschlüsselt.

Der BND exportierte seine Verschlüsselungsmethoden an zahlreiche Staaten, aber wie Geheimdienste nun einmal sind, baute er in die Programme auch „trojanische Pferde“ ein, durch die er selbst wieder die

Nachrichten jener Länder, die er beliefert hatte, entziffern konnte. Codewort dafür: „Gelbstrichmeldungen".

Seit 1994 darf der BND alle Telefonate oder Fax-Nachrichten, die über Funk oder Satellit von Deutschland in die Welt oder aus dem Ausland nach Deutschland gehen, überwachen. Dadurch sollen „Gefahren", die dem Land drohen, rechtzeitig erkannt werden. Egal, ob es sich um Spionage, Waffen- oder Drogenhandel oder Terrorismus handelt. „Ein Staubsauger im Äther" sei dies, so befürchten Kritiker des Gesetzes.

Von den rund 10 Millionen Telefongesprächen, die derzeit täglich grenzüberschreitend geführt werden, sollen laut einer Erklärung des BND nur etwa 1 000 bis 2 000 aufgezeichnet und dann automatisch nach „Schlüsselwörtern" durchsucht werden. Nach welchen Kriterien die Auswahl erfolgt, ließ der BND offen. Ein Zehntel der aufgezeichneten Gespräche würden dann „weiter bearbeitet", heißt es. Offenkundig wird dann „mit anderen nachrichtendienstlichen Mitteln" recherchiert.

Inzwischen sollen außer rund 8 000 Schlüsselwörtern im BND-Computer auch zahlreiche Stimmprofile verdächtiger Personen und Tausende Telefonnummern gespeichert sein.

Es genügt aber nicht, Gespräche zu belauschen – man will auch über die Grenzen sehen, man will Spione am Himmel haben. Bereits 1989 meldete der BND sein Interesse an einer eigenständigen deutschen Satellitenaufklärung an. Als Motive dafür wurde weniger die militärische Aufklärung genannt als die Überwachung des Atomsperrvertrags und verschiedener Beschränkungen des Waffenexports. Auch wirtschaftliche Interessen sollen nicht außer Acht gelassen werden, etwa die weltweiten Voraussagen von Ernteergebnissen. Neben den Bodenstationen würden je zwei Foto- und Radar-Satelliten benötigt, hieß es in einer Studie.

Geheimdienst operiert gegen Geldwäsche in Liechtenstein

Zu einer wichtigen Aufgabe aller Geheimdienste gehört es auch, Geldwäscherei zu verfolgen. Die Drogenbarone und Mafiabosse sind international tätig, die normalen Polizeikräfte können kaum Erfolge gegen sie erzielen, auch weil das polizeiliche Instrumentarium strengeren gesetzlichen Einschränkungen unterliegt als es die Geheimdienste für sich akzeptieren.

Im Kampf gegen die Organisierte Kriminalität haben die Staaten längst rechtsstaatliche Überlegungen hintan gestellt und den Schattenmännern des Geheimdienstes freie Hand gelassen. Bei der Informationsgewinnung ist praktisch alles erlaubt – solange man nicht erwischt wird. Erst wenn es darum geht, Strafverfahren einzuleiten, tritt die traditionelle Justiz in ihrem straffen Paragraphen-Korsett auf den Plan.

Der deutsche Bundesnachrichtendienst nahm Ende der 90er-Jahre verstärkt den Finanzplatz Liechtenstein unter die Lupe. Seit Jahrzehnten galt das Fürstentum als Paradies der Steuerhinterzieher, jetzt parkt auch die Organisierte Kriminalität dort ihre Gelder. 40 000 Stiftungen und ähnliche Gesellschaften sind in Vaduz und Umgebung angemeldet, mehr als das Land Einwohner zählt. Etwa 40 Milliarden Dollar werden durch die Treuhänder dieser Stiftungen verwaltet, und niemand muss sich dafür interessieren, woher das Geld kommt. Wichtig ist nur, dass es gewaschen wird.

Am 8. April 1999 legte der BND dem Bundeskanzleramt einen 18-seitigen Bericht über die Geldwäschepraktiken in Liechtenstein vor. Ein Bericht, von dem einige Details gezielt an die Öffentlichkeit gebracht wurden, um das Land zu einer schärferen Kontrolle der Geldflüsse zu veranlassen.

„Mafiöse Geschäfte", so heißt es in dem Liechtenstein-Dossier, würden durch „ein Geflecht aus Beziehungen von hohen Beamten, Richtern, Politikern und Bankdirektoren" unterstützt. Fürst Adam II. von Liechtenstein wusste nichts Besseres zu antworten, als den BND-Agenten vorzuwerfen, sie benützten „Methoden des Dritten Reichs".

In seinem Bericht kam der Bundesnachrichtendienst auf den Punkt: die traditionellen Finanz-Strukturen begünstigen die Organisierte Kriminalität. Das unantastbare Bankgeheimnis verhindere es, die Herkunft des Geldes festzustellen – ist es „nur" vor dem Finanzminister in Sicherheit gebracht worden, oder stammt es aus kriminellen Aktionen?

Kurz nach dem Bekannt werden des BND-Dossiers, das als „Vertraulich" gekennzeichnet ist, in Liechtenstein aber praktisch öffentlich auffliegt, holte sich der Fürst den österreichischen Staatsanwalt

Kurt Spitzer aus Innsbruck und beauftragte ihn mit Sonderermittlungen über den Problembereich „Geldwäsche“. Zumindest das Image des kleinen Landes sollte dadurch wieder hergestellt werden.

Spitzer machte sich an die Arbeit. Im Mai 2000 schlug der Sonderermittler dann zu. Mit 25 Mann von der Wiener Wirtschaftspolizei und unterstützt von 15 Beamten aus Liechtenstein ließ er eine Großrazzia durchführen und fünf Personen verhaften, die nach seinen Ermittlungen und auf Grund des Berichts des BND im Verdacht der Geldwäsche stehen.

Besonderes Interesse dürfte der von den Agenten aus Pullach in ihrem brisanten Geheimpapier angeführten Fall vor allem deswegen ausgelöst haben, als darin am Rande auch der Name des russischen Politikers Wladimir Putin vorkam, der später Präsident geworden ist. Er soll bei dubiosen Geschäften seine Hand im Spiel gehabt haben.

War auch Wladimir Putin in die Affäre verwickelt?

Im Visier der Geheimdienstler stand die in Frankfurt am Main registrierte Firma „St. Petersburg Immobilien und Beteiligungs-AG“. Die Gesellschaft projektierte unter anderem ein Shopping-Center um 180 Millionen DM in St. Petersburg. Zu einem der Mitbegründer der Gesellschaft gehört der Liechtensteiner Treuhänder Ludwig Ritter mit Sitz in der kleinen Ortschaft Mauren.

Die „St. Petersburg Immobilien und Beteiligungs-AG“ allerdings wies alle Vorwürfe zurück. Nie habe man mit Geldwäsche etwas zu tun gehabt. Zwar sei Wladimir Putin von 1992 bis ins Jahr 2000 „Beirat“ der Gesellschaft gewesen, doch war er nie aktiv bei Geschäften tätig. Er sei nur ein „Aushängeschild“ gewesen, sein prominenter Name sei dienlich für die Immobiliengeschäfte gewesen.

In seinem Abschlußbericht vom 31. August 2000 zerzaust Sonderermittler Kurt Spitzer einige „Quellen“ des Bundesnachrichtendienstes als „unglaubwürdig“. Die aufgezeigten „dubiosen Aktivitäten“ einiger liechtensteinischer Persönlichkeiten im Zusammenhang mit Geldwäsche wieder seien für die Behörden des Fürstentums „nichts Neues“.

Dann heißt es in Spitzers Bericht weiter im Wortlaut: „Die vom deutschen Bundesnachrichtendienst kritisierten Verzögerungen bei der

Gewährung von Rechtshilfe sind ohne Zweifel berechtigt. Tatsächlich kam es gerade in diesem Bereich nicht nur seitens der Justiz, sondern auch seitens des Rechtsdienstes zu unvertretbaren Verzögerungen. Gepaart mit einer Rechtsprechung, die den Geheimnisschutz der Treuhänder in den Vordergrund stellt, wundert es nicht, wenn ausländische Justizbehörden ihren Unmut zum Ausdruck bringen und von einer Verweigerung der Rechtshilfe sprechen. Der Sonderstaatsanwalt ist bei seinen Überprüfungen auf einen teilweisen Stillstand der Strafrechtspflege gestoßen. Es sind nicht nur Strafverfahren jahrelang in den Amtszimmern diverser Richter unbearbeitet liegen geblieben, sondern es wurden nicht einmal Anträge der Fürstlich Liechtensteinischen Staatsanwaltschaft auf Einleitung einer gerichtlichen Untersuchung, Verhängung der Untersuchungshaft oder auf Vornahme von Hausdurchsuchungen bearbeitet, so dass auch in schwerwiegenden Fällen eine Verjährung der Strafbarkeit eingetreten ist."

Der Innsbrucker Staatsanwalt geht auch mit seinen Kollegen in Liechtenstein hart ins Gericht. So heißt es in seinem Bericht weiter: „Die Fürstlich Liechtensteinische Staatsanwaltschaft zeigte bei der strafgerichtlichen Verfolgung krimineller Handlungen nur wenig Effizienz. Dies ist darauf zurückzuführen, dass die Rechtsprechung des Fürstlichen Obergerichtes teilweise einen unvertretbaren Formalismus an den Tag legt, sich teilweise überhaupt über die geltenden Bestimmungen der Strafprozessordnung hinwegsetzt und gerade für die Einleitung einer gerichtlichen Untersuchung Anforderungen stellt, die in anderen Staaten bereits für eine Anklageerhebung ausreichend sind. Eine Rechtsprechung, die vom Staatsanwalt bereits bei Beginn einer gerichtlichen Untersuchung sämtliches Wissen über einen strafrechtlich relevanten Sachverhalt abverlangt, um es dem Beschuldigten noch vor dem Einsatz von Zwangsmittel offen zu legen, ist sicherlich nicht geeignet, einen potentiellen Straftäter überführen zu können. Will man die steigende Wirtschaftskriminalität glaubwürdig bekämpfen, werden sich auch die Rechtsmittelgerichte entschließen müssen, den sachbezogenen Verantwortungen von Treuhändern oder Rechtsanwälten in Hinkunft kritischer zu begegnen."

Zum Schluss zeigt sich Spitzer jedoch bereit, seinen Auftraggebern einen Persilschein auszustellen: „Zusammenfassend kann ich sagen, dass sich die Wirtschaftskriminalität im Fürstentum Liechtenstein nicht anders darstellt als in den übrigen europäischen Ländern. Ich habe die Beobachtung gemacht, dass die meisten Vermögenswerte, die zum Zwecke der Geldwäsche in das Fürstentum gelangen, bereits in anderen Ländern einer Vorwäsche unterzogen worden sind. Dies sollte auch jenen Ländern zu denken geben, die heute mit dem Finger auf das Fürstentum zeigen."

Kapitel 4

Doswedanje – oder lieber nicht? Treffpunkt Wien für rote Spione

Entlarvter Agent der Russen musste nach Gespräch zwischen Kanzler Schüssel und Präsident Putin Österreich verlassen. Starkes Interesse Moskaus an der neuen Mannschaft auf dem Ballhausplatz. Genau Programmhinweise auf die Art der Nachrichtenübergabe brachte einem Agenten nasse Füße.

Zarte Andeutungen nach der Skitour

Am Donnerstag, dem 8. Februar 2001, kam Russlands Staatspräsident Wladimir Wladimirowitsch Putin zu einem Staatsbesuch nach Österreich. Die Exzellenzen des Diplomatischen Korps sowie hochrangige Vertreter der Wirtschaft waren in die Hofburg zum festlichen Abendessen eingeladen, das Bundespräsident Thomas Klestil zu Ehren Putins gab. Ein wichtiger Gast fehlte beim Staatsbankett: Bundeskanzler Wolfgang Schüssel verzichtete auf die Kaiserschöberlsuppe, den Tafelspitz und den Apfelstrudel. Offizieller Grund: er habe bereits zu den Ski-Weltmeisterschaften am Arlberg fahren müssen.

Inoffiziell wusste man es besser: zum einen stimmte Schüssels Chemie mit Klestil nicht, zum anderen hatte er auch noch mit Putin ein Hühnchen zu rupfen. Und das würde einfacher und leichter in der entspannten Atmosphäre am Arlberg gelingen, wohin Putin samt Ehefrau Ludmilla, den Töchtern Katja und Mascha sowie Botschafter Alexander Golowan am Freitag kommen würde.

Dutzende Fotografen und TV-Teams standen dann am Samstag am Pistenrand, um die äußerlich so ähnlichen Staatsmänner abzubilden, die sich Ski fahrend präsentierten: beide eher klein gewachsen, beide schmale Gesichter, beide meist ernst und still. Beide immer auf Sicherheit bedacht, immer konzentriert. Und nie das Ziel aus den Augen lassend.

Zwischen den Abfahrten und dem Posieren für Fotos blieben immer ein paar Minuten Zeit, um auf die eigentlichen Themen zu kommen:

die NATO-Erweiterung, Österreichs Neutralität, die Wirtschaftsbeziehungen zwischen den beiden Ländern und der bevorstehende Ankauf von Abfangjägern durch das österreichische Bundesheer.

Abends saß man dann im Hotel „Hozpiz“ in St. Christophen zusammen. Putin pries immer wieder die Vorzüge des russischen Kampfjets MIG-29-SMT und zeigte sich hervorragend über die vorliegenden westlichen Angebote an Flugzeugen informiert. Nicht nur über das, was man in allen Zeitungen lesen konnte, er wusste vor allem, welche österreichischen Firmen an Gegengeschäften interessiert waren. Wenn Russland die internationale Konkurrenz ausstechen wolle, müsste man auch diesen Firmen etwas bieten.

Schüssel war schon vor dem Gespräch mit Putin von Innenminister Ernst Strasser über alle vorhandenen und aktualisierten Erkenntnisse informiert worden, die man über russische Agenten in Österreich hatte. Allein in der Botschaft und den diversen Vertretungen bei den in Wien ansässigen internationalen Organisationen hatte Moskau rund 100 Offiziere des Auslandsgeheimdienstes „Slushba Wneschnej Raswedkij“ (SWR) stationiert. SWR ist eine Nachfolgeorganisation des KGB, des Komitet Gossudarstewennoj Besopasnosti. Hauptziel der Agenten sei in aller Regel die Wirtschaftsspionage, wissen die Kollegen von den anderen Geheimdiensten.

Scherzend meinte Kanzler Schüssel zu Putin, dass Österreich wohl für Russland besonders wichtig sein müsse, wenn es so viele „Diplomaten“ nach Wien entsende. Allzu offenkundige Aktionen, die sich gegen den Staat richteten, sollten aber unterbunden werden, deutete er an. Schließlich wüssten auch westliche Geheimdienste über die ausufernde Tätigkeit der russischen Kollegen Bescheid, und die österreichische Regierung müsse schließlich das Gesicht auch ihnen gegenüber wahren.

Putin verstand. Offenkundig war zumindest einer seiner Agenten kurz vor der Enttarnung, sonst hätte Schüssel nicht so deutliche Worte gewählt.

Tatsächlich hatten Beamte der österreichischen Staatspolizei, auch auf Grund von Informationen des Heeres-Nachrichtenamtes (HNA), seit einiger Zeit einen Mitarbeiter der russischen Botschaft in Wien im Verdacht, sich allzu intensiv um Kontakte mit Mitarbeitern österreichischer

Firmen zu bemühen. Sein Pech: er wollte einen Ingenieur eines Maschinenbaubetriebs als Mitarbeiter gewinnen, der selbst schon Aufträge des HNA durchgeführt hat.

Über den Generalsekretär des Außenministeriums ließ man einem Angehörigen der russischen Botschaft drei Wochen nach der Abreise Putins die vertrauliche Mitteilung zukommen, dass es Beweise für die Spionagetätigkeit eines Diplomaten gebe und wohl gegen ihn eine Anzeige an die Staatsanwaltschaft erstattet werde. Es liegen Beweise vor, dass versucht worden sei, Nachrichten über sogenannte „tote Briefkästen" auszutauschen. Außerdem habe er nicht nur mit dem Maschinenbau-Ingenieur Kontakte angebahnt, auch andere Österreicher seien um Informationen ersucht worden.

Kurz darauf packte Yury F. Akulov, der stellvertretende Handelsattaché der russischen Botschaft in Wien, seine Koffer und flog nach Moskau ab. „Neue Aufgaben" erwarten ihn dort, wurde dem österreichischen Außenministerium gegenüber begründet. Die Wahrheit: er war „verbrannt", wie es im Geheimdienstjargon heißt, der Schattenmann war ins Licht gezerrt worden. Dass die Staatsanwaltschaft in Wien dennoch unter der Aktenzahl 25 a Vr 5975/01 ein Verfahren gegen ihn einleitete, hatte wohl nur symbolischen Charakter. Und dient vor allem dazu, befreundeten Ländern ein Argument zu liefern, die künftige Akkreditierung Akulovs abzulehnen.

Doswedanje, Genosse Akulov, oder sollte man nicht doch besser „Auf Nimmerwiedersehen" sagen?

Gegen Spione hat die Justiz nur stumpfe Waffen

Für Österreichs Justiz sind Spione nur schwer zu überführen, die Waffen sind stumpf. Da gibt es den Paragraph 256 im Strafgesetzbuch: „Wer zum Nachteil der Republik Österreich einen geheimen Nachrichtendienst einrichtet oder betreibt oder einen solchen Nachrichtendienst wie immer unterstützt, ist mit Freiheitsstrafe bis zu drei Jahren zu bestrafen." Was im Klartext bedeutet, Voraussetzung für eine Anklage ist, dass sich die Spionagetätigkeit gegen Österreich richtet. Wenn sich fremde Geheimdienste in Österreich gegenseitig ausspionieren, interessiert das den Staatsanwalt nicht. Genau so wenig wie die Agententätigkeit eines Österreichers, die sich gegen ein anderes Land richtet. Gepackt könnte so ein Agent nur im Falle des Verrats von Amtsgeheimnissen werden.

Der schwerwiegendere Vorwurf des „Verrats von Staatsgeheimnissen“ – Paragraph 252 des Strafgesetzbuches – setzt voraus, dass dadurch „ein schwerer Nachteil für die Landesverteidigung“ entstanden ist.

Der Paragraph 319 des Strafgesetzbuches stellt Aktionen für einen militärischen Nachrichtendienst unter Sanktion: „Wer im Inland für eine fremde Macht oder eine über- oder zwischenstaatliche Einrichtung einen militärischen Nachrichtendienst einrichtet oder betreibt oder einen solchen Nachrichtendienst wie immer unterstützt, ist mit Freiheitsstrafe bis zu zwei Jahren zu bestrafen.“

In den letzten zehn Jahren wurden auf Grund dieser Paragraphen von österreichischen Gerichten insgesamt nur vier Personen verurteilt – und alle erhielten nur bedingte Freiheitsstrafen. Kleine Fische sind ins Netz gegangen, die großen konnten rechtzeitig untertauchen.

Der Kreml fragt: Wer wird was in der neuen Regierung?

Für die zivile Spionageabwehr ist in Österreich die Staatspolizei des Innenministeriums zuständig. Einmal pro Jahr veröffentlicht der Minister einen Bericht über die Arbeit seiner Schattenmänner, der allerdings mehr aus Andeutungen als aus harten Fakten besteht. Dennoch gibt es ab und zu heftige Reaktionen darauf.

Im Bericht für das Jahr 2000 wird unter anderem, quasi als Einstimmung, Wadim Kirpitschenko, der Geheimdienst-Chefberater Präsident Putins, zitiert, der bei einer Jubiläumsveranstaltung gesagt hat: „Die besten Agentenjahre liegen zwar lange zurück, aber wir sind überall präsent und bleiben konkurrenzfähig.“ Dann folgt, um diese Einschätzung zu erläutern, eine Schilderung der Situation in Österreich aus Sicht der Staatspolizei: „Die russischen Nachrichtendienste bevorzugen zur Platzierung ihrer Mitarbeiter in Österreich Tarndienstposten bei der russischen Botschaft, dem Generalkonsulat in Salzburg, der Handelsvertretung, der russischen Fluglinie und bei diversen internationalen Organisationen. Russland unterhält in Österreich eine seiner weltweit größten Legalresidenturen.“

Der Begriff „Legalresidentur“ bedeutet dabei, dass zwar die Existenz des Nachrichtendienstes zugegeben wird und auch ein „Resident“, also gewissermaßen ein Botschafter des Geheimdienstes, benannt ist, aber jeweils dezidiert geleugnet wird, Aktivitäten gegen das Gastland zu betreiben. Alles diene nur dem Schutz der Heimat und der Abwehr von gegnerischer Spionage, heißt es offiziell.

Resident des russischen Geheimdienstes SWR in Wien war im Jahr 2000 Botschaftsrat Valery V. Rozanov. Er mimte Empörung und beschwerte sich auch im Innenministerium, als er folgende Eintragung im Bericht der Staatspolizei zu lesen bekam: „Ziel der Aufklärung in Österreich stellte im Vorjahr insbesondere der Regierungswechsel und der damit verbundene Personenwechsel in wichtigen Regierungsämtern dar. Die russische Seite war bestrebt, möglichst rasch über die neue politische Konstellation Informationen zu sammeln. Ebenso waren auch die Oppositionsparteien und deren Führungsstrukturen von Interesse.“

Die bevorzugten Arbeitsgeräte der russischen Schattenmänner waren dabei nach Vermutungen der Staatspolizei Spezialapparate, um Mobiltelefon-Gespräche abzuhören. Auch die Geheimnummern hoher Politiker sind den Agenten bekannt, ebenso funktionieren Lauschangriffe in Lokalen, die von Politikern für „vertrauliche“ Gespräche gewählt werden. Schließlich funktionierte auf „niederer“ Ebene auch der Informationsaustausch zwischen russischen und österreichischen Agenten.

Für Rozanov kamen die Ausführungen im Staatspolizei-Bericht zwar nicht überraschend, doch musste er, außer Protest zu erheben, in zwei Punkten umdisponieren: Konstantin Buschlanov, der Leiter der am Wiener Parkring etablierten Filiale der russischen Fluglinie Aeroflot, die im Bericht als Spionagenest qualifiziert worden ist, verließ Österreich und machte einem „unbeschriebenen Blatt“ Platz. Und der als künftiger Militärattaché in Österreich vorgesehene Wladimir Lugowoj verschwand wieder im Talon, da seine geheimdienstliche Vergangenheit allzu offensichtlich war.

Ein weiteres Kapitel im ewigen Kampf der Gegenspionage gegen die Spionage war damit geschlossen. Doch Österreich wird weiterhin ein Tummelplatz für Agenten bleiben, zu dem es nach dem Kriegsende 1945 geworden ist.

Mit der Roten Armee kamen auch die Männer von „Smersch“

Der 13. April 1945 in Moskau. Genau um 14 Uhr feuern 324 Kanonen je 21 Salutschüsse ab. Offizielles Zeichen dafür, dass die 5. Ukrainische Front unter Marschall Fedor Iwanowitsch Tolbuchin Wien erobert hat. Zumindest im Osten Österreichs neigt sich der Zweite Weltkrieg dem Ende zu.

Mit den Soldaten der Roten Armee rücken auch Offiziere sowjetischer Geheimdienste in Österreich ein. Sie haben umfangreiche und detaillierte Listen dabei. Mit den Namen von Personen, die zu verhaften sind, und den Namen jener Leute, denen zu trauen ist. Eine dritte, umfangreiche Gruppe ist „unter Kontrolle“ zu halten – offenkundig so lange, bis man weiß, ob man sie verhaften oder ihnen trauen soll.

Nicht nur der Osten, auch die Westmächte schickten bald ihre Schattenmänner nach Österreich. Einen wesentlichen Startvorteil konnten jedoch die Sowjets für sich verbuchen: sie waren in Wien nicht nur die ersten vor Ort, sie brachten auch für geraume Zeit die österreichische Polizei, vor allem die Staatspolizei, unter ihre Kontrolle.

Nach ihrem Einzug in Wien quartierten sich die hohen sowjetischen Militärs und Geheimdienstoffiziere in den feudalen Ringstraßen-Hotels Imperial und Grand Hotel ein.

Den wenigsten Österreichern waren die Bezeichnungen der Geheimdienste bekannt. Landläufig galt alles als GPU, denn so hatte man es in den Zeitungen des Großdeutschen Reiches gelesen, und wurde mit Terror und Rücksichtslosigkeit in Verbindung gebracht.

Der sowjetische Staatssicherheitsdienst ist offiziell am 20. Dezember 1917 vom Rat der Volkskommissare unter der Bezeichnung „Tscheka“ gegründet worden. Erster Leiter war der einer polnischen Adelsfamilie entstammende Felix Edmundowitsch Dscherschinski. Bereits damals gab es eine eigene Abteilung für Auslandsspionage.

Im Laufe der Zeit wurden die Namen häufig geändert. Aus Tscheka wurde der GPU, dann, als sich 1923 die Sowjetrepubliken zur UdSSR zusammenschlossen, nannte man den Sicherheitsdienst OGPU – Vereinte staatliche politische Verwaltung. Während des gesamten Zweiten Weltkrieges stand als operative Abteilung die Organisation „Smersch“

(Kunstwort aus der Bezeichnung „Smert Schpionam", Tod den Spionen) der Roten Armee für die Spionageabwehr zur Verfügung. Und der Begriff „Spionage" wurde weitläufig und nach Belieben ausgelegt.

„Smersch" war auch in Österreich tätig, ehe 1946 der gefürchtete Minister für Staatssicherheit Lawrentij Pawlowitsch Berija die Spionageabwehr der Armee in den staatlichen Geheimdienst NKWD eingliederte. Dieser Geheimdienst besaß praktisch die eigentliche und unkontrollierte Macht in der sowjetischen Besatzungszone, also im Burgenland, in Niederösterreich, dem nördlichen Oberösterreich und in Teilen Wiens.

Eine der ersten Aktionen des Geheimdienstes war die Besetzung des zentralen Telefon- und Telegrafenamtes am Wiener Schillerplatz. Zwar war die Zahl der funktionierenden Telefone noch bescheiden, doch vor allem die österreichischen Behörden hatten bereits Anschlüsse, und jedes Gespräch zwischen den Teilnehmern lief über die Relais der Zentrale am Schillerplatz. Die sowjetischen Schattenmänner konnten ungestört mithören. Auch Ferngespräche, etwa zwischen Linz und Innsbruck, mussten über Wien geleitet werden. Selbst als die Westalliierten nach Wien einrückten und den ersten Wiener Gemeindebezirk unter Viermächte-Verwaltung stellten, verweigerten die NKWD-Offiziere ihren Besatzungskollegen den Zutritt zum Haupt-Relaisraum mit der Begründung, dass hier die Kommunikationszentrale der sowjetischen Besatzungsmacht eingerichtet ist.

Allerdings: wer lauscht muss damit rechnen, selbst belauscht zu werden. So erging es auch den sowjetischen Besatzern in Österreich. Als im Herbst 1945 mit den englischen Truppen auch Agenten des Geheimdienstes MI 6 nach Wien kamen, zeigten sie sofort Interesse daran, wie die NKWD ihre Verbindung mit anderen Dienststellen aufrechterhält. Ein Telefonkabel verband den NKWD im Hotel Imperial mit der internationalen Leitung bei Schwechat. Unter den Codenamen „Lord" gruben britische Agenten einen 20 Meter langen Tunnel zu diesem Hauptkabel und zapften dort die Telefonverbindung der Sowjets an. Monatelang wurde diese Abhöraktion nicht entdeckt.

Heute kann gelauscht werden, ohne einen Platz in der Telefonzentrale zur Verfügung zu haben oder eine Leitung anzuzapfen. Nicht nur die Geheimdienste, auch Privatdetektive oder technisch Interessierte können ohne großen Aufwand bei Telefonaten mithören. Geräte dazu sind via Internet zu bestellen.

Aus dem Auto des Ministers kam sie in die Lubjanka

Eine der dramatischsten Aktionen im spionageverseuchten Österreich der Nachkriegszeit ereignete sich am 5. November 1948 an der berüchtigten Ennsbrücke zwischen Ober- und Niederösterreich, zwischen der amerikanischen und der sowjetischen Besatzungszone. Aus ihrem Wagen heraus wurde die damals 29-jährige Margarethe Ottilinger, eine ranghohe Beamtin des damaligen Bundesministeriums für Vermögenssicherung und Wirtschaftsplanung, von russischen Kontrollposten verhaftet. Sie war in Begleitung ihres Chefs, Minister Peter Krauland, auf dem Rückweg von Linz nach Wien. Die Papiere seiner Mitarbeiterin seien nicht in Ordnung, wurde dem Minister beschieden. Nach Protesten gegen die Festnahme Ottilingers fuhr Krauland weiter.

Ottilinger war schon im Großdeutschen Reich führend in der Wirtschaft tätig, nach 1945 arbeitete sie in der Bundeswirtschaftskammer. In dieser Funktion lernte sie den Sowjetoffizier und Stahlexperten Andrej I. Didenko kennen. Nachdem dieser 1946 zu den Amerikanern übergelaufen war, geriet auch Ottilinger erstmals ins Visier des russischen Geheimdienstes. Seither wurde sie locker überwacht, auch nach ihrer Übersiedlung ins Krauland-Ministerium.

Dem Minister selbst wurden gute Beziehungen zu Oberstleutnant Edwin M. J. Kretzmann nachgesagt, einem der ranghöchsten US-Geheimdienstmitarbeitern in Österreich. Nach dem Absprung Didenkos informierte Kretzmann den Minister, dass die Sowjets Ottilinger verdächtigen, mehr als nur dienstliche Kontakte mit dem Stahlexperten gehabt zu haben. Doch keine Information ohne Gegenleistung: Ottilinger sollte künftig für den OSS arbeiten, wenn sie in die US-Zone übersiedele, könne man auch für ihre Sicherheit sorgen.

Dass Ottilingers Verhaftung an der Ennsbrücke mit diesen Vorgängen in Zusammenhang stehen könnte, zeigt eine TASS-Meldung vom 24. November 1948, in der Didenkos Flucht und Kretzmanns Angebot angesprochen wurde. „Bei der Untersuchung bestätigte Ottilinger ihre Kontakte zur US-Spionageabwehr“, hieß es in der Meldung.

Bis Ende Mai 1949 saß Ottilinger dann zuerst in Baden bei Wien und anschließend in Neunkirchen in Sowjet-Gefängnissen. Sie wurde ständig verhört, unmenschlich behandelt und schließlich wegen Spionage zu 25 Jahren Haft und „leichter körperlicher Arbeit" verurteilt.

Nach Aufenthalten in Arbeitslagern kam sie in die berüchtigte Lubjanka, dem Zentralgefängnis des KGB in Moskau, und wurde dort wieder und wieder verhört. Ottilinger schreibt dazu: „Es stellte sich heraus, dass ich in Österreich von einem Österreicher, den ich eher zufällig kurz auf einer Party getroffen hatte, denunziert wurde." Namen nennt sie allerdings keinen. Beachtenswerte Geste einer Frau, die jahrelang Qualen und Demütigungen erdulden musste.

Nach Abschluss des Staatsvertrages wurde Ottilinger im Juni 1955 freigelassen. Die Sowjetbotschaft übermittelte der „Bürgerin Ottillinger Margarite" am 18. Juli 1956 folgende dürre Mitteilung: „Wir bringen Ihnen zur Kenntnis, dass nach den uns von kompetenten sowjetischen Regierungsstellen zugegangenen Nachrichten Ihre Verurteilung durch Beschluss des Präsidiums des Obersten Sowjets vom 15. Juni 1956 aufgehoben wurde."

Die Geburtsstunde des berüchtigten „Komitet Gossudarstewennoj Besopasnosti"

Nach dem Tod des sowjetischen Diktators Josef Stalin 1953 begannen in Moskau Machtkämpfe um die Herrschaft im Staat und dem Geheimdienst. Berija ging zuerst als Sieger hervor, doch die übrigen Mitglieder des Politbüros, insbesondere Chrustschow, Malenkow und Molotow, verbündeten sich gegen ihn, ließen ihn im Juni 1953 verhaften und wegen Spionage erschießen.

In der Folge wurde am 13. März 1954, ziemlich genau ein Jahr nach dem Tod Stalins, der gefürchtete KGB geschaffen, das „Komitet Gossudarstewennoj Besopasnosti".

Für die westliche Welt ist der KGB Feindbild Nummer Eins, für die Sowjetführung war es Schwert und Schild der Partei. Das Hauptquartier befand sich in einem fünfgeschossigen Quader am Lubjanka-Platz, die Mitarbeiter jedoch waren in der ganzen Welt verteilt. Geführt wurden sie von der Verwaltung S der Ersten Hauptverwaltung. In minutiöser Kleinarbeit wurden die Agenten geschult, falsche Dokumente für sie angefertigt und Legenden über ihr Leben zusammengestellt, ehe sie ins Ausland durften.

Andere Abteilungen wurden für die Spionageabwehr, für Abhöraktionen, für Ent- und Verschlüsselung und für gezielte Desinformation des Auslandes eingerichtet.

Heikles Diplomatengepäck an Bord der AUA-Maschine

Hatte der sowjetische Geheimdienst KGB auch seine Finger im Spiel, als am 26. September 1960 ein Flugzeug der „Austrian Airlines" bei Moskau abstürzte? Jedenfalls waren die Begleitumstände mehr als mysteriös.

Die AUA-Maschine „Joseph Haydn" nähert sich im dichten Nebel Moskau. Vom Kontrollturm des Flugplatzes wird sie über militärisches Sperrgebiet gelotst und zum Sinkflug aufgefordert. Pilot Erwin Wilfling folgt den Anweisungen, die ihn immer mehr an Höhe verlieren lassen. Ein paar Minuten später zerschellt das Flugzeug in einem Waldstück – es war zu tief geflogen. 31 Passagiere kommen ums Leben, darunter auch vier in Moskau akkreditierte westliche Diplomaten. Major Willis H. Knipe und Major Edward Wootten von der US-Army, die den stellvertretenden Luftwaffenattaché John Cooke begleiteten, sowie der französische Offizier Paul Bertrand. Nicht nur in ihrem Handgepäck soll sich wertvolles Geheimmaterial über die Russen befunden haben, die US-Botschaft in Wien hatte beim Abflug der „Joseph Haydn" noch zusätzlich heikles Kuriergepäck für die USA-Vertretung in Moskau zugeladen. Wie sich später herausstellte, hatten die vier Diplomaten eine Spionagereise per Bahn quer durch die Sowjetunion gemacht, und wollten ihr heikles Gepäck mit den Aufzeichnungen der Aufklärungsmission über Wien wieder an ihre Botschaften in Moskau bringen.

Der KGB war informiert, wer für den Flug der „Joseph Haydn" gebucht war und auch, dass Kurierpost an Bord war. Jedenfalls waren die sowjetischen Geheimagenten sofort an der Absturzstelle, und das von ihnen sichergestellte Material wurde erst nach genauer Kontrolle der US-Botschaft übergeben. Österreichs damaliger Militärattaché in Moskau, Major Alexander Buschek, war von den sowjetischen Behörden zur Absturzstelle gebeten worden. „Wahrscheinlich deshalb, damit ich den westlichen Botschaften klar mache, dass sie nicht nach dem avisierten Material zu suchen brauchen, da es der KGB längst hatte“, erzählt Buschek, der später zum Leiter des Geheimdienstes des österreichischen Bundesheeres aufstieg.

Stille Post vom Ballhausplatz

Die Auslandsagenten des KGB haben vor allem dafür zu sorgen, Zuträger zu akquirieren und Informanten zu gewinnen.

Ende der 50er-Jahre gelingt ihnen ein großer Coup in Wien. Amtsrat Alois Kahr, ein Beamter in der Chiffrierabteilung des österreichischen Außenministeriums, erliegt den Lockungen des KGB. Der Beamte leitete wichtige Berichte österreichischer Diplomaten, die er zu entschlüsseln hatte, an den sowjetischen Geheimdienst weiter.

Zehn Jahre lang, bis 1969, funktionierte die stille Post zwischen Ballhausplatz und der Sowjet-Botschaft in der Wiener Reisnerstraße ohne Probleme, erst dann wurde Kahr enttarnt. Sein Führungsoffizier, der als Handelsattaché akkreditierte Gennadin Federenko, war damit ebenfalls „verbrannt“ und verließ ohne Aufsehen Österreich.

Auch andere Länder hatten mit KGB-Spionen zu kämpfen und manchmal wurden sogar „Massen-Ausweisungen“ durchgeführt. In Kanada etwa wurden 1978 13 KGB-Agenten zu unerwünschten Personen erklärt, nachdem diese versucht hatten, Angehörige der Royal Canadian Police zu bestechen beziehungsweise anzuwerben. Pakistan schickte 1980 sogar fast 100 Sowjets heim. Der Grund: illegale subversive Propagandatätigkeit. Und im April 1983 war die sozialistische Regierung Frankreichs so erzürnt, dass sie 47 Sowjet-Spione des Landes verwies.

Wie schwer man einen Spion los wird ...

Sehr oft endet der Versuch, einen erkannten Agenten loszuwerden, mit faulen Kompromissen. 1991 wurde der hochrangige KGB-Offizier Lew Nikolajewitsch Chapkin aus Moskau nach Wien versetzt. In der Zentrale war er immerhin Leiter der Ersten Hauptverwaltung, in Wien sollte er unter dem Deckmantel eines Ersten Sekretärs in der Botschaft fungieren. Es war bekannt, dass er zwischen 1975 und 1978 KGB-Resident in Stockholm war.

Chapkin kannte die Gebräuche der Österreicher, da er schon einmal ein Gastspiel an der Donaumetropole gab. Andererseits war der KGB-Offizier, der bereits den Rang eines Generalmajors hatte, bei den westlichen Ländern bekannt und verschrien, so dass viele bereits eine Einreisesperre gegen ihn verhängt hatten.

Auch Franz Löschnak, Österreichs damaliger Innenminister, hatte keine so rechte Freude mit dem Ost-Spion. Doch wie könnte man Chapkin loswerden? Zwar hatte die Staatspolizei festgestellt, dass sein Visumantrag falsche Angaben enthielt, doch könnte das immer noch als „bedauerlicher Irrtum" einer Schreibkraft dargestellt werden. Löschnak konsultiert am nächsten Tag noch Außenminister Alois Mock, worauf dieser ankündigt, er werde auf diplomatischem Wege versuchen, den lästigen Agenten wieder los zu werden.

Den Kompromiss, Chapkin soll ruhig einige Monate in Wien bleiben, aber dann „von sich aus" heimkehren, lehnt die Botschaft ab. Der KGB lasse sich nicht „erpressen".

Auch eine Drohung mit der Ausweisung des gefürchteten Agenten fruchtete nicht. Die Sowjets drohten für diesen Fall im Gegenzug damit, einem österreichischen Diplomaten die Akkreditierung an der Botschaft in Moskau zu verweigern. Dennoch erklärte Mock in einem Interview, Chapkin werde aus Österreich ausgewiesen. Doch drei Monate später, im Mai, war in einer österreichischen Tageszeitung zu lesen, dass „der neue Wiener KGB-Chef" immer noch da sei. Erst als sich die Wogen geglättet hatten, reiste Chapkin „aus privaten Gründen" nach Hause. Die Gesichter waren gewahrt – keine Ausweisung, dafür auch keine weitere Tätigkeit des Spions mehr in Wien.

Das Geheimnis von „The Vienna Procedure"

Wien war auch einer der Schauplätze einer Spionage-Affäre, die dem KGB große Erfolge gebracht hat und nur durch Zufall in seinen ganzen Verästelungen aufgedeckt werden konnte. Sie endete im Mai 1985 in der Stadt Norfolk in den USA.

30 FBI-Spezialagenten stürmen damals ein Haus. Sie suchen nach brisantem Material, das der Hausbesitzer, John A. Walker, versteckt haben dürfte. Sie finden handschriftliche Notizen, etliche vorerst nicht genau zuzuordnende Dokumente und – einen Stadtplan von Wien.

Dann zieht ein Beamter die unterste Schreibtischschublade heraus und dreht sie um. Auf der Unterseite, in Folie verschweißt, klebt ein Blatt Papier. Auf der Oberkante steht in dicken Blockbuchstaben: „THE VIENNA PROCEDURE". Dieses sogenannte „Wiener Verfahren" war nichts anderes als ein detaillierter Regieplan des sowjetischen Geheimdienstes KGB an einen seiner Agenten.

Fein säuberlich hatten die mächtigen Herren aus Moskau einem ihrer Schützlinge aufgeschrieben, wie er welchen Agenten wo treffen soll, welche Sicherheitsvorkehrungen zu beachten sind und wie der Agent sich zu verhalten hat. Alles war penibel bis ins kleinste Detail ausgearbeitet.

Ein unglaublicher Fund. Ein Jahrhundert-Ereignis für die Spionage-Jäger des FBI. Nach 17 Jahren war es gelungen, den ehemaligen Marineangehörige, Oberstabsbootsmann John Anthony Walker, als Spion des sowjetischen Geheimdienstes zu entlarven. Der Mann hatte alles geliefert, was die Marine geheim gehalten hatte: streng vertrauliche Handbücher, kryptographische Schlüssellisten und codierten Meldungen. Auch seinen Bruder und seinen Sohn, beide ebenfalls Angehörige der amerikanischen Seestreitkräfte, hatte Walker in seine Spionageaktivitäten verwickelt. Kid Möchel, Autor des Buches „Der geheime Krieg der Agenten", sah durch die Tätigkeit der Familie Walker der US-Marine ein „kryptographisches Pearl Harbor widerfahren". Ähnlich bewerteten es auch amerikanische Journalisten, die ausführlich über die Affäre berichteten.

Durch den Meisterspion waren die Sowjets über jedes US-Seemanöver im Bilde, kannten die geheimsten amerikanischen Informationen und konnten jede verschlüsselte Meldung entziffern.

Begonnen hatte alles im Jänner 1968, als John A. Walker, ehemaliger U-Boot-Funker der atlantischen Flotte, mit einem nebenbei eingerichteten Kaffeehaus in South Carolina finanziellen Schiffbruch erlitten hatte. Der Schuldenberg ließ Walker einen gewagten Schritt machen.

Seine Krise trieb ihn geradewegs nach Washington. In die sowjetische Botschaft.

Er stellt sich in dem exterritorialem Gebäude als „Geheimnisträger der Marine“ vor und kommt ohne langes Gerede gleich zur Sache. Er will dem KGB nachrichtendienstliche Ware profitabel veräußern. Sein Gesprächspartner: der KGB-Resident in Washington, Boris Solomatin. Damit ihm der russische Geheimdienstmann auch Glauben schenkt, öffnet er seine Aktenmappe. Der Inhalt: Eine komplette Schlüsselliste der Chiffriermaschine „KL-47“ des „Adonis“-Systems. 30 Tage lang gültig.

Die KGB-Agenten hatten Lunte gerochen, und entgegen allen nachrichtendienstlichen Sicherheitsregeln kommt man ins Geschäft. Einen Monat nach der Botschafts-Vorstellung bringt Walker den sowjetischen Geheimdienstagenten die erste Lieferung. Der KGB revanchierte sich mit harter Währung – einem fünfstelligen US-Dollar Betrag. Der Marine-Spion kauft sich um den Sold sofort zwei Segelboote um je 5 500 Dollar, dann eine sündteure „Minox“ Spionage-Kamera.

Das Risiko, das sie eingegangen waren, schien sich zu lohnen. Für beide Seiten. Und die komplizierten Übergabeaktionen wurden bald zur Routine. Walker füllt fleißig tote Briefkästen mit geheimen US-Dokumenten und Top-Secret-Material der US-Flotte, die er im Spionagejargon „Yellows“ nennt, nach der Farbe des Papiers.

Funkverkehr der US-Marine war für Sowjets offenes Buch

Ab 1971 ist Walker auf dem Schiff „USS Niagara Falls“ stationiert, zuständig für die Verwaltung der Verschlüsselungsunterlagen. Das war für den KGB besser als ein geknackter Lotto-Jackpot.

Dank Walkers Spionagetätigkeit war es den Sowjets möglich, den gesamten Funkverkehr der US-Marine zu entschlüsseln. Sie kannten nun sämtliche Schwachstellen ihrer Gegner. Wäre es damals zu einer russisch-amerikanischen Seeschlacht gekommen – die US-Navy wäre mit einem Paukenschlag untergegangen. Solomatin, der KGB-Resident in Washington, meinte später, gerade das Wissen um die Aktionen der Amerikaner zur See habe verhindert, dass es zu ungewollten Konfrontationen gekommen sei.

Im Juli 1976 scheidet Walker aus der US-Marine aus. Ein routinemäßiger Sicherheitscheck stand ins Haus, und nicht nur der KGB fürchtete seine Enttarnung. Aber Walker wollte den überaus lukrativen Nebenjob nicht aufgeben. Also wirbt er kurz vor seinem Austritt seinen Kameraden Jerry Alfred Whitworth an. Die beiden kannten sich bereits sehr lange und Walker wusste, dass sein Kollege in Satellitenkommunikation ausgebildet war und Zugang zu Top-Secret-Informationen hatte.

Walker wechselt in die Branche „Private Investigator" und Whitworth heuert ein Jahr später am Flugzeugträger „USS Constellation" an. Walker musste nur noch zu den verschiedenen Ankerplätzen des Giganten anreisen, das Geheimmaterial von seinem Freund übernehmen und an den KGB weiterleiten.

Das FBI konnte später beweisen: In neun Jahren immerhin 22 Mal. Gesamtverdienst: 332 000 harte US-Dollar.

Im August 1977 wird Walker vom KGB nach Ad-Dar Al-Bayada geschickt. In der legendären Stadt am Atlantik, besser bekannt unter dem Namen Casablanca, übergibt er einem KGB-Offizier ein Päckchen mit „Minox"-Mikrofilmen: Der gesamte Funkplan der US-Pazifikflotte, angefertigt von Kollegen Whitworth. Noch ein Jackpot!

Aus Sicherheitsgründen trafen sich die Sowjets ab 1978 mit dem Mann aus dem amerikanischen Norfolk in Wien. Walker war im Laufe der Zeit zu einem unberechenbaren Agenten geworden und manchmal völlig unlenkbar für die KGB-Offiziere. Der Erfolg und die vielen tausend Dollar waren ihm zu Kopf gestiegen. Ein Treffen auf amerikanischem Boden kam für die Agenten des KGB nicht mehr in Frage. Also: Ausweichen nach Europa, ausweichen nach Wien.

Treffen genau nach vorher fixierten Fahrplan

Mit dem Romulus-Express tuckert Walker eines Tages von Mailand nach Wien. Ein Treffen mit seinem KGB-Führungsoffizier steht wieder einmal ins Haus. Am Südbahnhof angekommen, erinnert er sich haargenau an sämtliche Richtlinien, die ihm der KGB eingeimpft hat. Alle Einzelheiten sind präzise in seinem Gehirn verankert. Er hält sich genau an den festgelegten Plan, an „The Vienna Procedure". Das war überaus wichtig für den sowjetischen Geheimdienst, denn nur so hatte man die genaue Kontrolle über das Geschehen. Und nur so konnten sie ihre Agenten an der Leine halten. Die KGB-Agenten knirschten zwar oft mit ihren Zähnen, machten diese Prozedur dennoch immer wieder mit. Der KGB war ihr Brötchengeber, und zu Essen gab's immer genug.

An jenem Nachmittag des 21. Januar 1978 stand ein Treffen zwischen John A. Walker und seinem KGB-Kontaktagenten in Wien auf dem Plan. Der KGB gab genaue und strengstens zu befolgende Anweisungen. Walker soll zuerst mit dem Taxi in den 12. Wiener Gemeindebezirk fahren, dann im Touristengewühl vor dem Schloss Schönbrunn untertauchen.

Der ehemalige Marine-Offizier handelt, wie ihm befohlen.

Er schlendert durch den herrlichen, weitläufigen Schönbrunner Schlosspark stadteinwärts Richtung Wienfluss. In der rechten Hand eine kleine Papiertasche – das Lunchpaket. Auf der linken Schulter hängt eine Kameratasche. Ganz wie vom KGB gewünscht, als Tourist getarnt. Dann huscht Walker durch einen Nebenausgang des Parks, überquert die Grünbergstrasse und geht weiter bis zur Schönbrunner Schloßstrasse. Sein Schritt wird schneller, denn er muss sich an den exakten KGB-Zeitplan halten. Das „Wiener Verfahren" läuft.

Genau um 15 Minuten nach sechs Uhr abends, so hat es die Instruktion vorgesehen, trifft er an einem Kontrollpunkt ein. Schönbrunnerstraße Ecke Ruckergasse. Beim Küchengeschäft Komet. Exakt zwei Minuten steht er vor der Auslage und studiert die Küchenangebote. Dann schlendert er gemächlich weiter in die nahegelegene Fabriksgasse. Mit den Händen in den Hosentaschen schlendert Walker dort einige Male auf und ab und wechselt die Straßenseite. Um genau 18.22 Uhr soll er vor dem Elektrogeschäft „Fernsehkratky" wieder eine kleine Pause einlegen. Alles Sicherheitsmaßnahmen des KGB.

Die Sowjets befürchteten immer wieder, dass einer ihrer Leute von der Gegenseite beschattet werden könnte. Deswegen ließen sie ihre Agenten oft die unmöglichsten Sachen machen. Da wurde vorgeschrieben, in welche Glasscheibe eines Schaufensters man zu sehen hatte, wenn man den Auftrag erhielt, sich 93 Sekunden lang vor ein

Schaufenster zu stellen. Man durfte nicht irgendwohin blicken oder sich irgendwie davor stellen. Da hatten entweder die Hände in den Hosentaschen zu sein, oder es musste mit dem Kopf drei Mal nach links gewackelt werden, und und und.

Der sowjetische Nachrichtendienst lässt Walker die halbe Stadt durchlaufen. Häuserblock um Häuserblock. Die Russen wollen auf Nummer Sicher gehen, gerade wenn es um einen Top-Agenten wie Walker geht.

Der Geheimagent hält sich strengstens an den Zeitplan. Er biegt beim Theresienbad nach rechts in die Nymphengasse ein, geht einen weiteren Häuserblock nach links in die Ehrenfelsgasse und weiter zur Haschkagasse. Er darf aber weder zu schnell noch zu langsam unterwegs sein. Das „Wiener Verfahren" hat dafür eine Zeit von exakt 23 Minuten vorgesehen. Laut Anordnung soll Walker um 18.55 Uhr vor dem Modegeschäft „Bazala", Ecke Meidlinger Hauptstrasse und Füchselhofgasse, stehen. Die nächste handschriftliche Instruktion: „In den folgenden drei Minuten wird Kontakt mit Ihrem FO (Führungsoffizier) hergestellt."

Das Treffen mit dem Führungsoffizier

Walker wartet. Ein eisig kalter Wind weht durch die Gassen. Plötzlich – eine englische Stimme: Prokopij Iwanowitsch, ein KGB-Führungsoffizier, dessen Familienname in keinen Annalen auftaucht. Der Mann, dem Walker seinerzeit das Päckchen in Casablanca übergeben hatte. Ein Mächtiger: Angehöriger der Ersten Hauptverwaltung des KGB, Abteilung 16. Aufgabe: Bespitzelung westlicher Fernmeldeeinrichtungen und Anwerbung von Verschlüsselungsexperten, Verwaltungsbeamten und Chiffrierern. Ein Haudegen.

Etwa zehn Mal treffen einander die beiden zwecks Materialübergabe in der österreichischen Hauptstadt. Walker erhält nach seinen erfolgreichen Treffs Schulungen an Spionagekameras und Aufnahmegeräten. Gewissermaßen ein nicht uneigennütziger KGB-Extrabonus. Und Führungsoffizier Iwanowitsch kann wieder eine Stufe höher klettern auf der KGB-Karriere-Leiter. Beide mussten sich trotzdem strengstens an die Richtlinien aus der Moskauer Zentrale halten.

Mitte Juli 1978 steht ein neuerliches Treffen der beiden Agenten am KGB-Zeitplan. Ein neuer Auftrag, das alte Spiel. Immer wieder wird das „Vienna Procedure“ verlangt. Immer wieder stehen auf einem einzelnen DIN A4-Zettel haufenweise Anordnungen. Immer wieder muss exakt nach Vorschrift gehandelt werden. Ohne Ausnahme und ohne Erbarmen.

Um Punkt 19 Uhr hatte Walker ein Plastiksackerl in die linke Hand zu nehmen. 25 Minuten darf er für den Weg von der einen Gasse zur anderen brauchen. Beim Treffpunkt X muss er sich einmal um die eigene Achse drehen, aber auch erst exakt drei Minuten, nachdem er die halbgegessene Wurstsemmel in den ersten Mistkübel auf der rechten Seite der Strasse geworfen hatte.

In Insiderkreisen wurde immer wieder gemunkelt, dass sich nicht alle Agenten immer ganz genau an die Anordnungen aus Moskau hielten. Zeitweise waren die vorgegebenen Schritte einfach zu kompliziert und nicht wirklich hundertprozentig genau nachvollziehbar. Es konnte einfach nicht jeder Agent jeden Stein auf jeder Strasse kennen, und nicht exakt seine Schrittlänge berechnen. Wenn aber der Spion aus eigenem Unvermögen mehrere Treffen scheitern ließ, so waren ihm unangenehme Sanktionen seitens des KGB sicher.

Also spielte auch der Mann aus Norfolk das Spiel mit. Obwohl auch ihm bei diesen Tortouren schon hin und wieder einmal der Gedanke ans Aufhören, ans Aussteigen gekommen war.

Als 1983 Walkers beste Quelle – Jerry Whitworth – aus der US-Marine ausschied, sucht der Agent nach neuen Wegen. Sein Sohn Michael Lance arbeitet auf der „USS Nimitz“. Mit Geldversprechungen wird der junge Mann von seinem Vater gefügig gemacht und regelrecht an den KGB verkauft. Auch Walkers Bruder Arthur und der gemeinsame Vater treten kurzfristig in die Welt der Geheimagenten. Fast zeitgleich berichtet er seinem Führungsoffizier von der versiegten Quelle und teilt dem KGB mit, dass Whitworth eine Abfindung möchte. Doch die Russen sind sauer. Die letzten Filme von Walkers Sub-Agent waren unbrauchbar. Mit einer Abfindung können sie sich nicht anfreunden. Es kommt ein klares „Njet“ aus der Zentrale in Moskau.

Daraufhin erhält das FBI in Washington einen Brief. Unter dem Pseudonym „RUS“ gibt Jerry Whitworth den amerikanischen Behörden seine Machenschaften mit dem KGB preis. Ein Zipfel des Geheimnisses ist verraten, das FBI stößt auf die Familie Walker, verhört seine Ex-Frau Barbara und die gemeinsame Tochter Laura. Ein FBI-Agent legt seinen Bericht später unter dem Kürzel „650“ ab: 65 für „Spionage“, 0 bedeutete, dass keine brauchbaren Informationen aus dem Gespräch gewonnen werden konnten.

Laura ruft am 24. Jänner 1985 nochmals im FBI-Büro in Boston an, um auszusagen, dass ihr Vater bereits mehrmals versucht habe, sie zu Spionagezwecken einzusetzen, während sie in Fort Gordon/Georgia, bei der US-Armee gedient hat. Und sie erzählt von den ständigen Geldsorgen ihres Vaters.

Die Lage wird brenzlig.

Trotzdem fliegt Walker am 17. Jänner 1985 erneut nach Wien. Es war sein letztes Treffen mit dem KGB-Führungsoffizier. Weitere Nachrichten würde er in einem toten Briefkasten in Norfolk ablegen.

Beamte des FBI überwachen den Spion monatelang und finden dann in dem toten Briefkasten 129 Dokumente und einen persönlicher Brief an den KGB über weitere geplante Aktionen.

Am 20. Mai 1985 locken amerikanische Spezialagenten Walker unter dem Vorwand, ein Betrunkener hätte sein geparktes Auto gerammt, aus einem Motel in Maryland. Um 6.03 Uhr morgens klicken die Handschellen.

Im Oktober 1985 werden die Mitglieder der Spionagefamilie Walker zu hohen Gefängnisstrafen zwischen 25 Jahren Haft und dreimal lebenslänglich verurteilt. Whitworth erhielt eine Strafe von 365 Jahren Haft. Urteile, die in Europa auf Unverständnis stoßen müssen.

Von den etwa zehn Treffen des amerikanischen Top-Agenten Walker mit seinen KGB-Führungsoffizieren in Wien hatte die österreichische Staatspolizei keine Ahnung. Offenkundig trägt die Stadt mit Recht die Bezeichnung, „agentensicher“ zu sein.

Bis zu den Knien im Wasser des Wiener Donaukanals

Die strikten Anweisungen, die Agenten von ihren KGB-Führungsoffizieren erhielten, wären in Wien einem anderen KGB-Spion fast zum Verhängnis geworden.

1970 kommt der kanadische Wissenschafter Hugh George Hambleton, der bereits seit Mitte der 50er-Jahre für den sowjetischen Geheimdienst arbeitete, zu einem Treffen nach Wien. Gemäß den KGB-Anordnungen schlendert der Kanadier mit einem gelben Buch in der Hand zum vereinbarten Treff am Donaukanal. Dummerweise war der Fluss durch vorangegangene heftige Regenfälle über die Ufer getreten. Der Treff steht unter Wasser. Als pflichtbewusster Agent hält sich Hambleton jedoch strikt an die KGB-Anordnung und watet im Anzug ins Wasser. Eine Welle klatscht ihm das Wasser bis zu den Hüften und im selben Moment hört der Agent ein kleines Kind hinter sich schreien: „Mami, Mami, da geht ein Verrückter ins Wasser ..."

Eine Schar von Neugierigen hat sich mittlerweile am Ufer gebildet. Hambleton hält das gelbe Buch weit in die Höhe, gleich einem Notsignal. Da sieht er auch schon einen Mann wild gestikulierend am Rand des Kanals herumhüpfen. Der Spion watet endlich aus den Fluten, die Menschenmenge applaudiert. Jeder meinte, Zeuge von Filmaufnahmen gewesen zu sein.

Doch in Wahrheit erwartete Hambleton neue Aufträge seines Führungsoffiziers, das Hochwasser am vereinbarten Treffpunkt war nicht einkalkuliert.

Nach dem vereinbarten Frage- und Antwort-Code – „Ich habe ein paar Stiche für Sie" – „Vielen Dank, ich habe schon welche in London" – erhält er die Anweisung, die Bemühungen Israels auf dem Gebiet der Kernforschung zu erkunden. Zwei Monate später kann er seinem Geheimdienstchef Meldung erstatten: Israel hat Atombomben, so und so viele, dort und dort stationiert, so und so hergestellt. Er hat ganze Arbeit geleistet, unzählige Geheimakten und wissenschaftliche Dossiers mitgebracht.

Angeworben ist der Kanadier in Paris worden. KGB-Agent Alexej Fjodorowitsch Trischin wurde sein FO (Führungsoffizier).

1964 nimmt der Professor einen Lehrauftrag in Kanada an und fährt zum ersten Mal nach Wien. Und er nimmt zum ersten Male Geld vom KGB an: 75 US-Dollar für die Zugsfahrt von Paris nach Wien. Im Norden der Stadt trifft er vereinbarungsgemäß einen aufgeschwemmten, pockennarbigen Russen, der ihn in ein ungarisches Gartenlokal führt. Unter einem alten Weinstock lernt Hambleton noch drei weitere, in schäbige Anzüge gekleidete Offiziere des sowjetischen Geheimdienstes kennen. Fast unterwürfig bitten ihn die Russen, er möge sich doch im kanadischen Universitätsleben etablieren, damit er in den höchsten intellektuellen Kreisen verkehren kann – damit er ihnen wichtige Daten liefern kann.

In der Folge hielt es der KGB für besser, den Mann nach Lima zu schicken. Als Wirtschaftsberater der Regierung von Peru. Die Spuren sollten verwischt werden, weg mit dem Spion.

Im Juni 1975 soll Hambleton erneut einige Führungsoffiziere in Wien treffen, doch es klappt nicht. Also hinterlässt er in einem geheimen Postfach die Nachricht, dass er am 15. August wieder in der Donaumetropole erscheinen wird.

An diesem Tag klappt es: Der Professor wird plangemäß vor einer Wiener Apotheke von einem KGB-Kontaktoffizier abgeholt, wenig später in einer sowjetischen Diplomatenlimousine in die ČSSR kutschiert und anschließend nach Moskau geflogen. „Wichtige Schulungen stehen auf dem Programm“, unterbreitet ihm trocken ein Kontaktmann.

Hambleton wird geschult, doch die private Affäre mit einer Jugoslawin beschäftigt ihn bis Mai 1978 und lenkt ihn von seinen geforderten Aufträgen ab. Dann erfolgt wieder ein Treffen in Wien. Das KGB hat einige Aufträge: Spionage in Washington und New York, dann Belgrad, Kairo, wieder Wien und anschließend London. Nach dem arbeitsreichen halben Jahr wird Agent Hambleton plötzlich nach Wien beordert. Alarmstufe rot!

Ein westlicher Nachrichtendienst hat seinen letzten Brief aus London in die Hände bekommen. Wichtige, vertrauliche Informationen in den Händen der Feinde. Die Offiziere des sowjetischen Komitees sind sauer, der Professor hat verspielt. Logische Konsequenz: Der Mann muss weg! Doch er hat Glück: Der KGB lässt ihn leben und verfrachtet ihn in seine alte Heimat.

1979 kehrt der aufgeflogene Spion nur mit einer Handvoll Dollar nach Kanada zurück. Trotzdem Pech für ihn, denn der kanadische Nachrichtendienst hat ihn bereits seit zwei Jahren im Visier. In seiner Wohnung stellen die Beamten ein russisches „Luminaire“ sicher. Ein Gerät zur optisch-akustischen Datenübertragung, wie in Geheimdienstkreisen üblich. Hambleton kommt in Untersuchungshaft.

Doch es findet sich rasch eine Lösung zur beidseitigen Zufriedenheit. Der kanadische Geheimdienst sichert dem enttarnten Spitzel Straffreiheit zu, wenn dieser im Gegenzug sein Wissen über den KGB und dessen Aktivitäten preisgibt. Man einigt sich.

Drei Jahre später reist der ehemalige KGB-Professor nach Großbritannien. Ein unüberlegter Schritt, denn die Briten kennen keine Gnade, wenn es um sowjetische Geheimagenten geht. Am Nikolotag des Jahres 1982 endet das langjährige Abenteuer, endet der Ausflug in die Welt der Geheimdienste. Hugh George Hambleton, inzwischen 60 Jahre alt, wird wegen Spionage von einem Londoner Strafgericht zu 10 Jahren Haft verurteilt. Und doch hatte er Glück. Er blieb wenigstens am Leben.

Kapitel 5

Der Archivar und seine Schätze in der Milchkanne

Neben Wien entwickelten sich auch noble Gegenden im Westen Österreichs zu Einsatzgebieten der Kreml-Agenten. Ein abgesprungener Spion wurde in den Tod gelockt. Das ungelöste Geheimnis: wer war der Spion im Kanzleramt, von dem der KGB-Archivar berichtete?

Der Techniker und die „Flucht" in den Westen

Im Spätherbst des Jahres 1963 hastet ein unscheinbarer, blasser, etwa 40-jähriger Mann durch den Stadtpark in Wien. Das bunte Laub wirbelt seinem schnellen Schritt voraus. Der Mann mit der abgegriffenen schwarzen Aktentasche unterm Arm hat sein Ziel gleich erreicht: die sowjetische Botschaft in der Reisnerstrasse im 3. Gemeindebezirk. In der Wiener KGB-Filiale nahe der Ringstrasse waren auch Agenten der Residenturlinie „X" (Wissenschaft und Technik) untergebracht. Zuständig für die „operative Abschöpfung". Unter dem diplomatischen Schutzmantel eines Botschaftsattachés für wissenschaftliche Angelegenheiten hatten Geheimdienst-Offiziere ein leichtes Spiel, sich gefragte Unterlagen zu ergattern.

Österreich war bei den Sowjetagenten schon lange beliebt. Im anonymen, morbiden Wien fühlten sie sich wie zu Hause. Die KGB-Schattenmänner hatten hier fast jede Bewegungsfreiheit, die sie brauchten. Wien war, wie sie sagten, „agentensicher".

Das erkannte auch der Mann, den sie „Emil" nannten, denn er war nicht irgendein Mann. Er war Spion. Und was für einer!

Manfred „Emil" Rotsch erblickt 1924 in einer kleinen Ortschaft im Kreis Aussig, am Fuße des böhmischen Mittelgebirges, das Licht der Welt. Nach der Schlosserlehre kommt der Einberufungsbefehl. Nach seinem Kriegseinsatz die Gefangenschaft. 1949 Studium an der Technischen Hochschule in Dresden und Ausbildung zum Ingenieur für Flugzeugbau. Dann kommt der ehrgeizige junge Mann in einen volkseigenen Betrieb nach Pirna, wo der sowjetische Düsenjäger „MiG-17" in Lizenz hergestellt wird. Später kommt Rotsch in einem Ostberliner Projektierungs- und Konstruktionsbüro unter. Der Mann leistet gute Arbeit, wird entsprechend entlohnt und eigentlich verspürt er nur noch einen großen Wunsch: Anerkennung – er will sich noch mehr entfalten. Deshalb grübelt er nächtelang, wie es ihm am Besten gelingen könnte, unbemerkt in die BRD zu fliehen. Nach Westberlin.

In dieser Phase erscheint ein gewisser „Harry", ein früherer Studienkollege. Er weiß von Emils Fluchtplänen in den Westen und droht, ihn zu verraten. Gleichzeitig bietet „Harry" aber auch an, er könne „das Problem aus der Welt schaffen", wenn Rotsch eine „Erklärung" unterschreibt, dass er sich zu einer Gegenleistung verpflichtet. Dann werde sich der Mantel des Schweigens über die ganze Sache legen. Sein Jugendfreund will ihn offiziell als „Kundschafter des Friedens" einsetzen. So bezeichnete man in der DDR die eigenen Agenten.

Rotsch unterschreibt. Und wirklich, im Mai 1954 zieht „Emil" in den Westen Deutschlands, um sich einen „geeigneten Posten" zu suchen. Die Einschleusung tarnt man ganz offiziell als „Verwandtenbesuch". Das klang auch plausibel, denn Rotschs Eltern wohnten seit Ende der 40er-Jahre in Westdeutschland, und im Jänner 1954 hatte er seine Eltern bereits einmal besucht. Hatte er damals nur die Lage sondiert, oder nach einem geeigneten Unterschlupf gesucht?

Als Lehrling in der Schule des KGB

In einem Schnellkurs bringen KGB-Agenten dem Mann die Grundkenntnisse des kleinen Spionage-ABC bei. Er lernt die „Latenzschrift", ein Geheimschreibverfahren mit unsichtbarer Tinte, und das Anlegen von „toten Briefkästen" als Geheimversteck. Etwa ein Jahr später trifft Rotsch seinen „Freund" Harry wieder. Rotsch war inzwischen bei den „Heinkel-Werken" untergekommen. Und Harry war, so nahmen Experten an, im Ministerium für Staatssicherheit tätig. Harry erinnert seinen Freund an dessen „geheime Verpflichtung", und so schreibt Rotsch alle paar Wochen Briefe an eine Tarnadresse in Ostberlin. Mitte 1956 reist er zu einem Treffen in die Hauptstadt der DDR. In seinem Handgepäck: Konstruktionspläne.

1958 trifft „Emil“ Harry in Brüssel. 1959 wechselt er zu einer Außenstelle der Flugzeugfirma „Heinkel“, nach München. Und 1960 trifft man sich auch schon einmal in Rom. In der Zwischenzeit füllten sich Rotschs geheime Verstecke in München und Speyer mit Filmmaterial. Wertvolles Spionagegut!

1962 muss „Emil“ wieder in die Höhle des Löwen, nach Ostberlin. Der Grund: Nachschulungen, nachrichtendienstliche Fortbildung. Er lernt mit sogenannten „Mikraten“ (auf Punktgröße verkleinerte Textseiten) umzugehen. Man bringt ihm auch das Abhören und Entschlüsseln von Radiotelegrammen bei.

Im Herbst 1963 kommt Rotsch nochmals nach Ostberlin. Ein Kundschaftergenosse aus Moskau muss ihn unbedingt treffen. Ein riskantes Unternehmen, immer wieder in die zweigeteilte Stadt zu kommen, denn Rotsch hätte leicht in Spionage-Verdacht kommen können.

Aufträge für den Spion kommen nun aus Wien

Also entschließen sich die KGB-Bosse für ein „agentensicheres“ Land, sie entschließen sich für Österreich. Wien war den Sowjetagenten so vertraut wie ihre Hosentasche. Sie hatten dort fast jede Bewegungsfreiheit, die sie brauchten.

Ein KGB-Führungsoffizier übergibt den Schützling der Residentur in Wien. Von nun an erhält Rotsch alle neuen Aufträge von der österreichischen KGB-Filiale Wien.

1963 trifft Rotsch seine neuen Führungsoffiziere. Ein halbes Dutzend KGB-Agenten sind mittlerweile in die operative Führung des deutschen Flugzeugtechnikers eingebunden. Zwölf Mal pro Jahr treffen sie den teuren „Freund“, und immer gibt es Spesenersatz für die jeweiligen Treffs, und ein extra Körberlgeld von 300 DM. Später waren es schon 500 und Ende der 70er-Jahre stockte der KGB auf 800 DM auf. Treuebonus plus Inflationsausgleich.

Später fanden die Treffen in Salzburg statt. Drei Mal pro Jahr an die Salzach. Und immer an einem Samstag, und immer zwischen 11 und 13 Uhr. Treffpunkt: Im Garten vom Schloss Mirabell, im Zentrum der erzbischöflichen Altstadt. Meistens waren die Plätze so gewählt, dass man im Falle eines Falles flugs im Menschengewirr entwischen konnte:

in stark belebten Gassen, vor Schaufenstern und an Straßenkreuzungen. Man traf sich also am vereinbarten Ort. Dann musste Spion „Emil" den sogenannten „Orientierungslauf" über sich ergehen lassen. Er benahm sich wie ein Tourist auf Shopping-Tour, immer gefolgt und beobachtet von KGB-Agenten.

Rotsch, mit einer Kleinbildkamera touristisch ausgestattet, bummelte zuerst durch die Altstadt, dann rein in die enge Königsgasse, weiter zur Linzer Gasse und dann ein kurzer Stopp bei der Apotheke, ein paar Tabletten gekauft und weiter ging's.

Damit wurde sichergestellt, dass die Luft auch wirklich rein ist. War alles in Ordnung, signalisierte der Agent dann mit einer bestimmten Zeitung in der linken Hand: „Alles klar. Treffen nach Plan." Gab es Probleme, steckte er die Zeitung in seine rechte Sakko-Außentasche, und man verschob den Treff. Sicherheit für seine Agenten war das oberste Gebot des KGB.

Mitunter kam es auch zu einem seltsamen Frage- und Antwort-Spiel. Der sowjetische Führungsoffizier hatte exakt „Kennen Sie ein Schuhgeschäft Salamander?" zu fragen. Rotsch musste wiederum genau so präzise und schnell „Nein, hier nicht, nur in Linz" antworten. Stimmten beide Texte überein, stand der Materialübergabe nichts mehr im Wege. Der Deal ging über die Bühne. Klappte es in Salzburg einmal nicht, so war wieder Wien an der Reihe. Die Hauptstadt war der sogenannte „eiserne Treff". Gewissermaßen der Nottermin innerhalb des nachrichtendienstlichen Treffprogramms, wenn ein Agent seine Standardtreffen nicht einhalten konnte oder wenn er die Verbindung zum KGB-Führungsoffizier verlor. Ein Treffen immer mit besonderen Sicherheitsvorkehrungen.

Rotschs „eiserner Treff" war ausgerechnet der Platz um den Pallas-Athene-Brunnen vor dem Parlament. Direkt an der Wiener Ringstrasse. Am ersten Wochenende im November. Seine Deckadresse war ein Postfach in einem Postamt im 20. Wiener Gemeindebezirk Brigittenau.

Im Herbst 1969 kommt Rotsch zum damals größten deutschen Rüstungskonzern: Messerschmitt-Bölkow-Blohm, kurz MBB. Damit hatte er das große Los gezogen. Und der sowjetische Geheimdienst konnte sich an der Quelle des größten deutschen Rüstungskonzerns laben. 1971 wurde es den Sowjets in Salzburg zu unsicher, und man verlegte die geheimen Treffs nach Bischofshofen, Fuschl oder in so mondäne Orte wie Bad Hofgastein oder Bad Ischl.

Rotsch, mittlerweile Leiter der Planungsabteilung bei MBB, liefert 16 Jahre lang umfangreiche Informationen über die geheimsten Spitzenprojekte deutscher Militärtechnik. Der KGB bekam so Einblick in das Tornado-Kampfflugzeug-Projekt, erhielt zusätzlich die präzisen Konstruktionspläne und die gesamte Palette der Zusatzausrüstungen. Die sowjetischen Agenten kannten auch die kleinsten Details über die „Kormoran"-Rakete". Und sie wussten nun auch über die deutsch-französische Gemeinschaftsproduktion der Panzerabwehrwaffen „Hot" und „Milan" Bescheid. Die obersten KGB-Bosse hatten wieder einmal das Gefühl, den Spionage-Jackpot geknackt zu haben. Rotsch lieferte auch alle Geheimnisse über die moderne Hubschraubertechnik von den MBB-Werken als Kopien bei seinen sowjetischen Geheimdienstoffizieren ab. Er kannte die Zukunftspläne der Bundesluftwaffe und auch das geheime Projekt „Jäger 90".

Am 20. September 1984 jedoch ist es aus. „Emil" wurde enttarnt und wegen langjähriger Spionage für die Sowjets verhaftet. Eine gewaltige Menge geheimer Dokumente wird vom deutschen BND sichergestellt. Zwei Jahre später verurteilt das Bayrische Oberlandgericht in München Manfred „Emil" Rotsch zu 8 1/2 Jahren Haft. Fast drei Jahre davon verbringt er hinter Gittern, dann kommt für ihn die persönliche Wende.

Tauschgeschäft an der deutsch-deutschen Grenze

12. August 1987. Grenzübergang Herleshausen, an der hessisch-thüringischen Landesgrenze. Aus dem Frühnebel erscheinen dunkle Gestalten.

Auf der einen Seite: Dutzende Stasi-Agenten und der Ostberliner Rechtsanwalt Wolfgang Vogel. Mit von der Partie seine zwei Mandanten: Die Ärztin Christa-Karin Schumann und der Zigarettenverkäufer Wilhelm Wilms.

Schumann hatte im Juni 1979 versucht, mit ihrem Lebensgefährten, dem früheren Konteradmiral Winfried Baumann, über Ungarn in den Westen zu fliehen. Beide wollten zum Bundesnachrichtendienst. Vergeblich, der Plan scheiterte. Baumann wird ein Jahr später von einem

DDR-Gericht zum Tode verurteilt und erschossen. Frau Schumann fasst 15 Jahre Haft aus.

Wilms, der zweite im Bunde, stand im Dienst des Kölner Bundesamtes für Verfassungsschutz. Er sollte die Verbindung zwischen der DKP und der SED durchleuchten, ließ sich später von der Stasi anwerben, die ihn zwei Jahre danach enttarnt. Urteil: Lebenslänglich.

Auf der anderen Seite des Grenzbaumes: Etliche BND-Vertreter aus Bonn und drei Mann als sogenanntes „Wechselgeld". Zwei Mitarbeiter aus dem Ministerium für Staatssicherheit und einem Rüstungsingenieur. Es war der langjährige KGB-Meisterspion Manfred „Emil" Rotsch.

In Agentenkreisen wurde gemunkelt, dass der Tausch ein Gastgeschenk von Helmut Kohl an Erich Honecker anlässlich des Staatsbesuches des DDR-Oberhauptes in der BRD war.

„Emil" sah seinen Austausch jedenfalls nicht als Geschenk an. Er hatte sich seinen Lebensabend etwas anders vorgestellt. Wer einmal westliche Luft geschnuppert hatte, wollte nicht unbedingt wieder in den Osten, in die DDR zurück. Drei Monate später, kurz vor Weihnachten 1987, durfte er wieder nach Westdeutschland zurück. Ein Gnadenerweis der DDR-Führung, verbunden mit absoluten Schweigegebot und veränderter Identität. Sogar eine Pension wird ihm vom KGB angewiesen.

Manche Agenten werden zwar enttarnt, man kann ihnen aber nichts beweisen. In solchen Fällen werden von den Spionagejägern andere Methoden angewendet.

Das Geheimnis der Russischen Puppen

Am 17. September 1992 landet um 12.25 Uhr eine Linienmaschine der Aeroflot, Flugnummer SU 261 aus Moskau kommend am Flughafen Wien-Schwechat. In dem Gewühl der Halle fällt ein bulliger älterer Herr auf, der mit einem Begleiter durch den grünen Ausgang für jene Passagiere, die nichts zu verzollen haben, kommt. Der Mann ist etwa 1,80 Meter groß und hat welliges, braunes Haar. Hinter seinen Brillen blitzen blaugraue, stechende Augen hervor. Ein wichtiger russischer Geschäftsmann?

Zwei russische Diplomaten der Botschaft in Wien begrüßen ihn jedenfalls ehrfürchtig und führen ihn und seinen Begleiter in die VIP-Lounge. Eine Stunde lang unterhalten sich die vier Männer äußerst angeregt bei Sandwichs, Orangensaft und Stolichnaya-Wodka. Dann fährt der Mann mit seinem Begleiter in einem Mietwagen nach Salzburg weiter. In der Mozart-Stadt bezieht er ein komfortables Zimmer im Romantikhotel Gersberg Alm.

Seinen ersten Arbeitstag beginnt er am Messegelände der „Crea-Tisch ´92“ in Salzburg, im Stadtteil Liefering. Der Besucheransturm am Eröffnungstag hält sich in Grenzen. Es gibt nicht viel zu tun für die Aussteller. Auch in der Halle C, direkt vor dem Stand 999 herrscht Ruhe. Der Russe im hellen Straßenanzug schlendert davor auf und ab. Es ist sein Messestand. Und er bietet allerlei folkloristische Mitbringsel an, unter anderem eine Unmenge an bunt bemalten Babuschka-Puppen. Alles Ware aus Russland.

Drei Tage lang versucht er mit wechselndem Erfolg seine Puppen an den Mann zu bringen, dann schließt die Messe ihre Pforten. Der Russe bleibt noch einen weiteren Tag in der Stadt an der Salzach und wird am 22. September von einem Chauffeur in einer schwarzen Mercedes-Limousine abgeholt. Ziel: die russische Botschaft in Wien.

Er verbringt mehrere Stunden in den abhörsicheren Räumen der Botschaft. Sein wahres Geschäft ist nicht der Verkauf von Babuschka-Puppen. Sein Geschäft ist die Spionage. Sein Name: Genrich W. Kokorew, in den Personallisten des KGB wird er als Generalmajor geführt.

1959 begann er seine Agenten-Laufbahn in der Bundesrepublik Deutschland. Akkreditiert war er als Mitglied der sowjetischen Handelsmission in Köln. 1965 wechselt er nach Wien, wo er zum Direktor der sowjetischen Donauschiffahrtsgesellschaft (SDGP) ernannt wird. Vier Jahre später zieht man den Russen wieder ab. Warum, wird nicht bekannt. Österreichische Nachrichtendienst-Offiziere tippten auf das Rotationsprinzip des KGB. Länger als vier Jahre sollte kein Agent den gleichen Posten bekleiden. Dann wurde es im Operationsgebiet zu gefährlich. Der Spion könnte enttarnt werden.

1972 taucht Kokorew wieder in Westdeutschland auf. Im Generalkonsulat der UdSSR in Hamburg bleibt er, entgegen der Übung, sogar sieben Jahre lang. In dieser Zeit wird er endgültig als KGB-Offizier identifiziert. In den Akten des Bundesamtes für Verfassungsschutz wird der Genosse als „KGB-Chef von Norddeutschland“ geführt. Es wird vermutet, dass er in der Zeit Verbindungen zu Politikern und Journalisten aufgebaut hat. Zusammen mit seinen Kollegen Eduard P. Scharapow, Leonid P. Akulow und Wladimir I. Stalski. 1979 kehrt Kokorew der BRD den Rücken und fliegt zurück nach Moskau.

Im September 1982 soll er wieder nach Wien. Ein neuer Auftrag wartet. Er war auserwählt worden, um den riesigen Spionageapparat des KGB in Wien zu kontrollieren. Damit war der Top-Agent zum mächtigsten Mann der KGB-Residentur in Wien geworden. Jetzt musste er sogar länger bleiben als ein Normal-Agent. Nahezu 10 Jahre lang zieht er in der Donaumetropole die Fäden. Dazu ein Spionage-Experte des österreichischen Nachrichtendienstes: „Diese lange Zeit an einem Ort bedeutete, dass Kokorew eine enorm wichtige und effiziente Person war.“

Kokorew scheute in dieser Zeit das Licht der Öffentlichkeit, wie der Teufel das Weihwasser. Monatelang war der „Mann ohne Gesicht“ unsichtbar. Zumindest für die österreichische Spionageabwehr.

Doch eine Passion trieb ihn immer wieder ans Licht. Skifahren. Jeden Winter zog es den „Schattenmann“ nach Zell am See. In dem Salzburger Nobel-Skiort frönte er gemeinsam mit seinen KGB-Kollegen dem Wintersport. Ein österreichischer Staatspolizist erinnert sich amüsiert: „Zu den Winterfeiertagen waren oft mehr Russen in Zell am See als in Wien“. So ganz nebenbei nutzte man auch die günstige geographische Lage des Ortes um, zwischen Wedeln und Apres-Ski, auch einmal kurz die Lage in der BRD zu sondieren. Darüber hinaus konnten die russischen KGB-Offiziere ihre eigenen Leute beim gemeinsamen Skilauf auch besser kontrollieren.

Aber auch sie wurden kontrolliert. Immer wieder heftete sich ein Dutzend Beamte der österreichischen Staatspolizei an die Fersen der Ost-Agenten. „Verdacht der geheimdienstlichen Tätigkeit gegen die Interessen Österreichs“, hieß die Observationstätigkeit im offiziellen Amtsdeutsch. Und im Innenministerium wusste man schon längst, dass Genrich Wassiljewitsch Kokorew „sehr eng an allen offensiven KGB-Operationen, die in Österreich gegen westliche Interessen durchgeführt wurden, beteiligt war". Ein alter Fuchs eben. Und die Jäger folgten ihm auf Schritt und Tritt, immer in der Hoffnung, man könnte den Agenten in flagranti ertappen. Oder aber, dass ihm die ständige Überwachung zu lästig werden könnte.

Doch der unaufhörlich observierte KGB-Offizier leistete sich keinen Fehler. Er kennt Österreich mittlerweile so gut wie seine Westentasche. Egal ob beim Heurigen in Sooß, oder beim gemütlichen Abendessen im Helenental, egal ob er in einem Ford Scorpio, Kennzeichen WD 54.067, durch Wien kutschiert wurde, oder ob er von einem Mazda (W 84.030) von der russischen Botschaft zum Einkaufsbummel in das beliebte Wiener Einkaufszentrum SCS chauffiert wurde. Immer wieder müssen die österreichischen Staatspolizisten in ihr Buch eintragen: „Keine verdächtige Aktion der Zielperson".

Nach seinem letzten Besuch der Messe in Salzburg 1992 gelingt es den frustrierten Beamten des Wiener Innenministeriums, eine Einreisesperre für den Genossen Kokorew zu erwirken. Zu mehr reicht es nicht. Beweise gegen ihn gibt es nicht.

Babuschka-Puppen verkaufte der alte Fuchs seitdem nicht mehr. Zumindest nicht in Österreich.

Vor derartigen Problemen stehen die Schattenmänner der Staatspolizei immer wieder: Man vermutet zwar eine Spionagetätigkeit, doch ist sie nicht zu beweisen. Oder nur dann, wenn die Quellen offenbart werden, aus denen die Erkenntnisse sprudeln, und das kann man eben nicht tun, weil man ja auf weitere Hinweise in anderen Fällen hofft. Eine bewährte Möglichkeit, einem Agenten das Leben schwer zu machen, ist die dauernde, möglichst auffällige Beobachtung seiner Tätigkeit. Wer ständig einen Schatten hinter sich herschleppen muss, begeht entweder Fehler oder vermeidet Aktivitäten. „Zu Tode observieren" heißt das in der Branche.

Der Ruf nach Wien war nur eine Finte

Entdeckt der KGB in den eigenen Reihen Doppelagenten, geht man häufig rigoros mit ihnen um. 1975 wird Nikolai Federowitsch Artamonow, der seit Jahren in den USA für den sowjetischen Geheimdienst spionieren sollte, nach Österreich gerufen. Er würde hier mit seinem neuen

Führungsoffizier Kontakt aufzunehmen haben, wurde ihm mitgeteilt. Tatsächlich hatte man jedoch in Moskau entdeckt, dass Artamonow vom CIA „umgedreht“ worden ist und Falschinformationen an den KGB lieferte. Sein Schicksal war damit besiegelt und in einem Geheimprozess wurde er in der UdSSR wegen Spionage verurteilt. Seine Rückberufung nach Wien war also nur eine Finte.

„Operative Offiziere“ – also die Männer fürs Grobe – aus der Wiener KGB-Residentur zerrten ihn in ein Auto, als er auf dem Weg zu einem vereinbarten Treffen war. Der Auftrag der Kidnapper war, ihn nach Russland zu bringen. Doch das Betäubungsmittel, das sie anwandten, war etwas zu stark dosiert, so dass Artamonow noch im Wagen starb. Wie die Leiche beseitigt worden ist, konnte nie geklärt werden, der Vorfall wurde in Wien überhaupt erst 1999 nach dem Erscheinen eines Buches über die KGB-Praktiken der vergangenen Jahrzehnte bekannt. Dessen Autor saß direkt an der Quelle.

Der Archivar und seine Schätze

Moskau im Juni 1972. Die „Erste Hauptverwaltung“, also die Auslandsspionage des KGB, übersiedelte aus der Lubjanka in ein neues, größeres Gebäude am Rande der Stadt. 300 000 Akten hatte der als Archivar beschäftigte Oberst Wassili Mitrochin zu überprüfen. Dann sollte er diese registrieren und danach in versiegelten Behältern in das neue Haus transportieren.

Doch Mitrochin machte noch etwas: Notizen von jenen Vorgängen, die er in den geheimen Akten fand. Er notierte den Ablauf von Aktionen, er schrieb sich Namen und Decknamen auf, und er hielt auf kleinen Papierfetzen Bruchstücke der KGB-Geschichte fest. Diese Aufzeichnungen schmuggelte er in den folgenden zwölf Jahren aus dem Archiv heraus und versteckte sie unter dem Fußboden seiner Datscha in großen Milchkannen.

1984 wurde Mitrochin pensioniert. Er ordnete seine Aufzeichnungen, tippte sie mit Schreibmaschine ab – und wartet. Erst 1991, nach dem Zerfall der Sowjetunion, wagte sich der bald Siebzigjährige aus der Deckung. Mit einem Koffer auf dem Schoß, in dem unter Reiseproviant und einer Garnitur Unterwäsche ein paar Dutzend Seiten seiner

Aufzeichnungen versteckt waren, fuhr er in die Hauptstadt eines unabhängig gewordenen baltischen Staates und meldete sich dort in der britischen Botschaft.

Noch drei Mal trat er die Reise an, immer wieder brachte er neue Notizen mit. Er wurde verhört, er wurde ausgefragt. „Vorsingen" heißt das im Geheimdienstjargon, wenn ein Überläufer sein Material anbietet. Im November 1992 wurden schließlich er, seine Familie und der Rest seines Archivs nach Großbritannien geschleust.

In den folgenden Monaten analysierten Geheimdienstmitarbeiter des Westens das sensationellste Material, das sie je aus dem KGB erhalten hatten. Nur in Moskau merkte man lange nicht, dass Mitrochin nicht mehr da war. Seine Pension traf pünktlich auf seinem Konto ein.

Überall auf der Welt begannen die großen Säuberungsaktionen. Spione und Doppelspione wurden enttarnt und verhaftet. Der britische Geheimdienst informierte „befreundete" Dienste über spezielle Aspekte aus Mitrochins Archiv. Auch für die österreichische Staatspolizei fielen ein paar Brocken ab.

Sie bekamen einen Tipp für ein verstecktes Waffenlager, das vom KGB im Frühjahr 1968 angelegt worden sein soll. Was dabei besonders verblüffte: Das Lager befand sich damals in der Nähe von Wolfort in Vorarlberg, dem westlichsten österreichischem Bundesland und weit entfernt von allen bisher bekannten Einsatzgebieten der sowjetischen Schattenmänner. Mitrochin lieferte auch die Begründung, welchen Zweck das Lager gedient haben soll: Aus ihm hätten sich Spezialagenten des KGB bedienen sollen, die den Plan „Zveno" (Ring) ausführen hätten müssen. Ein teuflischer Plan, der vor allem von der Invasion der Truppen des Warschauer Paktes in die ČSSR im Jahr 1968 ablenken sollte: Zveno bedeutete, die Öl-Pipeline zwischen Italien und Deutschland auf österreichischem Gebiet nahe des Bodensees zu sprengen und dadurch die Trinkwasserversorgung der Anrainerstaaten zu gefährden.

Der KGB hatte genaue Pläne ausgearbeitet, die Leitung an einem Viadukt in der Nähe von Bregenz zu sprengen. Die Wiener Residentur sorgte für Spezialagenten, der Sprengstoff hätte in Thermosflaschen an den Einsatzort gebracht werden sollen, der Zündmechanismus wäre in Kugelschreiber versteckt worden. Der Plan wurde jedoch, so berichtete Mitrochin, schließlich ad acta gelegt. Offenkundig war sich die Sowjetführung sicher, dass die NATO die Invasion der ČSSR hinnehmen würde und daher weder Ablenkungsmanöver notwendig seien noch die Erdölversorgung der US-Truppen in Deutschland unterbunden werden musste.

Lange blieb geheim, wer die Angaben über KGB-Agenten und geplante Aktionen in den Westen gebracht hatte. Erst 1993 sickerten erste Details über jenen „hochrangigen russischen Agenten", der mit brisantem Material geflohen war, durch. Das deutsche Nachrichtenmagazin „Focus" nannte schließlich 1996 als Quelle der Informationen einen Überläufer, der Zugang zur „Registratur des früheren KGB" hatte. Doch erst 1999 erhielt Mitrochin vom britischen Geheimdienst die Erlaubnis, Teile seiner Notizen zu veröffentlichen. Zusammengefasst hat sie Professor Christopher Andrew von der Cambridge University. Unter dem Titel „Das Schwarzbuch des KGB" ist es bald darauf auch in Deutsch erschienen.

Keine Details aus dem Innenministerium

Im Dezember 1999 versuchten Nationalrats-Abgeordnete der FPÖ durch eine parlamentarische Anfrage nähere Details über jene Fälle zu erhalten, die in Mitrochins Buch aufgezählt werden. Die Antwort des damaligen Innenministers Karl Schlögl war nichtssagend: „In den letzten Jahren erhielten die österreichischen Sicherheitsbehörden in unregelmäßigen Abständen von einem ausländischen Sicherheitsdienst entsprechende Informationen. Den Hinweisen wurde nachgegangen und es konnte der überwiegende Teil der angeblichen Agenten und Kontaktpersonen identifiziert werden. Ein Teil der Personen ist jedoch bereits verstorben oder schon lange im Ruhestand. In einer Reihe von Fällen dauern die Ermittlungen noch an. Bereits bei Übermittlung der Unterlagen war davon auszugehen, dass die angeführten Fakten auf Grund der kurzen Verjährungsfristen für die in Betracht kommenden Tathandlungen strafrechtlich nicht mehr relevant sein werden."

Mit anderen Worten – wenn etwas nur genügend lange Zeit verheimlicht wird, schaut der Staatsanwalt durch die Finger.

Der „Schläfer" kam als verschollenes Enkelkind

An ungeklärten Fällen jedenfalls herrscht kein Mangel. Ein Beispiel dafür: die Geschichte des Heinrich Handschuh.

An einem bewölkten Julitag des Jahres 1986 klopft es in Wien-Favoriten an der Türe einer betagten Frau. Mit einem überschwänglichen „Servus Großmutter! Na, endlich hab' ich dich g'funden!" auf den Lippen verschafft sich ein junger Mann Eintritt. Der 26-Jährige mit den buschigen Augenbrauen und dem gepflegten Schnauzbart stellt sich der verblüfften Frau als „verschollener Enkelsohn" vor. Welch ein Glück für die Alte, hat sie doch sonst niemanden mehr. Alle Familienangehörigen waren verstorben, keiner mehr da, der sich um die weißhaarige alte Frau hätte kümmern können. Ja, so ein Zufall. Die Freude über den wiedergefundenen „verlorenen Buben" ist groß.

10 Tage später ist die Frau tot. Herzinfarkt? Keiner weiß Genaues. Altersschwäche sagt man. Der vermeintliche Enkelsohn bekommt kurze Zeit später die österreichische Staatsbürgerschaft, seine Ausweise lauteten auf Heinrich Handschuh. Geboren in Ostdeutschland.

Dann reißt der Faden, der Mann lebt unauffällig in Wien. Erst im Jahr 1990 gibt es wieder erwähnenswerte Ereignisse. Im Frühjahr wird dem jungen Mann ein Einberufungsbefehl des österreichischen Bundesheeres zugeschickt. Nervös dürfte er in seinem Zimmer auf und ab gelaufen sein. Handschuhs Nachbarn und einige seiner Bekannten bemerken jedenfalls eine Veränderung an dem Mann. Keiner weiß was los ist, ob es nur der Einberufungsbefehl ist, oder etwas anderes Beunruhigendes. Aber alle sprechen von einer „übergroßen Nervosität und Gereiztheit". Ein paar Tage später ist der zurückgekehrte Enkelsohn verschwunden.

Als am Rekrutierungstag auf der Einberufungsliste der Namen Handschuh nicht abgehakt werden kann, beginnen sich einige österreichische Staatspolizisten für den Fall zu interessieren. Im Zuge der Ermittlungen findet man bei einer Bekannten des Verschwundenen eine von ihm unterzeichnete Ansichtskarte aus Rom und eine aus Paris. Eine magere Ausbeute. Am 22. März 1991 wird ein Haftbefehl gegen den vermeintlichen Enkelsohn und „Deserteur" Heinrich Handschuh erlassen.

Als die Vergangenheit des Mannes durchleuchtet wird, tauchen Vermutungen auf, er sei unter falschen Namen nach Österreich gekommen und habe hier die Rolle eines „Schläfers“ gespielt – also eines Geheimagenten, dessen Einsatz erst bei Bedarf festgelegt wird. Die Einberufung zum Bundesheer dürfte diese Pläne gestört haben. Weitere Recherchen ergaben, dass es in Ostdeutschland zwar eine Familie Handschuh gibt, ein Zusammenhang mit dem Mann, der in Österreich unter diesen Namen aufgetaucht ist, jedoch nicht besteht. Offenkundig war er ein Sowjetagent, der unter einem falschen Namen in ein westliches Land eingeschleust worden ist und für den hier eine „Legende“ gebastelt wurde.

Alle Spuren verliefen sich im Sand. Der Fall Heinrich Handschuh landete, wie so viele zuvor, nach Jahren des ergebnislosen Nachforschens bei den ungeklärten Akten. Wieder ein Schattenmann, den man nicht ans Licht zerren konnte.

Wer war Yershov aus dem Kanzleramt?

Ungelöst blieb auch das Geheimnis eines Mannes, der jahrelang in aller Öffentlichkeit als vermutlicher Agent des KGB hingestellt wurde. Die Quelle: Andeutung des übergelaufenen Geheimdienst-Archivars Mitrochin.

Aus den Unterlagen, die er dem britischen Nachrichtendienst MI 6 übergeben hat, schien als ein wichtiger Informant des KGB ein Zuträger aus dem Wiener Bundeskanzleramt auf. Bekannt sei nur sein Code-Name: Yershov. Ein Name, der in Russland relativ häufig ist und einen Fisch aus der Barsch-Familie bezeichnet. Aus den sowjetischen Akten sei über den österreichischen Yershov nur bekannt, dass er geschieden ist und einmal für längere Zeit vom Dienst beurlaubt gewesen sei und während dieser Zeit in Deutschland gelebt habe. In seiner Jugend soll er extremeren sozialistischen Gruppen nahe gestanden sein.

In der geheimen Rasterfahndung der Staatspolizei blieb bald ein Mann hängen: Ministerialrat Dipl. Ing. Mag. Günter Rehak, vor Jahren Mitglied einer SPÖ-Studentenvereinigung, später einer der Sekretäre von Bundeskanzler Bruno Kreisky, dann im Bundespressedienst des Kanzleramtes für die Betreuung ausländischer Journalisten zuständig.

Aktives Mitglied einer Vereinigung, die sich für die Rechte geschiedener Väter einsetzte. Schließlich wurde auch bekannt, dass er mit Personen Kontakt hatte, die im Zusammenhang mit den Briefbombenattentaten von der Polizei unter die Lupe genommen wurden.

Doch so bunt auch sein Lebensweg und so treffend manche Details auf die Beschreibung aus den Mitrochin-Aufzeichnungen passen – konkretere Anhaltspunkte auf eine Agententätigkeit des bärtigen Beamten wurden nicht gefunden. Rehak selbst dementierte alle Zusammenhänge und zeigte sich auch manchmal amüsiert, was man ihm alles zutraute.

Viel härter als die Spionagevorwürfe trafen ihn Verdächtigungen, er könne mit der Briefbombenserie etwas zu tun haben. Doch da sich Polizei und Justiz schließlich auf die Beurteilung einigten, der verurteilte und dann durch Selbstmord aus dem Leben geschiedene Franz Fuchs sei ein Einzeltäter gewesen, musste auch diese Zuordnung Rehaks in die Rechtsradikalen-Szene aufgegeben werden.

Die Untersuchungen der möglichen Agententätigkeit Rehaks litten noch unter einem weiteren Handicap: der britische Geheimdienst hatte sich ausbedungen, dass alle offiziellen Befragungen nur in Beisein eigener Vertrauensmänner durchgeführt werden dürfen und dass es vorher jedenfalls keine strafrechtliche Verfolgung der durch Mitrochin genannten Zuträger geben dürfe. Offenkundig aber hat Christopher Andrew, der Mitautor des KGB-„Schwarzbuches", auch Bedenken gehabt, die österreichischen Verdachtsfälle in den 800-Seiten-Wälzer aufzunehmen, und so findet sich in dem Buch auch kein Hinweis auf den großen Unbekannten mit dem Decknamen Yershov. Kein Barsch zappelt im Netz.

Die neue Ordnung unter Präsident Putin

Seit dem Überlaufen von KGB-Archivar Mitrochin sind Jahre vergangen, in denen es auch eine durchgreifende Neuordnung der russischen Geheimdienste gegeben hat. Nicht, dass der Kreml jetzt Abstinenz übt, man ist aber bemüht, möglichst wenig negative Schlagzeilen im westlichen Ausland zu verursachen.

Immerhin: der ehemalige Schattenmann Putin an der Spitze einer Weltmacht verursacht ja vielerorts leichtes Bauchweh. Im August 1999 ist Wladimir Putin von Russlands Präsidenten Boris Jelzin zum Premierminister ernannt worden. Nach dem Willen des scheidenden Kreml-Herrn solle er auch sein Nachfolger als Präsident werden, dekretierte Jelzin überraschend.

Den schmächtigen, blassen Putin kannte in der Öffentlichkeit kaum jemand. Zwar hatte er zuletzt als Leiter des russischen Inlandsgeheimdienstes FSB eine wichtige Funktion ausgeübt, aber eben eine, die sich mit Popularität, Bekanntheitsgrad oder Beliebtheit nicht gerade ideal verträgt.

Ein Schattenmann rückte an die Kreml-Spitze – war es ein Signal für die Wiederkehr der Allmacht der Agenten, für eine Wiederkehr des KGB unter einem anderen Namen?

Putin jedenfalls kannte sich in dieser Welt der Geheimdienste gut aus. 1952 wurde er im damaligen Leningrad (heute St. Petersburg) geboren, besuchte die Grundschule und meldete sich bereits als 18-Jähriger für eine Tätigkeit beim KGB an. Er solle zuerst ein Jus-Studium absolvieren, wurde ihm nahe gelegt. Zusätzlich betätigte er sich sportlich, 1975 wurde er Judo-Meister. Bald war er KGB-Agent in Leningrad, zuerst für Spionageabwehr, dann für Auslandsaufklärung eingesetzt. 1983 heiratete Putin eine Stewardesse der russischen Fluglinie Aeroflot. Zwei Jahre später wurde der bereits zum Major avancierte Putin nach Dresden versetzt und leitete dort die KGB-Filiale. Zwei Monate nach dem Fall der Mauer verließ Putin im Jänner 1990 die DDR und arbeitete danach in der Leningrader Stadtverwaltung. Zuvor noch hatte er in Dresden sämtliche KGB-Akten seiner Abteilung verbrannt. Nach der friedlichen Auflösung der Sowjetunion im Dezember 1991 trat Putin aus dem KGB aus und verräumte auch sein Mitgliedbuch zur Kommunistischen Partei. Allmählich wurde aus dem Provinzpolitiker ein flinker Ratgeber im Kreml, der Organisator der neugeordneten Geheimdienste und schließlich der Premierminister und dann der Präsident Russlands.

Die österreichische Staatspolizei ist über das derzeitige Gefüge der russischen Geheimdienste bestens informiert. Jeder kann das in Dokumenten des Innenministeriums nachlesen.

Der wichtigste Dienst nennt sich derzeit „Slushba Wneschnej Raswedkij“ (SWR) und beschäftigt sich mit der politischen und wirtschaftlichen Spionage im Ausland. Geleitet werden die 13 000 Mitarbeiter des SWR von Generaloberst Sergej Lebedew, der viele Jahre als KGB-Resident in Deutschland gearbeitet hat. Der SWR in der heutigen Form entstand 1991 aus der „1. Hauptverwaltung des KGB". Der Sitz des Geheimdienstes ist die Ostoshenka Straße 51 in Moskau.

Für die militärische Spionage ist die „Hauptverwaltung Aufklärung beim Generalstab" (GRU) zuständig. Der Dienst hat 12 000 Mitarbeiter und wird von Generaloberst Walentin Korabelnikow kommandiert.

Dem „Federalnaya Slushba Bezopasnosti" (FSB) obliegt neben der Spionageabwehr auch die Bekämpfung des Terrorismus innerhalb Russlands. Rund 100 000 Mitarbeiter sind dafür eingesetzt, geleitet wird der Dienst von General Nikolaj Patruschew. Früher war die Gegenspionage in der „2. Hauptverwaltung des KGB" angesiedelt.

Schließlich gehört zum Geheimdienstbereich auch die „Föderale Agentur für Regierungsfernmeldewesen und Information" (FAPSI), die eigene Lauschangriffe durchführt und fremde abzuwehren hat. 120 000 Spezialisten sind dafür eingesetzt, oberster Dienstherr ist Generalleutnant Wladimir Matjuchin. Nach und nach soll die FAPSI auf den Inlandsgeheimdienst und die Armee aufgeteilt werden.

Ein Problem der neuen russischen Nachrichtendienste: sie verloren mit den Geheimdiensten der ehemaligen Satellitenstaaten, vor allem mit dem Agentennetz des ostdeutschen Ministeriums für Staatssicherheit, wesentliche Kompagnons.

Ein zweites: Viele ehemalige Agenten des KGB sind entweder in die kriminelle Szene abgetaucht und leiten mafiaähnliche Organisationen, oder sie haben sich als Unternehmer selbstständig gemacht und nützen ihre ehemaligen Kontakte für weltumspannende Geschäfte. Wobei auch diese oft hart am Rande der Legalität betrieben werden.

Unter den Ex-KGB-Agenten spielt Juri Drosdow eine wichtige Rolle. Er war General des Geheimdienstes, jahrelang Resident in New York, Peking und Afghanistan und war sogar unter einer falschen Identität – als „Hauptkommissar Kleinert" – im deutschen Bundeskriminalamt tätig. 1990 war er wieder in der KGB-Zentrale in Moskau beschäftigt und beherbergte eine Zeitlang den untergetauchten DDR-

Spionagechef Markus Wolf, ehe dieser über Wien wieder nach Deutschland zurückkehrte. 1992 schied Drosdow dann aus dem KGB aus und gründete unter dem Firmennamen Namacon eine private Gesellschaft, die in Russland hauptsächlich ausländischen Unternehmen Schutz vor Betriebsspionage und Abhöraktionen bietet.

Kapitel 6

CIA „fischte" den Nazi-Teich ab
Agent in Janker und Lederhosen

Die amerikanischen Besatzungstruppen in Österreich suchten nicht nur nach hochrangigen Wissenschaftern, auch Geheimdienstspezialisten aus dem Dritten Reich waren willkommen. Im Ausseerland siedelte sich ein Top-Spion an. In Wien besorgten US-Agenten sogar eine Harnprobe von König Ibn Saud

Spionagefäden wurden von Bern aus gezogen

Nach dem Einmarsch der Roten Armee in den Osten und Südosten Österreichs Anfang April 1945 rückten einen Monat später auch die Truppen der westlichen Alliierten in der ehemaligen „Ostmark" ein. Widerstand der deutschen Truppen gab es kaum mehr. Und so, wie der Sowjetarmee die KGB-Agenten folgten, so zogen auch die Mitarbeiter der westlichen Geheimdienste in das besetzte Land ein.

Federführend war dabei anfangs der amerikanische Auslandsnachrichtendienst „Office of Strategic Services" OSS, der dann 1948 den Firmennamen auf „Central Intelligence Agency" CIA änderte. Europa-Chef des OSS war Allan W. Dulles. Er residierte in der US-Gesandtschaft in der Berner Herrengasse 23 und stand schon vor dem Kriegsende in intensiven Gesprächen mit hochrangigen Vertretern des Dritten Reiches, die Separatfrieden, Teilkapitulation oder geheime Zusammenarbeit für die Zeit nach dem Zusammenbruch anboten. Für die Amerikaner schien damals am Wichtigsten, hochrangige Wissenschafter zu finden, um sie für ihre Zwecke einzusetzen. In einer Aktion unter der Bezeichnung „Paperclip" (Büroklammer) wurden sie aufgestöbert und samt Geräten und Forschungseinrichtungen in die USA „eingeladen". Prominentester Fang im benachbarten Bayern war Wernher von Braun, der im Hitler-Reich an der Entwicklung der „Wunderwaffe" V 2 mitgearbeitet hat und später dann das amerikanische Raumfahrtprogramm wesentlich prägte.

So wie man in Deutschland ohne Bedenken Hitlers Spionage-Spezialisten Reinhard Gehlen umpolte, ihn in Bayern eine pro-westliche Agentengruppe aufbauen ließ und ihn mit Dollar-Millionen ausstattete, so suchten die Amerikaner auch in Österreich gleich nach Kriegsende nach passenden Schattenmännern als Partner ihrer Geheimdienste. Stramme Antikommunisten konnten mit ihrer Unterstützung rechnen.

Einer der ersten prominenten Überläufer, die mit Wissen von OSS-Chef Dulles angeheuert wurden, war Baron Otto von Bolschwing. Der hochrangige SS-Offizier war an Pogromen in Rumänien beteiligt, doch deckte das OSS einen Schleier des Vergessens über seine Tätigkeit und nutzte seine Verbindungen für geheime Aktionen. Zuerst wurde er nach Deutschland gebracht, als die Amerikaner im Herbst 1945 auch nach Wien kamen und die Stadt unter den vier Siegermächten aufgeteilt und von ihnen verwaltet wurde, übersiedelte auch Bolschwing nach Wien. Er arbeitete unter seinem richtigen Namen im Austria-Verlag, einer Zweigstelle der „Österreichischen Liga für die Vereinten Nationen“, und erhielt 1948 sogar nach Befürwortung durch die Polizeidirektion Salzburg die österreichische Staatsbürgerschaft.

Zu den geheimnisvollsten und seltsamsten Figuren, die die Amerikaner nach ihrem Einmarsch in Westösterreich aufgetrieben haben, zählt ein hochrangiger Geheimdienstmann aus dem gefürchteten Reichsicherheitshauptamtes des Deutschen Reiches, ein in der Wolle gefärbter Nationalsozialist.

Einsamer Mann mit mysteriösen Vergangenheit

Der Mann war weit über 80, als ihn der Mitautor Kurt Tozzer zum letzten Mal besuchte. Er ging schon ziemlich schwer die Stufen in sein Arbeitszimmer im ersten Stock hinauf. Sein Name: Dr. Wilhelm Höttl. Vom Fenster seines Hauses auf einem kleinen Hügel im steirischen Kurort Altaussee konnte er den Dachstein sehen. Er trug gerne einen Strickjanker und die typischen Leder-Kniehosen der Region.

Ein paar Allerweltsbilder hängen an den Wänden des hellen Raums, viele Bücher stehen im Schrank, nichts ist auffallend. Eine gerahmte Urkunde an der Wand bestätigt, dass der Mann die Befugnis hatte, eine Privatschule zu betreiben.

Besuche empfing Höttl kaum noch. Er war Ende der 90er-Jahre des vorigen Jahrhunderts ein einsamer Mann ohne Zukunft, mit einer uninteressanten Gegenwart, aber mit einer spannenden und mysteriösen Vergangenheit. Wenn er erzählt, weiß man nicht, was die Wahrheit und was erfunden ist. Was er bewusst verändert hat in seinem Lebenslauf und was er aus zweiter Hand erfahren und unwillkürlich zu seiner Lebenslegende verdichtet hat.

Er hat Bücher geschrieben und Interviews gegeben, doch er blieb bis zu seinem Tod im Jahr 1999 geheimnisumwittert. Ein pensionierter Spion und Agent für hüben und drüben.

Was man sicher über ihn weiß: Wilhelm Höttl wurde am 19. März 1915 in Wien geboren. Seine Eltern: gutbürgerlich und deutsch-national. Der Bub studierte in dem Land, das sich nach dem Ende des Ersten Weltkrieges „Deutsch-Österreich" nannte, nach seiner Gymnasialzeit an der Wiener Universität Geschichte. Schon als Student sympathisierte er Anfang der 30er-Jahre mit den illegalen Nationalsozialisten und baute für die 11. Standarte der SS einen Nachrichtendienst in Österreich auf. SS – das war das Kürzel für „Schutz-Staffel", einer aus der Leibwache Adolf Hitlers hervorgegangenen Eliteeinheit der NSDAP.

Höttl hatte Zuträger sowohl unter den Studenten als auch im Bundeskanzleramt und er meldete seine Erkenntnisse nach Berlin. Für ihn wie für viele Österreicher war es die echte Heimat.

1937 reichte er seine Dissertation ein. Auf 93 Seiten beschrieb er „Die Anfänge der deutschen Turnbewegung und die Untersuchung gegen Jahn und seine Mitkämpfer." Er war nun Doktor, und er blieb Agent der Nazis.

Zu Höttls älteren Wiener Freunden zählte unter anderem der aus Oberösterreich stammende Rechtsanwalt Dr. Ernst Kaltenbrunner, der damals Chef der illegalen österreichischen SS geworden ist und nach dem Anschluss Österreichs an Deutschland auch in der „Ostmark" die „Geheime Staatspolizei" (Gestapo) und den „Sicherheitsdienst" (SD) aufbaut. Neben dem militärischen Geheimdienst ist der SD im politischen Bereich tätig, oft bekriegt man sich auch.

Ab 1940 ist Höttl in der SD-Leitstelle Wien angestellt. Wegen seiner „guten Leistungen" als Illegaler wird er zum SS-Offizier befördert. Sein besonderes Interesse gilt Südosteuropa.

Spezialauftrag vom RSHA: Bericht über Fälschungen

Im September dieses Jahres 1940 wird der damals 25-jährige Historiker zum Chef des Reichsicherheitshauptamtes (RSHA) nach Berlin befohlen, zu Reinhard Heydrich. Der hatte einen Spezialauftrag für den gelernten Historiker: Höttl sollte alle Falschgeldskandale der letzten Jahre wissenschaftlich untersuchen und vor allem herausarbeiten, welche Fehler den Fälschern unterlaufen sind.

Parallel zu Höttl war bereits eine Gruppe von Praktikern in Berlin tätig, als Abteilung „F 4“ im RSHA geführt, die falsche Pässe und falsche Banknoten herstellten. Vor allem englische Pfundnoten sollten nachgemacht werden. Die besten Graveure wurden angeheuert, eine eigene Fabrik zur Herstellung des Banknotenpapiers gebaut. Die Leinenlumpen dazu wurden aus der Türkei bezogen, sie mussten verschmutzt werden, damit das Papier dem Original der Bank of England entsprach. Um vor Verrat sicher zu sein, wurde die Produktion der Pfundnoten in das KZ Sachsenhausen nahe von Berlin verlegt.

Die ersten Falsifikate wurden von Agenten in der Schweiz und schließlich sogar in London getestet – niemand erkannte die Fälschungen. Als Codewort wurde „Unternehmen Bernhard“ gewählt, nach dem Leiter der Fälschungswerkstatt, dem SS-Sturmbannführer Bernhard Krüger.

Wichtig war der Aufbau einer Verteilergruppe. Der schwäbische Geschäftsmann Friedrich Schwend sollte eine solche auf die Beine stellen. Schwend galt als bunter Hund, hatte ausgezeichnete Beziehungen sowohl zur Geldaristokratie als auch zu Gaunern. Als Zentrale erkor Schwend das Schloss Labers in der Nähe von Meran (Südtirol) aus. Von hier aus dirigierte der Geschäftsmann seine Agenten. Bewacht wurde die Falschgeld-Umschlagstelle von einer SS-Abteilung, die von Wilhelm Höttl ausgewählt und den hochtrabenden Titel „Sonderstab Generalkommando III“ bekam.

Bis zum Kriegsende wurden im KZ-Sachsenhausen gefälschte Banknoten im Nennwert von rund 130 Millionen Pfund hergestellt und Großteils für den Kauf kriegswichtiger Güter im neutralen Ausland ausgegeben. Wie hilfreich dabei Höttls Analyse über Fälschungspraktiken gewesen ist, sei dahingestellt. Er selbst kam erst Jahre nach dem Ende des Zweiten Weltkrieg in näheren Kontakt mit den falschen Pfundnoten. Tausende davon hatte man, wasserdicht verpackt in Kisten, auf dem Grund des Toplitzsees gefunden, der nahe von Altaussee liegt ...

Einsatz an der Front und in Ungarn

Offenkundig war Höttl Anfang der 40er-Jahre schon so tief ins Agentenmilieu verstrickt, dass Intrige und Geheimnistuerei zu seiner zweiten Natur wurden. Er geriet im RSHA in Verschiss, da er gemeinsam mit einer polnischen Gräfin in Immobiliengeschäfte verwickelt war. Nachdem ihm sein SS-Offiziersrang aberkannt wurde, ist er als Kriegsberichterstatter an die Front versetzt worden. Um wieder Vertrauen aufzubauen, strotzten seine Berichte nur so von Lobhudeleien an den großen Führer.

Als sein Jugendfreund Kaltenbrunner nach der Ermordung von Reinhard Heydrich im Jänner 1943 zum Chef des RSHA aufstieg, wurde auch Höttl wieder salonfähig. Er wurde zum SS-Sturmbannführer befördert und Leiter der Abteilung VI E im RSHA, die für Spionage in Osteuropa zuständig war. Sein Dienstort wurde Budapest.

Im zu Ende gehenden Krieg hatte der ungarische Reichsverweser Nikolaus von Horthy versucht, mit den Alliierten in Kontakt zu kommen. Höttl bekam Wind davon und ließ Horthy internieren und ins Altreich bringen. Eine nazitreue Regierung unter Ferenc Szálasi wurde eingesetzt. Exekutor der Aktion war ein anderer Mann aus Wien: die SS-Legende Otto Skorzeny, der im RSHA für den Agenteneinsatz zuständig war. Skorzeny hatte erst ein Jahr vorher den Duce Benito Mussolini aus seinem Gefängnis am Gran Sasso in den italienischen Abruzzen in einer spektakulären Aktion befreit. Umtriebig organisierte Höttl nach dem Umsturz in Ungarn den Transfer beträchtlicher Geldmengen aus den noch besetzten Gebieten Südosteuropas auf SS-Konten, dürfte sich aber einen Teil davon auch privat zur Seite gebracht haben.

Adolf Eichmann gestand beim Barack

Eine historische Bedeutung bekam ein Treffen Höttls im August 1944 in Budapest mit Adolf Eichmann, den er von Wien aus kannte und der für die Transporte von Juden in die verschiedenen Konzentrationslager zuständig war. Höttl erzählt: „Eichmann hatte bereits 1938, kurz nach dem Anschluss, in Wien im Palais Rothschild die Ausreise vermögender Juden organisiert. Der Mann steckte voller Minderwertigkeitskomplexe, er war zwar hoher SS-Offizier, fühlte sich aber inmitten der Akademiker zurückgesetzt. Durch besonderen Einsatz versuchte er den Bildungsmangel auszugleichen. Bei unserem Treffen in Budapest war er bedrückt, weil er nach Rumänien fahren müsse. Ich gab ihm einige Barack, um ihn zum Reden zu bringen und nach und nach erzählte er mir, dass er wohl so ungefähr sechs Millionen Juden in den Tod geschickt habe."

Ein Wissen, dass für Höttl so wertvoll wie eine Lebensversicherung werden sollte.

In der Folge wurde der SS-Spion zuerst nach Wien versetzt, dann drängte er wie viele hochrangige Nazis aus Furcht vor den näherrückenden Sowjettruppen in den Westen. In Wien war bereits eine österreichische Regierung unter Karl Renner – und einem kommunistischen Innenminister, dem auch die Staatspolizei unterstand – eingesetzt. Der braune Hochadel aber suchte Unterschlupf im Ausseerland. War es die Legende um die „Alpenfestung", an die auch sie glaubten, oder die Hoffnung auf eine alles entscheidende „Wunderwaffe", die ja hier im Toplitzsee getestet worden sein soll, oder war es auch nur die kühle Berechnung, sich eher den Amerikanern zu ergeben als den Sowjets?

Jedenfalls ist der Juden-Endlöser Adolf Eichmann da, ausgestattet mit einem gefälschten Pass, lautend auf den Luftwaffengefreiten Adolf Barth. Auch SS-Obersturmbannführer Otto Skorzeny hatte sich hierher abgesetzt, er brachte 22 Kisten, prall gefüllt mit Goldbarren mit. Und dann kam auch Ernst Kaltenbrunner in die Berglandschaft zwischen Dachstein und Totem Gebirge.

Der großgewachsene Mann mit den von Schmissen übersäten Gesicht, nach dem Selbstmord Heinrich Himmlers oberster Chef der deutschen Polizei und der SS, lässt einen persönlichen „Notgroschen" nach Altaussee schaffen: 50 Kilogramm Barrengold, zwei Millionen US-Dollar und zwei Millionen Schweizer Franken in bar, fünf Kisten mit Edelsteinen und Schmuck sowie eine Briefmarkensammlung im

Wert von fünf Millionen Goldmark. „Die sollte nach dem Krieg mir gehören, wenn alles gut ausgeht“, enthüllt Höttl ein Geheimnis.

Gut ausgehen – auch dafür sollte der gewiefte Agent Höttl sorgen.

Kaltenbrunner hatte über Mittelsmänner Kontakt mit Allen W. Dulles aufgenommen, dem Chef des US-Militär-Geheimdienstes OSS in der Schweiz, und schickt dreimal Höttl nach Bern. Das Angebot des SS-Führers: nach Abschluss eines Separatfriedens mit den Westmächten würde die deutsche Wehrmacht in der „Alpenfestung“ kapitulieren. Er selbst wäre bereit, einer österreichischen Gegenregierung zum Kabinett Renner anzugehören und dafür weitere Persönlichkeiten zu gewinnen. Allesamt wären amerikatreu und sowjetfeindlich.

Doch Höttls Mission war der Erfolg versagt. Dulles hielt ihn hin und stellte die Macht Kaltenbrunners auf die Probe. Dulles verlangte, dass vor entscheidenden Gesprächen als Zeichen ein prominenter KZ-Häftling freigegeben werden sollte und nannte den Namen Karl Seitz´, des früheren sozialdemokratischen Bürgermeisters von Wien. Obwohl Kaltenbrunner diese Bedingung erfüllte und Seitz aus der Haft in Ravensbrück entlassen worden ist, brach Dulles die Gespräche ab.

Höttl musste wieder ins Dritte Reich zurück. „Als ich von meiner letzten Schweiz-Reise nach Salzburg zurückkam, am 30. April 1945, wurde ich von der Gestapo verhaftet. Adolf Hitlers Mitarbeiter mussten vom Versuch, einen Separatfrieden zu schließen, erfahren haben, und Kaltenbrunner hatte, um seinen eigenen Kopf zu retten, mich verraten. Nur der Selbstmord Hitlers rettete mich vor der Hinrichtung“, behauptete Höttl in einem Interview mit Kurt Tozzer.

Haudegen wie Skorzeny sind immer begehrt

Skorzeny verschwand als erster aus dem Seengebiet um Aussee. Seine Flucht endete am 15. Mai 1945. Die Amerikaner verhaften ihn, in einem Prozess aber wird er freigesprochen. Der hohe SS-Führer geht schließlich nach Spanien und betreibt dort lukrative Immobiliengeschäfte.

Doch sein Gewerbe kann Skorzeny nicht verleugnen: 1951 nimmt er in Madrid Kontakt mit dem Gegenspionagedienst der US-Armee „Counter Intelligence Corps“ CIC auf und bietet dem Geheimdienst an, er könne 800 000 Mann der ehemaligen SS für die Amerikaner bei einem eventuellen Krieg gegen die Sowjetunion mobilisieren. Die Organisation „Odessa“ verfüge über alle Informationen dazu.

Als dieses „Geschäft“ scheitert, findet Skorzeny andere Auftraggeber. 1953 wird er von der „Organisation Gehlen“, der Vorläuferin des deutschen „Bundesnachrichtendienstes“ (BND), als Berater verpflichtet, in Ägypten einen Geheimdienst aufzubauen. Gelernt ist eben gelernt.

Doch in Spanien macht Skorzeny auch zivile Geschäfte. Er heiratet eine Nichte von Hjalmar Schacht, der unter Hitler Finanzminister des Dritten Reichs war, und gelangt so in die Sphären des Geldadels. Im feinen Restaurant Horcher in der Calle de Alfonso XII. werden die Geschäfte besprochen. Skorzeny vertritt die unter SPÖ-Einfluss stehenden verstaatlichten „Vereinigten Österreichischen Eisen- und Stahlwerke“ (VÖEST) und verdient bei der Vermittlung von Aufträgen sieben Millionen Schilling Provision, wie in einer parlamentarischen Anfragebeantwortung zugegeben wurde.

Nachdem Skorzeny 1975 in Spanien gestorben ist, wird seine Asche in Wien am Döblinger Friedhof zur letzten Ruhe bestattet. Die Burschenschaft „Markomannia“ ist in voller Wichs angetreten, Flieger-Held Hans Ulrich Rudel steht mit am Grab und die Wiener Staatspolizei fotografiert alle Teilnehmer für ihre Rechtsextremismus-Akten.

Auch bei Skorzeny bestätigte sich eine alte Geheimdienstweisheit: ehemalige Feinde gewinnt man lieber selbst als Verbündete als darauf zu warten, dass sie wer anderer benützt.

Anders als Skorzeny versucht Adolf Eichmann bis zuletzt, militärischen Widerstand in der „Alpenfestung“ zu organisieren. Mit etwa zwei Dutzend SS-Männern bricht er Ende April/Anfang Mai 1945 zur Blaa-Alm, nördlich von Altaussee in etwa 1 000 m Seehöhe gelegen, auf. Einige Lastautos, beladen mit Goldkisten, waren dabei, ebenso eine Unmenge Waffen, Gewehre und Panzerfäuste. Doch Kaltenbrunner schickte einen Kurier zu Eichmann auf die Blaa-Alm und verbot jeden Widerstand gegen Engländer oder Amerikaner. Eichmann zahlte jedem Soldaten, der seinen „Gefechtsstand“ verlassen wollte, 5 000 DM – und war bald nur noch von einigen Getreuen umgeben. Die Schätze wurden vergraben – dann floh das kleine Häufchen durch den Rettenbachgraben talwärts. Eichmann wurde von US-Truppen verhaftet, gab sich zuerst als Luftwaffengefreiter Adolf Barth und dann als SS-Mann „Adolf Eckmann" aus Breslau aus. Die Tätowierung in der Achselhöhle mit der Blutgruppe wies ihn ja als SS-Mann aus, der Luftwaffengefreite war daher nicht mehr glaubwürdig. Eichmann floh aus dem Gefangenenlager, ehe seine wahre Identität entdeckt worden ist. Als „Otto Hening" tauchte er in der Lüneburger Heide als Holzhacker unter. Skorzenys Hilfsorganisation „Odessa" verhalf ihm dann, 1950 über Rom nach Argentinien zu entkommen. Dort lebte er unter dem Namen Ricardo Klement, ließ 1952 seine Familie aus Altaussee nachkommen. Erst 1960 wurde er vom israelischen Geheimdienst Mossad entlarvt, nach Israel gebracht und dort 1962 hingerichtet.

Übrigens: die von Eichmann auf die Blaa-Alm gebrachten Goldkisten wurden nie gefunden. Zumindest gemeldet wurde ein derartiger Fund nicht, obwohl Einheimische durch Jahre im Wald und auf den Lichtungen mit Metallsensoren gesucht und massenweise die Erde bewegt haben.

Letzte Station auf der Wildenseealm

Zurück zu den Mai-Tagen des Jahres 1945. SS-Obersturmbannführer Ernst Kaltenbrunner, der seine Frau und die Kinder in Strobl am Wolfgangsee untergebracht hat, wohnte damals bei seiner Geliebten, der Gräfin Gisela von Westarp, im Anwesen der Familie Hohenlohe in Altaussee. Etliche Kisten mit seinem „Notgroschen" ließ er im gleichnamigen See versenken.

Nun galt es, abzuhauen. Vom örtlichen Jäger Fritz Moser ließ er sich einen sicheren Unterschlupf zeigen. Gemeinsam mit seinem Adjutanten Artur Scheidler wird er zur Wildenseealm im Toten Gebirge geführt. Dort, in 1500 Meter Seehöhe, fühlt sich Kaltenbrunner sicher.

Wenige Tage später kommen die Amerikaner in die Gegend. OSS-Agent Robert Matteson wird beauftragt, nach Kaltenbrunner zu suchen. Der Jäger verrät das Versteck. Am 12. Mai steigt Matteson mit einer Handvoll Soldaten zur Alm auf. Kaltenbrunner öffnet – er ist in Unterhosen. Seine SS-Erkennungsmarke mit der Nummer 2 – die Nummer 1 hatte Heinrich Himmler – wird in der Asche des Herdfeuers gefunden. Als Kriegsverbrecher wird Kaltenbrunner später hingerichtet.

Fällt der Herzog, fällt der Mantel – fast gleichzeitig mit Kaltenbrunner wird auch Wilhelm Höttl in Altaussee verhaftet und in ein US-Gefangenenlager im bayerischen Freising gebracht.

Höttl wusste, was zu tun ist. Er erzählte seinen Mitgefangenen so unbekümmert, dass es auch die Amerikaner erfahren mussten, dass er wichtige Informationen über Adolf Eichmann habe. Er, Höttl, sei der einzige Zeuge, um die Zahl der Judenmorde zu quantifizieren. Und er gab wieder, dass ihm Eichmann 1944 von den sechs Millionen Toten erzählt habe.

Seine Aussage wurde vom US-Geheimdienst OSS unter der Zahl 2736-PS registriert und Höttl nach Nürnberg zum Kriegsverbrecherprozess gegen die Nazi-Bonzen gebracht. Bis Oktober 1947 blieb er dort im Zeugentrakt inhaftiert, bei Hofspaziergängen plauderte er mit Hermann Göring oder Hjalmar Schacht.

Schon in Nürnberg begann das OSS Höttl über sein weiteres Wissen in Sachen Geheimdienste auszuquetschen. Wie eine Quelle sprudelte der SS-Offizier: Er wusste etwas über den japanischen Geheimdienst in Europa, über Jesuiten, die als Spione des Vatikans unterwegs seien, er nannte Namen von Deutschen und Österreichern, die für „Werwolf“-Einsätze vorgesehen waren. Höttl verriet der OSS den Ort, wo die Nazis in Altaussee große Menge von Opium versteckt hatten, hielt die Verhörer aber hin, wenn es um konkrete Angaben ging, in welchen Schweizer Banken Geld gebunkert war.

„Man brauchte mich eben“

Höttl war das Musterbeispiel dafür, wie der amerikanische Geheimdienst nahtlos Nazi-Spione für seine Zwecke einsetzte. Sein Verhör-Akt wuchs auf 600 Seiten an, viele Angaben waren unüberprüfbar, manche Widersprüche tauchten auf, dennoch beschloss der CIC, als Parallelorganisation des OSS, Höttl auch aktiv als Agent einzusetzen. „Meine Verbindungen in den Balkan waren noch immer intakt, man brauchte mich eben“, gibt der SS-Mann unumwunden zu. Mehr als 30 Agenten in Südosteuropa würden noch für ihn arbeiten.

In den US-Geheimdienstakten wird er geradezu zu einem Superspion hochstilisiert. Obwohl sein „Reich“ untergegangen war, lieferte er nach 1945 diesen amerikanischen Akten zufolge Informationen für den israelischen, den ungarischen und den jugoslawischen Geheimdienst, für die österreichische Staatspolizei und für den britischen Geheimdienst MI 5. Von allen kassierte er ab, wie der CIC festhält.

Am 10. Juli 1948 startet das „Field Office Gmunden“ des CIC die Aktion „Montgomery“. Höttl ist führend daran beteiligt. Für die US-Armee sollen Informationen über die sowjetischen Truppen in Ungarn beschafft werden. Der kommunistische Februar-Putsch in der Tschechoslowakei bringt den „Kalten Krieg“ zum Brodeln, die Amerikaner wollen wissen, welche Gefahren von Ungarn ausgehen könnten.

Die US-Geheimagenten Eric Timm und William B. Browne gehen auf Höttls Angebot ein, per Funk Kontakt mit Spionen in Ungarn aufzunehmen, die immer noch auf Höttls Anweisungen hören. Doch in den oberen Rängen der US-Streitkräfte kommt ein mulmiges Gefühl auf – immerhin sind die Russen noch „Alliierte“ und allzu offenkundige Aktionen in ihrem zugesicherten Einflussbereich könnten die Stimmung über Gebühr beeinträchtigen. Höttl wurde daher angewiesen, nur einige unverfängliche „Proberufe“ per Funk abzuwickeln. Gleichzeitig gab das OSS Informationen darüber an die Sowjets weiter, die Höttls Alt-Agenten daraufhin auffliegen ließen.

Im September des gleichen Jahres regt Höttl eine weitere Aktion beim CIC an: es sei wichtig, Agenten möglichst nahe an die Zentrale der Kommunistischen Partei Österreichs heranzubringen, dadurch könnte man auch Informationen über die Aktivitäten von Bruderparteien im sowjetischen Machtbereich erhalten. Diese Aktion lief unter dem Codewort „Mount Vernon“. Doch die Amerikaner kamen bald dahinter, dass Höttls Berichte kaum Verwertbares enthielten, oft waren sie nur aus der „Volksstimme“, der KPÖ-Zeitung in Wien, abgeschrieben und mit erfundenen Details angereichert. Ende August 1949 wurde dann auch die Aktion Mount Vernon vom CIC gestoppt.

Schon vorher, im März 1949, helfen das CIC der Amerikaner und Wilhelm Höttl kräftig mit, eine neue politische Partei zu gründen. Sie unterstützen Viktor Reimann und Herbert Kraus dabei, den „Verband der Unabhängigen“ (VdU) aufzubauen, der darauf hofft, bei der anstehenden Nationalratswahl einige Hunderttausende Stimmen zu erhalten, die Stimmen jener ehemaligen Nationalsozialisten, die bisher nicht wahlberechtigt waren. Das CIC bietet dem VdU Erich Kernmayer, den ehemaligen Pressechef von Wiens Gauleiter Bürckel, an, den sie vorher im Internierungslager Glasenbach festgehalten haben. Außerdem schleusen die Amerikaner noch Stefan Schachermayr, einen ehemaligen NSDAP-Häuptling aus Oberösterreich, in den VdU ein.

All das geschah mit Wissen des damaligen sozialistischen Innenministers Oskar Helmer, der sich durch das Antreten des VdU eine Schwächung der ÖVP erwartete. Tatsächlich errang die neue Partei auf Anhieb 16 Mandate im Nationalrat, neun davon auf Kosten der SPÖ.

In den folgenden Jahren sollte Höttl im Auftrag der Amerikaner die österreichische Regierung ausspionieren. „Seine Informationen waren das Geld nicht wert, das er dafür bekam“, notierten Offiziere der CIC. Im April 1952 wurde dann der Kontakt zu ihm formell abgebrochen.

Jetzt sattelte der Superspion um. Er gründete Ende 1952 ein Privatgymnasium und eine Maturaschule in Bad Aussee. Zu den prominentesten Schülern gehörten bald Kinder aus betuchten Familien: Jochen Rindt, Niki Lauda und André Heller.

So ganz nebenbei aber betrieb Höttl weiterhin seine wahre Profession. Seine bereits 1950 aufgenommenen Kontakte zum Amt Gehlen, der Vorläuferorganisation des BND, begannen Früchte zu tragen – bis der CIC die Kollegen warnte. Deutschland verhängte im Jänner 1954 ein Einreiseverbot über Höttl, das jedoch bald wieder aufgehoben worden ist. „Allen Dulles, der frühere OSS-Chef in der Schweiz und Bruder des US-Außenministers John Foster Dulles, hat für mich interveniert“, behauptet Höttl in einem Gespräch mit einem der Autoren.

Hatte SS-Mann Höttl auch Kontakt mit dem KGB?

1953 war nämlich Höttl in Verdacht geraten, auch für die Sowjetunion zu spionieren. Ausgelöst wurden die Untersuchungen der CIC durch die Verhaftung des aus Wien stammenden Kurt Ponger.

Nach seiner Auswanderung 1938 diente Ponger in der US-Armee, wurde amerikanischer Staatsbürger und arbeitet dann, als er schon Agent beim CIC war, beim Nürnberger Kriegsverbrecherprozess als

Übersetzer. Hier lernten Ponger und Höttl einander kennen, nach dem Ende des Prozesses blieben sie in Kontakt. Höttl lieferte Ponger umfangreiches Material über Agenten in Österreich und Südosteuropa und versprach, beim deutschen Geheimdienst ein gutes Wort für ihn einzulegen.

Als die Amerikaner einen anderen Agenten enttarnten, nahmen sie auch Ponger unter die Lupe. In seinem Haus entdeckten sie viele Mitteilungen Höttls – unter anderem auch die Kopie eines Adressbuches des Ex-SS-Offiziers. Zahlreiche Mitarbeiter der verschiedensten Geheimdienste waren in dem Büchlein aufgelistet, auch die Klarnamen der CIC-Spezialagenten HHI, CC2 und XX1.

Höttl wurde von den Amerikanern am 25. März 1953 verhaftet und erst am 11. April wieder auf freien Fuß gesetzt. In seinem Haus in Altaussee fand man hundert Briefe von Ponger und 30 000 andere Dokumente. Der Verdacht, dass Höttl auch für die Sowjets gearbeitet hat, blieb, echte Beweise aber fehlten. Erst als 1963 ein russischer Spion – Code-Name Adelada – verhaftet worden ist, sah man klar: Adelada bestätigte, dass Höttl „viele Jahre" für die Sowjets gearbeitet hat und der „am besten bezahlte Spion war", den er kannte.

Mit der Schule schlitterte der Ex-Spion 1980 allerdings in den Konkurs. Sie wurde vom Land Steiermark übernommen. Im Sommer 1995 erhielt Höttl zu seinem 80. Geburtstag von Landeshauptmann Josef Krainer (ÖVP) das Goldene Verdienstkreuz des Landes Steiermark verliehen, was heftige Proteste von Nazi-Gegner auslöste.

In den folgenden Jahren saß er etwas vergessen in seinem Haus am Lichtersberg in Altaussee. Nur dann und wann, wenn wiedereinmal der Toplitzsee und seine Geheimnisse erforscht werden sollten, wurde er von Reportern und Geheimagenten besucht. Denn das dort, in den Tiefen des entlegenen Gewässers noch was zu finden sein könnte, was für die Schattenwelt von Bedeutung wäre, davon sind immer noch viele überzeugt.

Die Schatzsucher vom Toplitzsee

Wie viele Fremdenverkehrsgebiete Österreichs, so hat auch der im Herzen der Steiermark liegende Toplitzsee eine Adresse im Internet. Initiator der Seite ist Albrecht Syen, der Wirt der am Ostufer des Sees gelegenen „Fischerhütte“. In einem Kapitel wird die Bedeutung des Sees geschildert: „Von 1943 bis 1944 war am Toplitzsee eine Marine-Versuchstation. In dieser Zeit wurde mit verschiedenen Sprengstoffzusammensetzungen experimentiert, außerdem wurden Unterwasserraketen von einer Abschussrampe im See ins Tote Gebirge abgefeuert.“ Dann wird auf die Ereignisse des Jahres 1945 eingegangen, als zahlreiche Kisten im See versenkt worden sind. „1959 untersuchte das Magazin ‚Stern‘ die Vorgänge rund um den Toplitzsee und startete eine großangelegte Such- und Bergeaktion. Dabei wurden Kisten mit gefälschten englischen Banknoten und Geheimakten über die Falschgeldherstellung gefunden. Die Aktion wurde aus ungeklärten Gründen plötzlich abgebrochen“, schreibt der Wirt weiter. Damals seien 37 Kisten geborgen worden.

Nur kurz ist der Hinweis auf der Internet-Seite, dass 1963 bei einer weiteren Suchaktion ein Taucher „tödlich verunglückt“ sei.

Um derartige gefährliche Tauchgänge zu verhindern, startete die Gendarmerie mit Tauchern im gleichen Jahr die „Aktion Tarnvorhang“. Das Gebiet um den See wurde von 300 Beamten hermetisch abgeriegelt, neuerlich wurden 38 Kisten mit gefälschten Pfundnoten und auch Sprengstoff geborgen. „Es gibt nichts mehr im See zu finden“, verkündete offiziell das österreichische Innenministerium. Eine Pikanterie der „Aktion Tarnvorhang“: der Leiter der Suchaktion war ein Mann, der 1945 zu den Mitarbeitern Kaltenbrunners gehört hat.

Die nächste Aktion ging Mitte der 80er-Jahre über die Bühne. Der deutsche Biologe Hans Fricke untersuchte den See von einem Mini-U-Boot aus und entdeckte, neben der schon üblichen Geldkisten und Sprengstoff, auch einen besonderen Wurm.

Eine große Suchaktion startete dann im Jahr 2000 die US-Fernsehstation CBS, die einen ferngesteuerten Tauchroboter einsetzte, der bereits bei der Suche nach der versunkenen Titanic und der von Udo Proksch versenkten Lucona in Aktion gewesen war. Diesmal hoffte man, Dokumente zu finden, die Hinweise auf geheime Bankkonten von Nazi-Bonzen in der Schweiz geben könnten. Umso größer die Blamage, als unter großem Medienrummel eine große Stahlkiste aus dem See gehievt und dann am Ufer geöffnet wurde. Sie enthielt Bierkapseln und abgenagte Knochen, die eine Stammtischrunde aus Bad Aussee bereits vor Jahren im See versenkt hatte.

Der Wirt der Fischerhütte hat in der Toplitzsee-Homepage noch eine Rubrik: er fordert alle „Geheimnisträger“ auf, Informationen zu liefern, die dann 2005 im Rahmen einer Landesausstellung über die Steiermark und den See der Öffentlichkeit präsentiert werden sollen. Nach Angaben von Zeitzeugen sollen nämlich 1945 mehr als hundert Kisten im See versenkt worden sein.

Zwei Tote in den Bergen gefunden

Tatsächlich lockte der Toplitzsee und die in ihm und in seiner Umgebung vermuteten Geheimnisse nicht nur Taucher an.

Schon 1946, mitten im Winter, hatten sich zwei Linzer zu einer Suche aufgemacht. Mit Skiern steigen sie zuerst von Altaussee auf die 700 Meter hoch gelegene Loserhütte auf. Dort werden sie von einem Kärntner Freund erwartet. Gemeinsam ziehen die Männer weiter zur nahen Bräuningalpe. Der Kärntner aber kehrt um, ihm ist das Wetter zu schlecht.

Da die beiden anderen nicht zu ihrem Ausgangspunkt zurückkehren, werden Suchaktionen der Bergwacht gestartet. Ende März findet man die Vermissten, grässlich zugerichtet, in einem Biwak. Die Körper waren aufgeschlitzt, Gedärme und Magen aus der Bauchhöhle herausgerissen, schreibt Gendarmerie-Oberstleutnant Valentin Tarra in seinem Bericht. Haben der oder die Mörder etwas gesucht und vielleicht vermutet, dass es verschluckt worden sein könnte? Als man den Lebenslauf der beiden Toten rekonstruierte, fand man eine Gemeinsamkeit: beide sind bis zum Ende des Krieges in der Marineversuchsstation am Toplitzsee beschäftigt gewesen.

Nostalgie allein hat sie sicher nicht während es Winters auf die Berge in der Nähe des Toplitzsees getrieben.

In der Gegend erzählt man sich von weiteren mysteriösen Todesfällen, die alle mit der Suche nach Geheimdokumenten und Schätzen zusammenhängen sollen.

Agentenzentrale im Haus der Allianz-Versicherung

Nach und nach waren die amerikanischen Geheimdienste Mitte 1945 auch in den Osten Österreichs vorgerückt. Das OSS baute nach seinen Stützpunkten in Zell am See und in der Stadt Salzburg, wo 147 Agenten stationiert waren, ab August 1945 auch ihr Büro in Wien auf. 32 Mann waren hier tätig, geleitet von Oberstleutnant Charles W. Thayer. Als der Geheimdienst auf CIA unbenannt wurde, übernahm Alfred J. Ulmer das Kommando. Die Agentenzentrale residierte nun im Gebäude der ehemaligen Allianz-Versicherung in Wien-Währing, die technischen Einrichtungen, vor allem für Telefon-Abhöraktionen, befanden sich in der Stiftskaserne in der Mariahilferstrasse. Vorsorglich hatte sich auch ein CIA-Agent vis-á-vis der Villa von Bundeskanzler Leopold Figl einquartiert.

Das Hauptinteresse des amerikanischen Geheimdienstes allerdings galt vordergründig den östlichen und nördlichen Nachbarn, also Jugoslawien, Ungarn und der Tschechoslowakei. Es war daher konsequent, dass Österreich dazu animiert wurde, ein eigenes Heer aufzubauen und im Rahmen der Armee auch einen militärischen Nachrichtendienst aufzuziehen, der vor allem die Nachbarn überwachen sollte. Auch für diese Aufgaben waren Offiziere der ehemaligen deutschen Wehrmacht auserkoren.

Geld geben und anschaffen, das war auch die Devise der Amerikaner, als es galt, bei der Staatspolizei Fuß zu fassen. Die CIA zahlte etwa 100 Dollar im Monat und bedankte sich für heiße Informationen auch mal mit einem Care-Paket.

Da gab es schon ab und zu kuriose Einsätze, auch dann, als die Care-Pakete nicht mehr gefragt waren. Etwa als König Ibn Saud von Saudi-Arabien 1963 mit großem Gefolge Wien besuchte. Er besuchte Pferderennen, nahm Aufenthalt in Bad Gastein, und im Hotel Sacher stand ein ganzes Stockwerk nur ihm und einigen seiner Haremsdamen zur Verfügung. Ibn Sauds Aufenthalt hatte jedoch einen besonderen Zweck: er besuchte Professor Karl Fellinger in dessen Wiener Privatklinik und ließ sich durchuntersuchen.

Mit Hilfe der Staatspolizei gelang es Wiener Agenten des CIA, sich in der Klinik eine Harnprobe des Königs zu besorgen, die dann in

München analysiert wurde. Der Grund für die Neugier war, eventuell etwas über Krankheiten des Monarchen zu erfahren und danach die Außenpolitik der USA auszurichten.

Todeskandidat erhielt vom CIC eine neue Identität

Während der Besatzungszeit war in Österreich auch weiterhin die Konter-Spionageabteilung der Armee, das „Counter Intelligence Corps" (CIC), tätig. Auch sie hielt Kontakt mit der Staatspolizei und so arbeiteten Agenten für beide Dienste.

In den turbulenten Nachkriegswochen des Jahres 1945 war in der Nähe von Zell am See auch der belgische Staatsbürger Robert Jan Verbelen in amerikanische Kriegsgefangenschaft geraten. Eine Tätowierung in der Achselhöhle verriet, dass der Mann SS-Mitglied gewesen sein musste. Tatsächlich wurde dann von der amerikanischen Spionageabwehr CIC erhoben, dass der 1911 geborene Verbelen der SS-Brigade „Brabant" angehört hat und ein radikaler Kämpfer für die Eigenständigkeit des flämischen Teils von Belgien war.

Während Verbelen in einem amerikanischen Kriegsgefangenenlager in Österreich saß und für die Amerikaner dolmetschte, begann in Belgien die Suche nach ihm. Wegen Ermordung belgischer Widerstandskämpfer sollte er vor Gericht gebracht werden. Der Prozess gegen ihn fand in seiner Abwesenheit statt, Verbelen wurde zum Tod verurteilt.

Der Belgier wurde jedoch nicht ausgeliefert, sondern trat in den Dienst des CIC ein, von dem er auch eine neue Identität erhielt. Er lebte dann ab 1946 in Wien unter den Namen Peter Meyer, Albert Kluge oder Albert Schwab und arbeitete von nun an für die 66th Group des CIC unter der Nummer X-0313-IV.

Wie später erhoben wurde, haben die Amerikaner damals nicht nur die SS-Männer Verbelen und Wilhelm Höttl, sondern elf weitere ehemalige NS-Größen in ihre Reihen aufgenommen. Zu den Angeworbenen zählten der Salzburger SS-Hauptsturmführer Hermann Milleder, der ehemalige Pressereferent des Wiener Gauleiters Bürckel, Erich Kernmayer, sowie der frühere Gauinspekteur des Gaus Oberdonau, Stefan Schachermayr, die spätere „graue Eminenz" des VdU in Oberösterreich.

Verbelen führte nach außen hin ein bürgerliches Leben. Er wohnte mit einer Österreicherin zusammen, hatte mit ihr zwei Kinder und verhehlte bei Treffen mit Bekannten auch nicht seine rechtsradikale Gesinnung. Mit Abschluss des Staatsvertrags endete offiziell Verbelens Tätigkeit als Schattenmann des CIC. Ganz staatstreu suchte er 1959 als Albert Schwab beim Amt der Wiener Landesregierung um die österreichische Staatsbürgerschaft an. Wie üblich, wurde die Staatspolizei um eine Stellungnahme ersucht. Oskar Peterlunger, damals noch Chef der Abteilung I der Wiener Polizeidirektion, also Leiter der Staatspolizei in der Bundeshauptstadt, befürwortete Verbelens Antrag.

Penibel listete der Schattenmann die Vergangenheit Verbelens auf: „Robert Jan Verbelen, Journalist, am 4. 5. 1911 in Herent/Belgien geboren, wohnte ab dem Jänner 1946 unter dem Namen Peter Meyer vorerst in Groß-Enzersdorf, Kirchenplatz 30, dann in Wien III., Hörnestgasse 17/22, sodann in der Pension in Wien XVII., Neuwaldeggerstraße 23/14, anschließend in Wien XVII. Neuwaldeggerstraße 14, dann in Wien IX., Porzellangasse 51/54 und in Wien IX., Türkenstraße 14/9. Er war auch unter dem Namen Albert Kluge an mehreren Adressen in Wien gemeldet. Peter Meyer bzw. Albert Kluge sind mit Robert Verbelen ident.“

Dann begründet Peterlunger auch, warum Verbelen verschiedene Namen trug: „Der Genannte konnte sich wegen seiner persönlichen Sicherheit und auch aus besatzungstechnischen Gründen nicht unter seinem richtigen Namen anmelden.“ Für Peterlunger also scheinen Gesetze für Agenten nach Belieben außer Kraft zu treten.

Als dann 1962 der belgischen Regierung bekannt wurde, dass Verbelen in Wien lebt, stellt sie ein Auslieferungsbegehren. Die Staatsanwaltschaft beginnt zu erheben, und wieder stellt Peterlunger einen Persilschein für Verbelen aus. Er habe „während der Besatzungszeit für die Amerikaner gearbeitet, die zweifellos über sein Vorleben sehr gut orientiert waren. Seit Jahren ist er auch als Vertrauensmann der Abteilung I tätig. Die von ihm vorgelegten Nachrichten haben jeder Überprüfung Stand gehalten.“

Dennoch sistierte Wien die Einbürgerung Verbelens, was aber der Verwaltungsgerichtshof später aufhob. Ein 1965 begonnener Mordprozess gegen Verbelen vor einem Wiener Schwurgericht endete mit dessen

Freispruch. Ende 1988 veröffentlichte dann US-Justizminister Edwin Meese den Akt Verbelen und gab offiziell zu, dass der ehemalige SS-Sturmbannführer zehn Jahre lang „aus idealistischen Gründen" für die amerikanische Spionageabwehr CIC in Österreich gearbeitet hat.

Im September 1989 ist der Ex-Agent dann in Niederösterreich gestorben und im Martinsfriedhof in Klosterneuburg beigesetzt worden.

Geheimdienst verdächtigt Spitzendiplomaten in Wien

Als Rohrkrepierer erwiesen sich Ende der 80er-Jahre massive Verdächtigungen des US-Geheimdienstes gegen Felix Bloch, damals zweiter Mann in der amerikanischen Botschaft in Wien. Der Diplomat wurde verdächtigt, mit dem KGB zusammenzuarbeiten. Monatelang war Bloch observiert worden, die österreichische Staatspolizei nahm seinen Umgang und seine österreichischen Gesprächspartner unter die Lupe, doch musste das FBI schließlich die Untersuchungen abbrechen.

Staatspolizisten waren ausgeschwärmt, weil Blochs Vorliebe für billige Prostituierte bekannt geworden ist. Tatsächlich fanden sie in einer Absteige in Praternähe eine Dame, die der Diplomat häufig besucht hat. In Geheimberichten hielten die Wiener Schattenmänner fest, wann sich Bloch mit der Prostituierten getroffen und welche Sex-Praktiken er bevorzugt haben soll. Die US-Agenten wollen dann auch herausgefunden haben, dass Blochs Ansprechpartner beim sowjetischen KGB ein Finne namens Reino Gikman gewesen sei. Ihm könnte er, so jedenfalls die Vermutung der Amerikaner, eine Liste der Wiener CIA-Mitarbeiter übergeben haben.

Bloch wurde vom Dienst suspendiert, in die USA zurückbeordert und ständig auffällig observiert. Offenkundig sollte er moralisch zermürbt werden. Doch weder diese Taktik noch unzählige Verhöre brachten etwas. Das FBI musste schließlich die Akten schließen, das Außenministerium dem aus dem Dienst geschiedenen Diplomaten seine Pension auszahlen.

Geheimnis um den Brand im Steyr-Haus

Donnerstag abend, der 19. Februar 1987. Mit zuckendem Blaulicht und lautem Trara rasen gegen halb zehn Uhr abends Feuerwehrautos über die Wiener Ringstrasse. Dutzende Löschfahrzeuge bremsen sich in der Seitenfahrbahn neben dem Hotel Bristol und an der Kreuzung mit der Akademiestrasse ein. Die große Magirusleiter wird ausgefahren, Feuerwehrleute mit Atemschutzgeräten dringen in das Innere des Bürohauses am Kärntnerring ein. Die Kunde macht bald die Runde in der Stadt: Großbrand im Steyr-Daimler-Puch-Haus, der Zentrale des Konzerns!

Es dauert viele Stunden, ehe das Feuer gelöscht ist. Das Resümee der Experten: der Brand muss gelegt worden sein! Und zwar an vielen Stellen des Hauses gleichzeitig. Das Haus des hoch verschuldeten Konzerns war mit rund 400 Millionen Schilling versichert – doch war ein „heißes Abtragen“, also Versicherungsbetrug, auszuschließen, da eine Woche vorher ein englisches Unternehmen ein Kaufangebot für das Haus am Ring in der Höhe von 600 Millionen Schilling vorgelegt hat.

Ein Bericht in den „Oberösterreichischen Nachrichten“ fasst die Erhebungen der Polizei so zusammen: „Das Feuer wurde von einem technisch versierten Insider gelegt, der sich über die Dächer aus dem Staub machte. Der Täter kann nur einen Weg benützt haben: Er muss vom Dach und der Dachterrasse des Steyr-Bürohauses am Kärntner Ring 7 über eine Dachterrasse des benachbarten Hauses Nummer 5 auf das im Ausbau befindliche Flachdach des Hotels Bristol geflüchtet sein. Der Zündler-Profi verzichtete bei seinem Anschlag offenbar bewusst auf die Verwendung von brennbaren Flüssigkeiten. Die Zündung dürfte durch eine chemische Reaktion erfolgt sein. Sicher ist, dass der Brandstifter nach einem sorgfältig ausgeheckten Plan handelte. Es gelang ihm, durch die in mehreren Stockwerken gelegten Brandstraßen binnen weniger Minuten das Großfeuer zu entfachen. Nach Meinung der Experten entstanden schlagartig sieben bis 16 Primärbrände, denen mehrere Sekundärbrände folgten. Vor allem im ersten, zweiten, dritten und fünften Stockwerk des siebenstöckigen Gebäudes griff das Feuer rasend schnell um sich. Die Primärbrände dürften nach Ansicht der Kriminalisten mit einem Zeitzünder-Mechanismus ausgelöst worden sein.“

Tatsächlich gingen die Experten der Polizei davon aus, dass es sich um einen Anschlag gehandelt hat. Ein mögliches Ziel: das im Haus eingerichtete private Appartement des Vorstandsdirektors Alfred Koch, in dem sich brisante Dokumente über das vieldiskutierte Kanonengeschäft der staatlichen VOEST mit dem Iran befunden haben. Koch war zur Zeit des Abschlusses des Waffengeschäfts ein führender Manager des Stahlkonzerns und dürfte wichtige Aufzeichnungen über den Deal mitgenommen haben.

Wollte der Brandstifter in ihren Besitz kommen oder sie vernichten? Die Schattenmänner des österreichischen Innenministeriums jedenfalls verfolgten Spuren zu Geheimdiensten des Nahen Ostens. Ein Erfolg blieb aus. Ebenso ergebnislos verliefen die Recherchen gegen Monzer Al Kassar, einen syrischen Waffenhändler mit einer Wiener Firmenniederlassung, dem österreichische Gesellschaften bei Geschäften mit dem Iran schon mal in die Quere gekommen sein sollen.

Die zweite heiße Spur: im Steyr-Daimler-Puch befand sich auch eine geheime Dienststelle des amerikanischen Geheimdienstes CIA. War sie Ziel des Anschlags? Wurde der Agentenkrieg in der Stadt des „Dritten Mannes" nun wirklich heiß?

Nach Wochen wurden alle Erhebungen eingestellt. Der Fall blieb bis heute ungeklärt.

Kapitel 7

„Mischa" Wolf und sein Rudel
Hochsaison für DDR-Spione

Das mächtige ostdeutsche Ministerium für Staatssicherheit hielt das Land mit Zehntausenden Mitarbeitern unter Kontrolle. In das Vorzimmer Willy Brandts wurde ein Agent eingeschleust, der gleiche Verdacht tauchte auch in Wien auf – bewiesen werden konnte allerdings nichts.

Die „Stasi" hielt das Land unter Kontrolle

Neben den sowjetischen und amerikanischen Geheimdiensten waren zu Zeiten des Kalten Krieges auch Agenten der DDR in Österreich tätig. Und sie waren auch, wie sich allerdings erst nach der Wende herausstellte, besonders emsig und tüchtig.

Die Deutsche Demokratische Republik war 1949, als Reaktion auf die Geburt der Bundesrepublik Deutschland, gegründet worden. Zu einem der wichtigsten Organe der DDR wurde das „Ministerium für Staatssicherheit" (MfS), der Geheimdienst des weiterhin unter sowjetischen Einfluss stehenden Landes. „Stasi" war die gebräuchliche Kurzformel für den DDR-Apparat und niemand konnte sicher sein, nicht unter seiner Kontrolle zu stehen.

Der Moloch wucherte, zuletzt hatte das MfS etwa 91 000 hauptamtliche und 175 000 „Informelle Mitarbeiter" (IM). Telefone wurden abgehört, Briefe geöffnet, Personen beschattet, Dossiers angelegt.

Das Hauptquartier der Stasi befand sich in der Normannenstraße in Berlin Lichtenberg. Ein siebengeschossiger grau-brauner Kasten, bedrohlich wirkend schon durch sein klobiges Äußeres.

Für die Auslandsspionage wurde in der Stasi die „Hauptverwaltung Aufklärung" (HVA) geschaffen. Gegründet wurde dieser Nachrichtendienst vorerst unter der Tarnbezeichnung „Institut für wirtschaftswissenschaftliche Forschung", geleitet wurde er die längste Zeit von dem 1923 in Hechingen/Württemberg geborenen Markus Johannes Wolf, der mit seinen Eltern während des Hitler-Regimes in die Sowjetunion emigriert war. Lange Zeit galt der große, schlanke Spionagechef, der als Reminiszenz an seine russischen Jahre auch „Mischa“ genannt wurde, als „Mann ohne Gesicht“. Erst 1978 wurde das erste Foto von ihm veröffentlicht. 1986 trat Wolf als Leiter der HVA, die ihn noch drei Jahre überleben sollte, zurück.

Für Wolf war natürlich Westdeutschland bevorzugtes Ziel seiner Auslands-Spionage. Es gelang ihm, zahlreiche Agenten in Schlüsselstellungen einzuschleusen. Sein spektakulärster Erfolg war es wohl, Günter Guillaume als Sekretär des damaligen deutschen Bundeskanzlers Willy Brandt aufzubauen. Als der Spion an der Seite des Kanzlers 1974 entdeckt wurde, musste Brandt seinen Hut nehmen.

Das Pikante daran: noch zwei Jahre vorher, 1972, hatte das sowjetische KGB mit Wissen Wolfs einen Abgeordneten der CDU mit 50 000 DM bestochen, damit dieser bei einem Misstrauensvotum seiner Partei gegen Willy Brandt umfalle und so eine Mehrheit gegen den Kanzler verhindere. Dem ostdeutschen Spionagechef dürfte ein Wechsel an der Regierungsspitze wohl unangenehm gewesen sein, wo er doch eine so gute Quelle in der Nähe hatte.

Hochsaison für Romeo-Agenten

Die westdeutsche Spionageabwehr begann in den 70er-Jahren auf U-Bahnhöfen und Eisenbahnstationen Plakate zu affichieren, die an die Kriegszeit und die „Feind hört mit“-Warnungen erinnerten. Diesmal richteten sich die bunten Plakate an Sekretärinnen in sensiblen Bereichen und warnten vor Tricks der DDR-Agenten, die damals viel Unheil angerichtet hatten.

Es ging um die erotische Verführung einsamer Frauen, die von den Agenten des Ministeriums für Staatssicherheit perfektioniert worden ist. Die sogenannten „Romeo-Agenten“ hatten Hochsaison und man hoffte, durch die Plakataktion und auch mittels geschickt platzierter Berichte in Illustrierten gegensteuern zu können.

Eindrucksvoll die Schilderung eines Falles, der typisch für die Vorgehensweise der Agenten von Markus „Mischa“ Wolf war. Schauplatz: Bonn – im Visier war Margarete Hassler, die Sekretärin eines hohen Beamten im westdeutschem Verteidigungsministerium.

Eines Tages klopfte an der Wohnungstür dieser Frau, die seit einiger Zeit geschieden war und allein lebte, ein Mann mit einem Blumenstrauß in der Hand.

Er ist verlegen und fragt, ob sie weiß, wo Fräulein Angela Herdegen wohne. Er habe sie vor kurzem kennen gelernt, aber offenkundig habe sie ihm eine falsche Adresse gegeben – nämlich die, wo Frau Hassler wohnt. Ein Wort gibt das andere, der zerknirschte Mann entschuldigt sich wortreich und gibt Frau Hassler die Blumen. Sie greift automatisch zu, der Mann ist ihr sympathisch und um ihn zu trösten, bietet sie ihm eine Tasse Tee an.

Der Versuch des Agenten, ihre Bekanntschaft auf unauffällige Weise zu machen, ist auf Anhieb geglückt. Es folgen Einladungen zu einem Abendessen, zu einem Theaterbesuch und schließlich wird man intim. Die Einsamkeit der Sekretärin hat ein Ende, sie glaubt, einen Partner gefunden zu haben. Der Mann interessiert sich obendrein sehr für ihre Tätigkeit, er ist politisch aufgeschlossen, und dann bringt sie ihm einmal die Kopie eines Aktes aus dem Verteidigungsministerium mit. Nur, um noch kompetenter mit ihm diskutieren zu können.

Die Falle ist zugeschnappt. Ihr neuer Partner äußert Wünsche, was er von der Frau erfahren will. Sträubt sie sich, verspricht er ihr ein neues Leben oder droht mit Enthüllungen. Das geht solange weiter, bis die Frau moralisch zerbricht. Im Falle Hassler gesteht sie ihrem Chef schließlich ihren Verrat, der Romeo-Agent wird verhaftet. In vielen anderen Fällen aber enden derartige Romanzen mit dem Selbstmord der enttäuschten Frau.

DDR-Spionin saß in der ÖVP-Zentrale

Neben Westdeutschland kam auch bevorzugt Österreich ins Visier der Hauptverwaltung Aufklärung der DDR. Wolfs Agenten tarnten sich oft als Flüchtlinge und bemühten sich vor allem um die österreichische Staatsbürgerschaft.

Ein typischer Fall: Das Ehepaar Siegfried und Helga Wanka kam im Dezember 1958 von Ostberlin nach Österreich, die beiden erhielten hier als politische Flüchtlinge westdeutsche Reisepässe und im April 1962 sogar die österreichische Staatsbürgerschaft.

Siegfried Wanka fungierte unter dem Decknamen „Paul" als Resident der HVA in Wien, also als ranghöchster Geheimdienstmitarbeiter. Seine Aufgabe war es, durch Mitarbeiter Funkgeräte nach Österreich bringen und hier an sicheren Stellen vergraben zu lassen. Seine Frau Helga machte Dienst als Sekretärin in der Bundesparteileitung der Österreichischen Volkspartei, der ÖVP. Brav rapportierte die Agentin, was sie über die politischen Entscheidungen der Partei erfuhr. Auf Befehl ihres Mannes, des HVA-Residenten Paul, bewarb sie sich schließlich im Verteidigungsministerium um eine Stelle. Die Abwehrspezialisten des Heeresgeheimdienstes aber fanden etliche verdächtige Punkte in ihrem Lebenslauf und warnten vor einer Einstellung. Das Ehepaar Wanka sah Feuer am Dach und verließ 1963 Wien. Erst 1965 wurde der Spionagering, den die Wankas eingerichtet hatten, enttarnt.

Telefonverzeichnis mit 272 prominenten Namen

Mit erschreckender Präzision und wahrlich deutscher Gründlichkeit begann die HVA ab Ende der 50er-Jahre österreichische Telefone abzuhören. Aus Ost-Berlin kamen Wunschzettel, welche Personen und Institutionen zu belauschen seien und zeitweise enthielt diese Liste 272 Namen, von A wie Androsch bis Z wie Zilk. Politische und wirtschaftliche Prominenz wurde so abgehört, die Gespräche aufgezeichnet und in die HVA-Zentrale in der Berliner Normannenstraße weitergeleitet.

Eine große Lauschstation war in der Nähe von Pressburg in der Tschechoslowakei eingerichtet. Nach der Anerkennung der DDR durch Österreich im Jahr 1972 spross auch auf dem Dach des Botschaftsgebäudes in Wien-Hietzing ein beachtlicher Antennenwald.

Eine interessante Nebenwirkung zeigte die DDR-Abhörpraxis: Auch österreichische Staatspolizisten und Privatdetektive installierten Wanzen und zapften Telefonleitungen an. Selbst wenn das entdeckt würde, könnte man es immer noch auf die HVA schieben.

Beim „Vorsingen" viele Namen genannt

Im Jänner 1979 läuft HVA-Oberleutnant Werner Stiller in den Westen, zum Bundesnachrichtendienst, über. Als Einstandsgeschenk bringt er die Namen von 100 DDR-Agenten mit. „Vorsingen“ nennt man das Auspacken verniedlichend. Einen Koffer voller Dokumente habe er mitgebracht, freuen sich die Agenten des BND. Darunter auch solche, die Österreich betrafen.

Ein wichtiger Mitarbeiter des DDR-Geheimdienstes in Wien sei ein gewisser Rudolf Sacher, behauptete Stiller. Die Schattenmänner der österreichischen Staatspolizei fassten ihre Recherchen über Sacher dann in einem Bericht an die Staatsanwaltschaft so zusammen: „Dr. Rudolf Sacher war seit Anfang der siebziger Jahre Agent des MfS. Sein Führungsoffizier war Hptm. Hans-Peter Bertag. Sacher hatte den Decknamen ‚Sander' und war zur Beschaffung von Sachinformationen auf dem Sektor Mikroelektronik eingesetzt.“

Die Sache verlief, wie viele andere, im Sande. Konkrete Beweise, dass es sich bei Sachers Ionenimplantations-Maschinen um Geräte handelte, die er sich illegal in den USA beschafft und danach in den Ostblock transferiert habe, konnten nicht erbracht werden.

Westen sollten weiß gewaschen werden

Als das Ministerium für Staatssicherheit mit dem Zusammenbruch der DDR Ende 1989 aufgelöst wurde, arbeiteten Reißwölfe im Dreischicht-Betrieb, wurden Tausende Computer-Festplatten vernichtet. Alle Spuren der diktatorischen Vergangenheit sollten ausradiert werden, befleckte Westen weiß gewaschen werden.

Dennoch blieb genügend Material vorhanden, um die Geschichte einigermaßen aufzuarbeiten. 180 000 Laufmeter Akten aus dem Stasi-Archiv wertete die eigens zur Vergangenheitsbewältigung eingerichtete sogenannte „Gauck-Behörde“ aus. Untergebracht ist sie im ehemaligen Hauptquartier der Stasi, in der Normannenstraße 3 100 Mitarbeiter sind in der Gauck-Behörde beschäftigt, unter bestimmten Voraussetzungen bekommt man Einsicht in die Unterlagen.

Österreichs Behörden haben immer wieder versucht, Auskünfte von der Gauck-Behörde zu erhalten. Doch Berlin blieb zugeknöpft. Nur NATO-Mitgliedern wird Einblick in die Akten gewährt. Ansonsten kann ja auf dem üblichen Amtsweg bei begründetem Verdacht um juristische Amtshilfe ersucht werden – aussichtslos bei Delikten, die verjährt sind.

Ein weiteres Argument der Gauck-Behörde: In den Akten sind im Wesentlichen nur jene Personen erfasst, die für den Inlandsdienst des MfS tätig gewesen sind. Im Regelfall handelt es sich dabei um DDR-Staatsangehörige, die auf eigene Staatsbürger angesetzt wurden. Unterlagen über „Informelle Mitarbeiter" der HVA dagegen sind zum Großteil vernichtet oder nicht mehr im Besitz deutscher Stellen, heißt es weiter.

Auch US-Schattenmänner hatten beim Zerbröseln der DDR Hochsaison. Die CIA startete damals in Berlin die „Aktion Rosenholz" – ein Code-Name für den Versuch, möglichst viel Material aus den Beständen der HVA zu erbeuten. Ost-Berlin, das war für die Amerikaner eigentlich Feindesland, und in den Tagen des Umbruchs handelten die CIA-Agenten auch nach diesem Muster. Sie riegelten die Gebäude ab, nahmen HVA-Mitarbeiter fest und packten alles, was nicht niet- und nagelfest war, in Kisten und verschwanden damit ins CIA-Hauptquartier nach Wiesbaden.

Unter der Beute der Aktion Rosenholz befanden sich verschlüsselte Datenbänder, auf denen sämtliche Klar- und Decknamen der HVA-Agenten aufscheinen. Der Code wurde geknackt, und so erhielten die Amerikaner ein komplettes „Who is Who" aus Wolfs Schattenreich.

Die CIA hütete ihren Schatz, alle Versuche der westdeutschen Behörden, an das Material heranzukommen, wurden abgeblockt. Immer nur bröckchenweise gaben die Amerikaner Kopien aus den HVA-Archiven frei.

Hatte die CIA damit eine dicke Namensliste der Agenten, aber keine Zuordnung, wer was gemacht hat, so konnten Spezialisten der Gauck-Behörde 1999 eine in den Kellern der Normannenstraße gefundene ergänzende Datei entschlüsseln: sie enthält die Angaben, welche Aktionen HVA-Agenten durchgeführt hatten. Diese „Sira"-Datenbank (die Abkürzung steht für „System, Information, Recherche der Aufklärung") gibt einen Überblick über die Einsätze der ostdeutschen Spione, nennt sie allerdings nur mit ihren Decknamen. Nur die Kombination beider Dateien könnte klaren Durchblick ermöglichen. In Wahrheit aber wollte keine der beiden Seiten allzu tief in der Vergangenheit graben: manche Agenten dienten immer noch einem Nachrichtendienst, die Zeit hatte strafbare Tatbestände mit dem Mantel der Verjährung zugedeckt und außerdem leben ja Geheimdienste aller Länder davon, dass sie einen Schatz von Geheimnissen hüten, der nicht an die Öffentlichkeit dringen darf.

Auch das österreichische Innenministerium erhielt nur gesiebte Informationen aus Deutschland. Es wurden, wie es in einem offiziellen Dokumente heißt, „entsprechende Ermittlungen eingeleitet", jedoch kam es nur in einem Fall zu einer rechtskräftigen Verurteilung – allerdings auch nur wegen Besitzes eines gefälschten Reisepasses.

Bitteres Resümee aus dem Innenministerium: es habe „einen überaus gemäßigten Kurs der Justizbehörden" gegenüber den vermeintlichen DDR-Agenten gegeben. Auch der ehemalige Generaldirektor für die öffentliche Sicherheit Michael Sika kritisiert in seinen Memoiren die „streichelweiche" Justiz und bedauerte, dass die Anzeigen praktisch ohne Konsequenzen geblieben sind.

Die Spione im Ruhestand leben also weiterhin unbehelligt unter uns, vielleicht sogar bereit für neue Aufgaben. Oder es hat sie nur in der Phantasie anderer Agenten gegeben.

Nur Andeutungen im Parlament

In der Beantwortung einer parlamentarischen Anfrage nannte im Februar 2000 der damalige Kurzzeit-Justizminister Michael Krüger einige Details über die DDR-Spionage. „Wegen des Verdachts der Spionagetätigkeit für die ehemalige DDR wurden in Österreich 52 Verfahren gegen 67 bekannte und sechs unbekannte Personen eingeleitet." In Verdacht waren, so die Mitteilung des Justizministers, folgende Personen gekommen: „Acht öffentlich Bedienstete (hievon drei Lehrer, ein Angehöriger des Bundesministeriums für Inneres, zwei Angehörige der Bundespolizeidirektion Wien, ein Angehöriger des Bundesministeriums für wirtschaftliche Angelegenheiten und ein Finanzbeamter), drei leitende Angestellte und 16 Arbeiter aus in der Privatwirtschaft, zwölf Unternehmer, drei Journalisten bzw. Hörfunkmitarbeiter, zwei Pensionisten, ein Abgeordneter zum Nationalrat, ein Opernsänger, ein Wissenschafter, ein Sinologe und eine Hausfrau."

Offiziell waren keine Namen zu erfahren, alle Fragen wurden mit dem Hinweis beantwortet, dass es eben nur Verdächtigungen waren, die nicht bewiesen werden konnten und dass man a priori Hinweisen von ausländischen Geheimdienstmitarbeitern mit Vorsicht begegnen müsse.

Dennoch wucherten die Spekulationen und Journalisten konnten bald mit Namen aufwarten. In anonymen Anzeigen an die Staatsanwaltschaft waren Bruno Aigner, Sekretär von Nationalratspräsident Heinz Fischer, und Herbert Lackner, Chefredakteur des Wochenmagazins „profil“, beschuldigt worden, für den DDR-Nachrichtendienst gearbeitet zu haben. Konkrete Belege wurden keine vorgelegt und der Staatsanwalt stellte die Ermittlungen sang- und klanglos ein. Ebenso im Sand verlaufen sind Recherchen der Staatspolizei gegen den ORF-Hörfunkmoderator Fritz Wendl, der als IM der Stasi verdächtigt worden war.

Damit dürften wohl die drei Fälle, die Justizminister Krüger aus dem journalistischen Bereich genannt hatte, entschlüsselt worden sein. Niemand konnte – oder wollte – jedoch Angaben darüber machen, welcher Nationalratsabgeordneter im Spionageverdacht gestanden haben soll.

Geklärt jedoch wurde der Hinweis Krügers auf den spionierende Sinologen.

Aus Wien über China in die DDR

Schon seine ersten fünfzig Lebensjahre hatten Stoff für einen interessanten Roman geliefert – danach wurde daraus ein Thriller.

Ernst Schwarz wurde 1916 in Wien als Sohn einer jüdischen Kaufmannsfamilie geboren und studierte Medizin. Nach der Okkupation Österreichs wanderte die Familie nach China aus, der Junior beschäftigte sich mit Literatur und fertigte Übersetzungen an. Zweifellos hatte er Sprachtalent, denn bald beherrschte er seltene chinesische Dialekte.

Doch politisch wurde auch in China die Situation brisant, Ernst Schwarz kehrte nach Europa zurück und ließ sich 1961 in der DDR nieder. Er wurde Professor für Sinologie an der Humboldt-Universität.

Mitarbeiter des Ministeriums für Staatssicherheit warben ihn als IM an – er sollte in dieser Funktion für den „Weltfrieden“ arbeiten. So hieß das jedenfalls damals. Als Decknamen wählte Schwarz „Karl Weber“. Nicht gerade phantasievoll, doch den Führungsoffizieren war es recht.

Weber erledigte einige kleine Aufträge in Deutschland, dann durfte er nach Wien – immerhin hatte er hier ja alte Studienkollegen, die es unter Umständen zu etwas gebracht haben und daher interessante Quellen werden könnten.

Glatteis auf den Straßen ließ im Winter 1970 IM Karl Weber ins Glück rutschen. Er rammte einen Wagen, aus dem Fonds stieg eine Frau, es war Anka Kreisky, eine Cousine des damaligen Bundeskanzlers. Der wendige Agent nutzte die Stunde, es entstand eine freundschaftliche Beziehung zwischen den beiden und Dank Ankas Hilfe fand Weber auch leichter Zugang zu Bruno Kreisky.

In der Folge machte sich Weber zahlreiche Freunde in der Polit-Szene, verkehrte auch in Ost-Berlin mit Diplomaten und wann immer man Chinesen in den Salons zu Gast hatte, lud man auch den Sinologen ein. Der Agent lieferte Tausende Seiten Berichte an die HVA, hauptsächlich politische Einschätzungen, aber sehr oft auch wörtliche Zitate aus geheimen Akten des Außenministeriums. Schließlich „verriet“ er aber auch in weitschweifigen Berichten, was in Wien sowieso jeder wusste: dass Hannes Androsch im Konflikt mit Bruno Kreisky stand und bei welchem Schuster der Kanzler seine Schuhe anfertigen lässt.

Allmählich verließ den Sinologen die Lust, die HVA-Zentrale mit Berichten zu versorgen, die man dort wohl in ihrer Tragweite nicht verstehen konnte, meinte er. Umgekehrt wollten seine Führungsoffiziere nicht Allerweltsweisheiten und geostrategische Abhandlungen lesen. So wurde der Agent Weber nicht verbrannt, sondern er verglühte Ende der 80er-Jahre langsam zu Asche.

Erst 1994 erfuhren die Schattenmänner des österreichischen Innenministeriums von der Arbeit, die Schwarz vulgo Weber für die DDR geleistet haben soll. Folglich wurde Anzeige erstattet, eine Anklage erwogen, doch wurde schließlich festgestellt, dass die möglichen Delikte bereits verjährt seien. Im Jahr 2000 schien dann der Fall des „Sinologen“ in der parlamentarischen Anfragebeantwortung auf.

Afrikanischer Agent legte Spur ins Kanzleramt

Mitte der 90er-Jahre tourte ein aus Uganda stammender und in Wien für einen nordafrikanischen Staat arbeitender Geheimagent durch Europa und versuchte, auf Banken eingefrorenes Geld für potente Auftraggeber „aufzutauen“. Dabei streute er in der Agenten-Szene Andeutungen aus, dass es vorteilhaft wäre, ihm zu helfen, da er brisante und für die Betroffenen höchst unangenehme Informationen besitze.

Die Andeutungen wurden aufgeschnappt und bald lag im österreichischen Innenministerium der Bericht eines anderen Agenten vor, was der afrikanische Agent zu wissen behauptete: im Umfeld des österreichischen Bundeskanzlers sei ein Mann tätig, der für den Staatssicherheitsdienst der DDR spioniere.

Sicherheitsgeneraldirektor Michael Sika ließ weiter recherchieren und hatte bald ein detailliertes Dossier zusammen. Ein Papier, in dem auch der Name des Verdächtigen stand, der Name seines Führungsoffiziers und Daten, wann er in der Ostberliner Normannenstraße, in der sich das Stasi-Hauptquartier befindet, aufgetaucht sei.

Feuer war am Dach. Allen war noch die Affäre um den DDR-Spion Günter Guillaume in Willy Brandts Vorzimmer in Erinnerung. Gab es Parallelen? Sika machte sich mit seinen Unterlagen auf den Weg zu Bundeskanzler Franz Vranitzky. „Ich erntete nur ungläubiges Kopfschütteln“, schreibt Sika in seinen Memoiren über das Gespräch und muss auch zugeben, dass keine stichhaltigen Beweise beschafft werden konnten. „Zwischen Wissen und Beweisen ist eben ein haushoher Unterschied“, merkte Sika noch an. Jedenfalls gab es keine weiteren Ermittlungen gegen den Mann aus Vranitzkys Umgebung und er ist weiterhin politisch tätig.

Kapitel 8

KPÖ beherrschte die Staatspolizei
Franz Olah und die Spitzelakten

Mit sowjetischer Hilfe sicherten sich die Kommunisten den Zugriff auf die Polizeimacht. Schon die Habsburger setzten Spitzel ein. Ungarischer Geheimdienstoffizier starb in der Polizeizelle. Wie „Mister Seven" im Innenministerium enttarnt wurde.

Am Schubertring entstand neue Geheimdienstzentrale

Ein Haus aus der Nachkriegszeit am Wiener Schubertring. Sieben Geschosse, glatt, ohne Schnörkel, nur etwas schwarzer Marmor neben dem Eingangstor. Daneben eine Bankfiliale, ein Hochschulinstitut, ein Reisebüro, ein Café. Es ist das, was man in Wien eine „gute Adresse" nennt.

Zum Jahreswechsel 2002 fuhren immer wieder Möbelwagen in die hauseigene Garage. Kisten mit Akten und viele Computer wurden ausgeladen. Ein unauffälliger Herr beobachtete vom Gehsteig aus auffällig das Geschehen. Doch wer da übersiedle oder einziehe, verriet er Neugierigen nicht.

Ein paar Video-Kameras oberhalb des Haustors sind nichts Ungewöhnliches in dieser Gegend, eher auffällig ist schon, dass kein Schild neben der Tür verrät, wer aller in dem Gebäude untergebracht ist. Unter einer Rufanlage, aus der eine kleine Kamera lugt, steht lediglich „Portier". Aus.

Seit Anfang 2002 residiert hier ganz diskret Österreichs neugeschaffenes „Bundesamt für Verfassungsschutz und Terrorismusbekämpfung" (BVT). Die Dienststelle mit dem sperrigen Namen hat das zu machen, wofür bisher die Staatspolizei zuständig war, die im Laufe ihrer Geschichte ja schon einige Male ihren Namen gewechselt hat.

Sie hat gefährliche radikale Gruppen oder Personen zu beobachten, Spione und Geheimagenten zur Strecke zu bringen – oder es zumindest zu versuchen. Die Beamten bekämpfen die Geldwäsche und den illegalen Waffenhandel und sie tauchen auch als Leibwächter prominenter Politiker auf.

Der Ruf der Geheimnistuerei eilt der Staatspolizei voraus, man denkt an konspirative Treffen und das penible Sammeln von Fakten und Tratsch, wobei alles gespeichert wird. 56 000 Akten über interessante Vorfälle und Personen sind derzeit vorhanden, wird zugegeben.

Den Gesamtstand dieser Schattenmänner – also sowohl jener, die in der Zentrale sitzen als auch der Beamten in den Sicherheits- und Polizeidirektionen der Bundesländer – gab zuletzt der damalige SPÖ-Innenminister Karl Schlögl im April 1999 mit 506 an. Alle zusammen würden also nicht einmal den Zuschauerraum der Wiener Kammerspiele füllen. Nicht verraten hat der Innenminister jedoch die Zahl der „freien Mitarbeiter“ – sprich V-Leute – der Staatspolizei. Derartige Angaben seien geheim, meinte Schlögl.

Während viele die Staatspolizei als „Staat im Staat“ sehen, bezeichnete sie Michael Sika, der inzwischen pensionierte Generaldirektor für die öffentliche Sicherheit, ganz anders: „Nach dem Demel die größte Schaumschlägerei Österreichs.“

Trotzdem wird die Staatspolizei misstrauisch beäugt, von manchen als Spitzeldienst der jeweiligen Regierung bezeichnet, auf der anderen Seite als pragmatisierte Gerüchtesammler lächerlich gemacht.

Die Wahrheit wird, wie bei manchen derart differenzierten Beurteilungen, wahrscheinlich in der Mitte liegen.

Die ersten Staatspolizisten in der „Geheimen Ziffernkanzlei“

Alle Regime bedienten und bedienen sich der Schattenmänner. Die ersten verbürgten Unterlagen über Österreich stammen aus dem 15. Jahrhundert. Damals führte der Habsburger Kaiser Maximilian I. die „Interzeption“ genannte Methode ein, von Briefen und Nachrichten geheime Abschriften zu machen. Maximilian hatte die Familie Taxis 1490 – also zwei Jahre vor der Entdeckung Amerikas durch Christoph Columbus – mit der Einrichtung eines Botendienstes, anfangs zwischen der Residenz in Innsbruck und Belgien, beauftragt. Was diese reitenden Postboten beförderten, war dank der „Interzeption“ kein Geheimnis für den Herrscher. 1722, unter Karl VI., dem Vater Maria Theresias, wurde die Post dann verstaatlicht. Der Zugriff zu geheimen Informationen, auch die Zensur, war dadurch erheblich leichter.

Bei Hofe wurde die „Geheime Ziffernkanzlei“ eingerichtet. Technisch gut ausgerüstet, konnten von diesen Beamten Siegel geöffnet und Abschriften hergestellt werden. Der Sitz der Brief-Öffner war die Stallburg in Wien.

Einige Ergebnisse ihrer Arbeit sind noch heute im Haus-, Hof- und Staatsarchiv aufbewahrt. Spitzelakte haben in Österreich eine ebenso lange Tradition wie Lebensdauer.

Maria Theresias Staatskanzler Wenzel Anton Graf Kaunitz verließ sich nicht nur auf die Ziffernkanzlei: Er unterhielt Agenten an allen wichtigen Höfen Europas, ließ aber auch in Wien und Budapest Reisende überwachen. Sein Vorbild: die vom „Sonnenkönig“ Ludwig XIV. eingerichtete geheime Staatspolizei, die Minister Josef Fouché später meisterhaft organisiert hatte.

Erst unter Joseph II. erhielten diese „Schattenmänner“ auch in Österreich einen Namen: seit 1782 firmierten sie als „geheime Polizey“. Während die „öffentliche Polizey“ dem jeweiligen Magistrat unterstand, leitete die Geheimpolizei zentral der niederösterreichische Landmarschall Johann Anton von Pergen.

In einer „Geheimen Instrukzion“ fasste Joseph II. 1785 die Aufgaben dieser Polizeitruppe so zusammen: die Beobachtungen sollten den Monarchen über die „wahren Gesinnungen der Untertanen“ informieren und „die gefährlichen Feinde der inneren Sicherheit entdecken und ausrotten.“ Die Geheimpolizei sollte Listen über gefährliche Personen führen und die Ortsbewegungen aller Fremden verfolgen.

Die Aufgaben der Staatspolizei waren und sind ähnlich: die bisher in der Gruppe II/C des Bundesministeriums für Inneres zusammengefasste Einheit erstellte sogenannte „Vorfallenheitsberichte“ (der Name sagt eigentlich alles über die möglichen Inhalte) und ist nach wie vor für die „Wahrnehmung staatsfeindlicher Vorgänge“ zuständig.

Was hier alles heute noch wahrgenommen wird, erfuhr ein steirischer Bürger – nennen wir ihn hier nur Herr Waltherr aus Grambach – unter der Aktenzahl 317.155/1-II/C/94 über sein Ersuchen von der Staatspolizei: „Sie waren im Jahre 1974 geschäftsführender Vertreter der Firma TERRA in Neunkirchen/Saarland/BRD; am 24. 2. 1993 erschien in der ‚Kleinen Zeitung' ein von Ihnen verfasster Leserbrief, in dem Sie sich über eine angebliche Zensur Ihrer Post durch die BPD Wien beschwerten."

Und noch etwas erinnert an Joseph II.: Dieser ließ durch Agenten die Papierkörbe der preußischen Vertretung in Wien durchstöbern, selbst aus dem Kamin sollten angesengte Schriftstücke geborgen werden, um sie noch zu rekonstruieren. 1968 wurde von der Wiener Staatspolizei Revierinspektor Hugo Tayerle in das Hotel Michelbeuern entsandt, um dort im Papierkorb des aus der Tschechoslowakei geflüchteten populären TV-Sprechers Lubomir Popelka nach verdächtigem Material zu suchen. Er fand jedoch nur einen unverfängliche Telefonnummer aus Brünn.

Joseph II., schau oba.

Der Blick durch die Decke am Ballhausplatz

Die geheime Ziffernkanzlei unterhielt auch Filialen in den großen Kurbädern der Monarchie. Als Johann Wolfgang von Goethe 1786 in Karlsbad weilte, wurden alle seine Briefe abgefangen. Die Spitzel in Wien wussten oft früher über den Inhalt Bescheid als die Adressaten. 1793 entstand sogar mit der Polizeihofstelle ein eigenes Ministerium für die Geheimpolizei. Hochbetrieb hatten die Schattenmänner dann unter Staatskanzler Fürst Klemens Wenzel Metternich. Während er 1815 den Wiener Kongress tanzen ließ, suchte sein Vertrauter Josef Graf Sedlnitzky als Chef der „Obersten Polizei- und Censurhofstelle" nach verdächtigen Subjekten.

Am Ballhausplatz, auch heute noch Sitz des Bundeskanzlers, ließ Metternich in der Decke eines Sitzungssaales gut getarnt ein Loch anbringen, um belauschen zu können, was im Raum gesprochen wurde. Werden heute Staatsgäste empfangen, wird ihnen das Lausch-Loch gezeigt und gleichzeitig versichert, dass niemand mehr im darüber liegenden Geschoß sein Ohr an den Fußboden presst.

Bei den Gesandtschaften in Wien wurden auf Sedlnitzkys Befehl Stubenmädchen und Kutscher eingeschleust, die harte Fakten und Tratsch an die Geheimpolizei lieferten. Die Agenten des Geheimdienstchefs überprüften auch Geschäftsschilder und Grabinschriften, waren bei Predigten und Vorträgen dabei. Umfangreiche Archive wurden angelegt.

Jede Zeile von Druckschriften oder Theaterstücken musste die Zensur passieren. 100 Schriftsteller, unter ihnen auch Franz Grillparzer, protestieren dagegen. Johann Nepomuk Nestroy geißelte das System so: „Ein Zensor ist ein menschgewordener Bleistift oder ein Bleistift gewordener Mensch, ein fleischgewordener Strich über die Erzeugnisse des Geistes, ein Krokodil, das an den Ufern des Ideenstroms lagert und den darin schwimmenden Literaten die Köpf' abbeißt." Und er setzte fort: „Die Zensur ist die jüngere von zwei schändlichen Schwestern; die ältere heißt Inquisition."

Erst 1850, nach der bürgerlichen Revolution in Österreich, wurde die Polizeihofstelle durch Innenminister Alexander Bach aufgelöst. „Jede geheime Funktion der Polizei habe ein- für allemal aufzuhören", verkündete er.

Die Staatspolizei aber blieb. Im § 1 des Erlasses vom 10. Dezember 1850 über den Wirkungsbereich der Polizeibehörden hieß es: „Die k.k. Polizeibehörden haben die Gefahren, womit der Monarch, das kaiserliche Haus, die gesetzliche Ordnung sowie überhaupt der Rechtsbestand und die Wohlfahrt des Staates sowie des Einzelnen bedroht sind, auf den gesetzlichen Wegen vorzubeugen und zu begegnen."

Geregelt wurde auch die Bespitzelung (§§ 8 und 11): „Die Wahrnehmung der Volksstimmung gehört zur wesentlichen Aufgabe der Polizeibehörden. Sie haben in dieser Beziehung die politischen und sozialen, in das Staatsleben eingreifenden Zustände sorgfältig zu beobachten ... Die Überwachung geheimer Umtriebe und Anschläge, welcher der öffentlichen Sicherheit gefährlich sein könnten, und die Evidenzhaltung der in dieser Beziehung bereits in Untersuchung gestandener oder verdächtiger Personen liegt in der besonderen Verpflichtung der Polizeibehörden. Sie müssen bemüht sein dahin zu wirken, dass Störungen der öffentlichen Sicherheit und Ruhe nicht zum Ausbruch gelangen, sondern schon in ihrem Aufkeimen erstickt werden."

Vorschriften aus der Kaiserzeit leben lange

Aus dem Jahr 1852 stammt eine, allerdings niemals kundgemachte, Entschließung Kaiser Franz Joseph I., durch die wieder eine Zentrale Polizei im Innenministerium eingerichtet wurde. Im Detail heißt es darin unter anderem: „Der obersten Polizeibehörde liegt es ob, darüber zu wachen, dass die bestehenden Gesetze gehörig beobachtet und gehandhabt werden und die diesfalls wahrgenommenen Gebrechen, soweit deren Abstellung nicht in ihrem eigenen Wirkungsbereich gelegen ist, der dazu berufenen Behörde zur geeigneten Verfügung anzuzeigen. Sie hat ihre Wirksamkeit vorzugsweise auf die Vorbeugung, Entdeckung und Hintanhaltung von Gefahren zu richten, welcher die geheiligte Person seiner Majestät des Kaisers, das durchlauchtigste Kaiserhaus, die Staatseinrichtungen und überhaupt die bestehende staatliche und öffentliche Ordnung bedürfen."

Bis in die jüngste Vergangenheit galten diese Vorschriften aus der Kaiserzeit. Der damalige Innenminister Karl Blecha erklärte noch 1987 im Nationalrat, dass für die Arbeit der Staatspolizei „die allerhöchste Entschließung vom 10. 7. 1850 über die Grundzüge für die Organisation der Polizeibehörden, einschließlich Ausführungserlass und die Kaiserliche Entschließung vom 25. 4. 1852 über den Wirkungskreis der obersten Polizeibehörde" gelte. Und er setzte fort: „Das bestehende System hat sich bewährt. Eine Änderung ist weder notwendig noch zweckmäßig."

Innenminister Franz Löschnak, Blechas Amtsnachfolger, sah das allerdings anders. 1991 wurde das von ihm vorgelegte „Sicherheitspolizeigesetz" beschlossen. Es war Schluss mit Vorschriften aus der Zeit Franz Joseph I., die bis dahin der Quell allen Handelns waren.

In holprigem Deutsch (oder ist es nur ein Druckfehler im Gesetzblatt?) wird einleitend als Aufgabe der Exekutive definiert: „Die Sicherheitspolizei besteht aus der Aufrechterhaltung der öffentlichen Ruhe, Ordnung und Sicherheit." In insgesamt 98 Paragraphen werden dann die Details beschrieben, vom „Vorbeugenden Schutz" über „Durchsuchung von Menschen" und „Sicherheitsüberprüfung" bis zu „Erkennungsdienstliche Evidenzen" und „Schadenersatz". Es steht viel im Gesetz, das Wort Staatspolizei kommt jedoch bewusst nicht vor. Sie sei als Abteilung „staatspolizeilicher Dienst“ ein Teil der Sicherheitspolizei, und es sind keine besonderen Regeln für sie erforderlich, heißt es dazu immer wieder.

Alles wird gesammelt und penibel vorgemerkt

Mit dem Entstehen der Ersten Republik 1918 ist auch das Polizeiwesen neu geordnet worden. Von überregionaler Bedeutung war dabei Johann Schober, der ab 1914 die Wiener Staatspolizei geleitet hatte und sofort nach Ausrufung der Republik im November 1918 zum Wiener Polizeipräsidenten ernannt wurde. Er richtete 1920 in Wien eine „politische Zentralevidenzstelle“ (Z.E.St.) ein.

Ihre Aufgaben wurden vom Staatsamt für Inneres und Unterricht, das damals Walter Breisky leitete (er wurde später sogar für einen Tag Bundeskanzler) mit Erlass Zl. 26.372-1920/Abt. 5-Inneres so beschrieben: „Alle den staatlichen Behörden zur Kenntnis gelangenden, für die Sicherheit des Staates im Inneren und nach außen bedeutenden Wahrnehmungen sind zu sammeln, vorzumerken und zur entsprechenden Verwertung für die in diesem Belange kompetenten staatlichen Dienststellen in übersichtlicher und leicht zugänglicher Weise evident zu halten.“

Schober hatte schon vorher in „streng vertraulichen“ Schreiben an die zuständigen Regierungsmitglieder verraten, was er mit dieser Evidenz will. Sie solle nicht „wie das Verbrecheralbum bestrafte Elemente“ enthalten, sondern eine „jeder Tendenz entbehrende Sammlung aller politisch hervortretender Personen und Bewegungen ohne Rücksicht auf ihre Wertung als staatsfeindlich oder staatsfreundlich sein.“

Das heißt also, Schober wollte Informationen sammeln, wollte allwissend sein, alles sollte in seiner Evidenz enthalten sein. Bis Mitte der 30er-Jahre hatten sich rund 250 000 Karteikarten in Schobers Archiv angesammelt.

Als Schober zwischen September 1929 und September 1930 ein Jahr lang wieder Bundeskanzler war (er hatte diese Funktion kurzzeitig schon zweimal, 1921 und 1922, innegehabt), richtete er am Ballhausplatz die „Generaldirektion für die öffentliche Sicherheit“ ein. Innenministerium gab es ja seit 1922 keines mehr.

Bundeskanzler Engelbert Dollfuß ging noch mehr ins Detail und ließ ein „Staatspolizeiliches Büro“ in der Generaldirektion schaffen. Chef wurde Generalmajor a. D. Maximilian Ronge, der während des Ersten Weltkriegs Chef des militärischen Geheimdienstes war. Ronge wurde gleich nach dem Einmarsch der Nazi-Truppen im März 1938 verhaftet und mit dem ersten Transport in das KZ Dachau gebracht. Er überlebte das Lager und starb hochbetagt 1953 in Wien. Ein Verwandter von ihm, Christoph Ronge, betreute und betreut zuerst den Wiener Bürgermeister Helmut Zilk und dann dessen Nachfolger Michael Häupl als Pressesprecher.

Den Höhepunkt der Macht erreichte die Ständestaat-Stapo mit der Möglichkeit, „sicherheitsgefährliche Personen“ in Anhaltelager einzuweisen. Und das sogar vorbeugend: Es musste lediglich behauptet werden, dass „künftig staatsfeindliche Handlungen begangen oder begünstigt“ werden könnten.

Die Staatspolizei wusste schon im Februar 1938 detailliert von den deutschen Okkupationsplänen, die Regierung aber war durch den starken Druck der illegalen Nazis in Österreich machtlos. Verhandlungen zwischen Bundeskanzler Kurt von Schuschnigg und Reichskanzler Adolf Hitler im Februar im Berghof auf dem Obersalzberg bei Berchtesgaden blieben ergebnislos, die deutsche Wehrmacht marschierte ein.

Der Übergang zur Geheimen Staatspolizei des Nazi-Regimes, zur Gestapo, war fließend. Zuerst bekamen die deutschen Zentralstellen alle gesammelten Unterlagen der österreichischen Behörden in die Hände. Dann ging es darum, alle „Staatsfeinde“ rasch ausfindig zu machen. Die ersten Transporte in die Konzentrationslager begannen zu rollen. Einer der Häftlinge war der spätere Innenminister Franz Olah.

In der Folge zog die Gestapo ein dichtes Netz aus Zuträgern über das Land. Das Terrorregime arbeitete mit schrecklicher Präzision.

Kommunisten bauten ihre Privatpolizei auf

Nach der Befreiung Österreichs 1945 ist bereits in der provisorischen Regierung unter Staatskanzler Karl Renner auch wieder ein Innenministerium entstanden. Bis zur ersten Nationalratswahl hieß es noch „Staatsamt für Inneres“. Die vor dem Zweiten Weltkrieg im Bundeskanzleramt angesiedelte Generaldirektion für die öffentliche Sicherheit wurde samt Staatspolizei wieder in das Innenministerium eingefügt. Die Sowjets, unumschränkte Herrscher im Osten Österreichs, hatten nicht nur ihre Geheimdienste mitgebracht, im Sog der Besatzungstruppen zog auch der damals 52-jährige Kommunist Franz Honner in Wien ein.

Honner war im Ständestaat in einem Anhaltelager interniert gewesen, floh dann nach Moskau, nahm 1937 am Spanischen Bürgerkrieg teil und stellte 1944 ein Österreich-Bataillon in der Armee des jugoslawischen Partisanenführers Josip Broz Tito auf. Nun wurde er mit dem Segen der UdSSR österreichischer Innenminister, Herr über die Polizei und natürlich auch der für politische Delikte zuständigen Staatspolizei.

Im Innenministerium selbst leitete Hofrat Maximilian Pammer das „Staatspolizeiliche Büro“ in der Generaldirektion für die öffentliche Sicherheit. Doch wichtig war, wer Staatspolizei-Chef in Wien wurde. Honner hievte schon im Juni 1945 den damals 40-jährigen Heinrich Dürmayer in diese Funktion, ebenfalls einen in der Wolle gefärbten Kommunisten.

Dürmayer hatte, ebenso wie Honner, mit den „Internationalen Brigaden“ am Spanischen Bürgerkrieg gegen Franco teilgenommen. Bereits dort knüpfte er Kontakte zum russischen Geheimdienst NKWD an. Nach dem Sieg Francos wurde er in den Konzentrationslagern Auschwitz und Mauthausen eingesperrt. Nach der Befreiung kam er nach Wien zurück und wurde von seinem Gesinnungsgenossen mit der Leitung der Wiener Staatspolizei betraut.

Am 14. Juni 1945 umriss er in einem internen Papier seinen Aufgabenbereich. Er war zuständig für Hausdurchsuchungen und Festnahmen bei „allen gemeinen Verbrechen aus politischen Beweggründen“. Seine Beamten unterstanden nur ihm und nicht dem Polizeipräsidenten. Seine Dienststelle war auch getrennt von den anderen Büros der Polizeidirektion in einem Haus am Wiener Deutschmeisterplatz untergebracht. Und Dürmayer entschied auch jenseits der bereits wieder funktionierenden Justiz, ob und wie lange jemand in „staatspolizeilicher“ Verwahrungshaft blieb. Die Stapo hatte zeitweise an die 5 000 Häftlinge.

Am 8. August 1945 genehmigte Honner den Organisationsplan der Wiener Polizeidirektion und ihrer „Abteilung I – Staatspolizeiliche Abteilung". Das „Staatspolizeiliche Büro" wurde vom Behördenleiter Dürmayer selbst geleitet. Seine Referenten waren Leo Jansa, Max Umschweif, Ferdinand Burger und Hans Maršalek (ein KZ-Genosse Dürmayers). Dann gab es noch ein Pressebüro, ein Vereinsbüro, ein Passamt und eine Fremdenpolizei.

Wertvolle Dokumente sicherte sich die Staatspolizei im ehemaligen Hauptquartier der nazideutschen Geheimen Staatspolizei, der Gestapo, am Wiener Morzinplatz. Zwar wurden so die Schicksale von Verfolgten und Nazigegnern bekannt, aber kaum Unterlagen über die Täter. Vor allem bei der Suche nach den sogenannten „Gau-Akten" blieben die Staatspolizei-Agenten Dürmayers erfolglos.

Was der Wiener Stapo-Chef nicht wusste und was jahrelang als Staatsgeheimnis gehütet wurde: Hofrat Pammer hat diese Akten im Heizungskeller des Parlaments gefunden. Das Gebäude am Ring war ja während des Großdeutschen Reiches das „Gauhaus" und nach dem Abzug der NSDAP-Funktionäre blieben die Archive zurück. 500 000 Akten, in denen das Leben jener Österreicher verzeichnet war, die entweder Mitglied der braunen Partei waren oder gerne werden wollten. Gerade für die kommunistischen Säuberer der Dürmayer-Staatspolizei wären diese Akten ein Fressen gewesen. Auf Anweisung von Helmer versteckte Pammer die Akten verteilt in den diversen Heizungskellern des Parlaments, da ein Abtransport zu auffällig gewesen wäre. Zwei Jahre blieben sie dort, ehe sie sicher in das Innenministerium gebracht werden konnten. Allerdings dienten sie dann weiterhin den Schattenmännern der Staatspolizei, und manches Schicksal entschied sich auf Grund von Angaben, die seinerzeit aus ganz anderen Motiven gemacht worden sind.

Intrige um das Russendenkmal

Im Dezember 1945, nach den ersten freien Wahlen im besetzten Österreich, sackten die Kommunisten auf eine Fünf-Prozent-Partei ab und der Sozialist Oskar Helmer übernahm von Honner das Innenministerium. Sein Ziel war es, Dürmayer zu entmachten. Und Dürmayers

Bestreben – und wohl auch das der Sowjets – war es, diese Schlüsselposition nicht aus der Hand zu geben. Wer ihn absetzen wollte, musste also als Feind der russischen Besatzer dargestellt werden.

Das Spiel wurde fein eingefädelt. Die Sowjets informierten im Oktober 1946 den Wiener Bürgermeister Theodor Körner, dass „nationalsozialistische Elemente“ in Wien einen Anschlag auf das Siegesdenkmal auf dem Stalinplatz (heute wieder Schwarzenbergplatz) planen würden. Jetzt hatte Dürmayer nur noch die Täter zu finden.

Am 7. Juli 1947 erschien in der „Welt am Montag“, einem Organ der französischen Besatzungsmacht, ein Artikel, wonach der Glasergehilfe Karl Kocanda wegen des Verdachts, das Russendenkmal sprengen zu wollen, in das Landesgericht eingeliefert worden sei. Er habe drei ehemalige HJ-Mitglieder angeworben. Wer die streng geheime Aktion der Zeitung gesteckt hatte, konnte nie geklärt werden.

Aufgeregt forderte daraufhin das offenkundig nicht informierte Innenministerium einen Bericht von Dürmayer an. Der Inhalt: „Im Mai 1947 gelangte die Nachrichtenabteilung der Abteilung I, zuständig OKSr. Maršalek, durch die Mitteilung eines Konfidenten in Kenntnis, dass im Tanzlokal ‚Koralle‘ im 9. Bezirk von Jugendlichen staatsfeindliche Gespräche geführt werden. Wortführer waren der 20-jährige Karl Kocanda und der 19-jährige Othmar Schwab. Kocanda soll 200 Schuss Infanteriemunition, 5 Eierhandgranaten und 15 Sprengkapseln besitzen.“ Der Bericht in der Zeitung entspreche der Wahrheit, die Festnahme sei angeordnet worden.

Ein Hurra der Staatspolizei, die den Anschlag verhindern konnte. Das erwartete sich wohl Dürmayer und damit eine Betonierung seiner Position. Doch es kam anders.

Bei dem Prozess, der gegen Kocanda geführt wurde, sagte dieser aus, ein gewisser „Herbert“ habe ihm in der „Koralle“ suggeriert, doch das Denkmal zu sprengen. Eine interne Untersuchung des Innenministeriums ergab, dass „Herbert“ ein Spitzel der Wiener Staatspolizei war, dass sie sich also das Attentat quasi selbst bestellt hatte. Helmer war entschlossen, Dürmayer deswegen zu schassen und versetzte ihn am 2. September 1947 per Dekret zur Polizeidirektion Salzburg, also in die US-Zone. Dürmayer war vorbereitet, er erzählte später: „In jeder meiner Abteilungen waren bestimmte Akten gekennzeichnet. Auf ein bestimmtes Losungswort hin hatten sie zu verschwinden. Von meiner Absetzung habe ich einen Tag früher gewusst und habe in der Nacht das Losungswort ausgegeben. Die Akten sind verschwunden, ich habe auch meinen Tresor geleert. In der Nacht saß ich dann in der sowjetischen Kommandantur und habe gewartet, was kommt."

Doch die Sowjets nahmen die Entfernung ihres Mannes hin. Dürmayer trat den Dienst in Salzburg nicht an, sondern schied aus dem Polizeidienst aus.

Er selbst hatte eine andere Erklärung dafür, warum ihn Helmer loswerden wollte: „Ich habe zu viel von ihm gewusst, er musste handeln, ehe ich handeln würde", erklärte er nach seiner Absetzung einigen Journalisten. In der Lebensgeschichte Helmers habe er dunkle Punkte gefunden. So sei er nach dem Anschluss 1938 nicht wie andere führende Sozialdemokraten eingesperrt, sondern zum Direktor einer Versicherungsanstalt ernannt worden. Dürmayer will noch andere Beweise für die Verstrickung Helmers in das NS-System gefunden haben und meinte in Interviews, dass er schon bald in der Lage gewesen wäre, genügend Beweise zu haben, um Helmer zu verhaften. „Also musste ich vorher gehen", bastelte er sich eine Märtyrerrolle zurecht.

Peterlunger schuf die „Gruppe 5"

Nachfolger Dürmayers als Wiener Staatspolizei-Chef wurde Oswald Peterlunger. Der ebenso öffentlichkeitsscheue wie mächtige Schattenmann galt als lebendes Archiv. Ein hoher Beamter des Bundeskanzleramtes formulierte es einmal so: „Er weiß sehr viel, aber darum geht es nicht. Es geht darum, dass niemand weiß, was er alles weiß."

Eine der ersten Tätigkeiten Peterlungers war es, alle Stempel mit dem Wort „Staatspolizei" zu vernichten. Seine Beamten durften nur noch mit „Staatspolizeiliche Abteilung der Bundespolizeidirektion Wien" firmieren.

Neben den vier bestehenden und kommunistisch verseuchten Gruppen seiner Dienststelle bildete Peterlunger die „Gruppe 5" mit Kriminalbeamten, die er aus den Kommissariaten aussiebte und auf die er sich auch ideologisch verlassen konnte. Er fand ganze 17, mit denen er begann. Mühsam gelang es den Vertrauten Peterlungers, auch Spitzel in die KPÖ einzuschleusen. Zumindest schien es einige Zeit so, denn Peterlunger konnte schon Tage vor dem Putschversuch im Oktober 1950 dem Innenminister einen angeblichen „Aktionsplan“ der Kommunisten aus dem Jahr 1948 vorlegen. Die Ausarbeitung soll laut Papier „Hofrat Dr. Dürmayer“ besorgt haben, der ja erst kurz vorher als Wiener Stapo-Chef abserviert worden war. Minutiös war in dem Aktionsplan aufgelistet, welche sensiblen Bereiche zu besetzen sind.

Für das Innenministerium waren 200 Mann als Einsatzgruppe vorgesehen. „50 Mann sichern die Einfahrt und die Ausgänge, 10 Mann besetzen die Telefonzentrale, 100 Mann dringen in das Gebäude ein, 60 Mann nehmen die Festsetzungen vor (Minister, Staatssekretär, alle Beamten des staatspolizeilichen Büros), 40 Mann sichern das Aktenmaterial. Unbedingt Sicherstellung des Aktenmaterials der Abt. II.“ Ein besonderer Hinweis im Aktionsplan: „Zwischenfälle mit den alliierten Dienststellen und Besatzungsangehörigen sind unbedingt zu vermeiden: Unter allen Umständen muss der rein innerpolitische Charakter der Aktion gewahrt bleiben.“

Die Regierung informierte die West-Alliierten von dem alten Plan und so sahen sich die Russen 1950 außerstande, den Putschisten zu Hilfe zu eilen. Die Gefahr einer Konfrontation mit den Amerikanern wäre zu groß gewesen.

Jahre später tauchte der Verdacht auf, dass der angeblich von der KPÖ stammende Aktionsplan von der Wiener Staatspolizei fabriziert worden ist. Als Konter sozusagen für jene Aktion Dürmayers, die einen Sprengstoffanschlag auf das Russendenkmal suggerieren sollte. Der Aktionsplan enthielt nämlich auf der ersten Seite, ganz oben, drei Häkchen, ein internes Kennzeichen der Staatspolizei, dass das Papier nicht echt ist.

Ungeklärter Tod in der Polizeizelle

Ein paar Jahre später erlebte die Staatspolizei ihre bisher größte Blamage. Innenminister war damals nach dem Rücktritt von Oskar Helmer der vorher in Wien als Stadtrat tätig gewesene Josef Afritsch. Die Affäre ist mit dem Namen Bela Lapusnyik verbunden. Der 24-jährige ungarische Geheimdienstoffizier war am 9. Mai 1962 bei Hegyeshalom im

Kugelhagel der Grenzpolizei nach Österreich geflohen. In seinem Gepäck, besser gesagt im Futter seines Mantels eingenäht: Unterlagen über den ungarischen Nachrichtendienst, die allerdings erst – mit seiner Hilfe – zu entschlüsseln gewesen wären. Obwohl der US-Geheimdienst CIA Interesse an dem Überläufer anmeldete, wollten ihn die österreichischen Beamten zuerst ausquetschen. Lapusnyik wurde in eine Zelle des Polizeigefangenenhauses in der Rossauer-Lände gebracht und von der Wiener Staatspolizei mit Speis und Trank versorgt. 38 Mal wurde er in den folgenden Wochen verhört, der ungarische Geheimdienstmann wollte den Schlüssel für die Dechiffrierung seiner Dokumente jedoch nur den Amerikanern verraten. Einige Krümel seines Wissens teilte er jedoch den Wiener Schattenmännern mit: Er nannte geheime Durchgänge durch den „Eisernen Vorhang", bezeichnete Lokale in Wien, in denen sich Agenten trafen, und übergab eine Liste mit Tarnunternehmen, die der ungarische Geheimdienst in Österreich betreibe.

Am 2. Juni begann Lapusnyik plötzlich an Erstickungsanfällen zu leiden, er wurde aus seiner Zelle ins Wiener AKH gebracht, wo er zwei Tage später nach qualvollem Todeskampf starb.

Eines natürlichen Todes, wie die Ärzte versicherten. „Eitrige Mandelentzündung" hieß die Diagnose. Die wahrscheinlichere Version: Lapusnyik wurde vergiftet. Er wurde ausgeschaltet, ehe er noch sein wichtigstes Geheimnis verraten konnte.

Trotz der amtlich verkündeten Version von der tödlichen Mandelentzündung weigerte sich Tage später ein Mann – es war der Südtirol-Aktivist Norbert Burger – während eines Verhörs bei der Wiener Staatspolizei eine Stärkung anzunehmen. Peterlunger selbst ging verärgert in einen nahen Delikatessenladen, kaufte vier Wurstsemmeln und bot sie Burger an: „Wählen Sie zwei, die anderen esse ich vorher. Hier wird niemand vergiftet."

Die neue Karriere des pensionierten Polizisten

Einer der engeren Mitarbeiter Peterlungers während seiner Zeit als Wiener Staatspolizeichef war Inspektor Johann Ableitinger. Seit 1950 war der Mann ein wichtiger Agent im Schattenreich. Das Spezialgebiet

Ableitingers war die Beschaffung von Informationen aus der Wirtschaft. Interessant waren Auslandsgeschäfte der Firmen (vor allem mit dem Osten) und das Verhalten ausländischer Mitarbeiter. Nicht nur für die österreichische Staatspolizei, auch die „befreundeten Dienste" waren an den Informationen interessiert. Der übliche schwunghafte Nachrichten-Tausch florierte, insbesondere mit den Amerikanern, die sich praktisch für alles interessierten.

Als Ableitinger 1962 seine Dienstmarke abgab, eröffnete er ein Detektivbüro und sammelte weiterhin eifrig Informationen. Peterlunger unterstützte ihn dabei, indem er ihm ab und zu einen Blick in seine Akten werfen ließ. Der nunmehr private Schattenmann priorierte Politiker und hohe Beamte, wertete also ihre Stärken und Schwächen aus und verkaufte rund 3 000 derartiger Dossiers an ausländische Nachrichtendienste, jetzt bevorzugt nach Deutschland. Tratsch und Tatsachen waren bunt gemischt. Manches Wissen schöpfte er aus polizeiinternen Quellen. Seine Masche: einem ehemaligen Kollegen könne man das ja ruhig sagen, man werde ihn doch nicht hängen lassen.

Für die ausländischen Geheimdienste waren auch jene Aussagen interessant, die Flüchtlinge aus dem Ostblock machten und die von österreichischen Staatspolizisten protokolliert wurden. Details über die Wirtschaft im Osten, über die Stimmung in der Bevölkerung und natürlich auch über militärische Objekte und Truppenstärken bildeten ein wertvolles Puzzle für die Analytiker der Nachrichtendienste. Viele dieser Protokolle beschaffte sich Ableitinger und schickte sie an eine Deckadresse des deutschen Bundesnachrichtendienstes nach München.

Doch auch Profis begehen Fehler: er hatte übersehen, dass man in Deutschland die Postleitzahlen geändert hatte, der Brief kam daher an den Absender zurück. Da aber auch dieser fingiert war, wurde das Kuvert von der Post geöffnet. Der Inhalt verriet Ableitinger als Agent des BND. Der ehemalige Staatspolizist wurde vor Gericht gestellt und wegen Anstiftung zum Amtsmissbrauch zu zwei Jahren Haft verurteilt.

Parallel dazu wurde seine Tätigkeit auch von einem parlamentarischen Untersuchungsausschuss unter die Lupe genommen. Die enge Zusammenarbeit von Staatspolizeichef Peterlunger und Ableitinger wurde penibel dokumentiert. Der Herr Inspektor übersandte auch nach seinem Ausscheiden aus dem aktiven Dienst noch Informationen an seinen früheren Chef und kennzeichnete diese jeweils mit dem Vermerk „Fiducia“, gleichbedeutend mit „Vertraulichkeit“. Umgekehrt erhielt er weiterhin Reservatakte der Staatspolizei, falls er sie für seine Tätigkeit als Privatdetektiv benötigte.

Geheimnisvoller Tunnel zum Innenministerium

Nach den Nationalratswahlen im November 1962, bei denen die Sozialisten zwei Mandate an die Volkspartei verloren hatten, wechselte die SPÖ den von ihr gestellten Innenminister ab. Statt Afritsch zog im März 1963 der schärfere Franz Olah, mächtiger Boss des Gewerkschaftsbundes, in das Palais Modena in der Wiener Herrengasse ein.

Bald bekam er einen interessanten Akt aus dem Bereich der von ihm nicht sehr geschätzten Staatspolizei auf den Tisch. Einen Akt, der dem Drehbuch eines Kriminalfilmes entnommen schien. Doppelagenten nisteten offenkundig im eigenen Haus.

Demnach war offenkundig schon vor dem „Dritten Mann“ Wiens Unterwelt Tummelplatz der Geheimdienste. Wie sich herausstellte, hatten vor Jahren FBI-Mitarbeiter im ersten Wiener Hochhaus, in der Herrengasse 6–8, auf Stiege 1, eine Wohnung gemietet. Eine Wohnung mit direktem Blick auf den Eingang des vis-á-vis gelegenen Innenministeriums. Doch nicht der Ausblick war verlockend. Das FBI wusste, dass man im Keller des Hochhauses nur einen dünnen Mauerdurchbruch schaffen müsste, um in die alten Kellergewölbe des Palais Modena, in dem das Innenministerium residierte, zu gelangen. In aller Heimlichkeit wurde dieser Tunnel hergestellt. Kaum zu glauben, mit welcher Frechheit die FBI-Agenten vorgingen und sich dadurch einen nicht zu beobachtenden Zugang in das Innere eines hochsensiblen Bereiches schufen.

Zwei Beamte der Staatspolizei, die dem FBI besonders vertrauenswürdig schienen, wurden in das Tunnel-Projekt eingeweiht. Ungesehen konnten sie fortan von ihrem Büro im Ministerium in die konspirative Wohnung im Herrengassen-Hochhaus gelangen.

Sie hatte von den Amerikanern den speziellen Auftrag, einen Kollegen zu beschatten und seine Telefongespräche abzuhören. Bereits

1962 war Ministerialrat Alfred Petrovic von der Staatspolizei ins Visier des FBI gekommen. Angeblich soll er für den tschechischen Geheindienst arbeiten und dort unter dem Tarnnamen „Mister Seven" geführt werden.

Monatelang dauerte die Observation, Fotos und Abhörprotokolle füllten dicke Ordner beim FBI, dann entschloss man sich beim amerikanischen Geheimdienst, dem Innenministerium unter der Hand von den Ermittlungen zu berichten. „Mister Seven" sollte „verbrannt" werden, also auffliegen.

Doch für Franz Olah war die Suppe zu dünn. Er versetzte Petrovic nur in eine andere Abteilung des Ministeriums, ebenso aber auch jene zwei Staatspolizisten, die mit den Amerikanern zusammen gearbeitet hatten. Für ihn stand allerdings fest, „dass zwei subalterne Beamte derlei Aktionen nicht ganz aus eigenem Antrieb und ohne Rückendeckung setzen konnten", wie er später bekannte. Für ihn stand Peterlunger hinter der Aktion, und das war wohl mit ein Grund, warum er den aus einem bürgerlichen Milieu kommenden Tiroler nicht mochte.

Reporter zum Interview befohlen

Am späten Nachmittag des 28. Jänner 1964 wird der damals 37-jährige Helmut Zilk, freier Mitarbeiter des Österreichischen Fernsehens, in seinem Büro im Wiener Ronacher, wo das Fernsehen eine Dependance errichtet hatte, zum Telefon gerufen. Der Anrufer brauchte sich nicht vorzustellen, die Stimme mit dem typischen Ottakringer Vorstadttimbre kannte jeder politisch Interessierte. Es war Franz Olah, seit neun Monaten Bundesminister für Inneres, der Zilk dringend in sein Büro in die Herrengasse bat, besser gesagt ihn dorthin befahl.

Zilk mobilisierte ein Kamerateam. Vor einem kleinen Tisch im sogenannten Oktogon, einem Vorraum des Ministerbüros, hatte Olah Platz genommen, vor ihm lagen etliche Aktenfaszikel. Der Minister ging gleich in medias res: Die Staatspolizei, vor allem die Wiener Abteilung I, bespitzle die Bevölkerung, trage Material über diesen und jenen zusammen, und mache nicht einmal vor dem eigenen Minister halt. Olah hielt einen Aktendeckel in die Kamera: „Das ist der Akt über Innenminister Helmer, mit dem Vermerk ‚Geheim', in dem steht nicht mehr und nicht weniger, dass er sein Amt missbrauche und dass das allgemein bekannt ist." Wirkungsvolle Pause. Dann nimmt Olah den Akt über Helmers Nachfolger Josef Afritsch in die Hand: „Da steht drin, er soll gegen Geld Reisepässe vermittelt haben." Ein kurzes Kramen im Aktenstoß: „Hier steht der Vermerk ‚P' für Panzerschrank drauf, es ist der Akt über Bürgermeister Franz Jonas mit teilweise nicht angenehmen Tratschgeschichten." Und natürlich, so empört sich der Minister weiter, gebe es auch einen Akt über ihn.

Dabei sagte Olah gar nicht alles. In dem von der Wiener Staatspolizei angelegten Bericht über Afritsch wurde festgehalten, wie oft er das Delikatessengeschäft Kugler am Wiener Kohlmarkt besuchte und was er dort kaufte, in einem Akt über Bundespräsident Adolf Schärf fand sich sogar der Hinweis, dass er einmal ein Loch im Socken hatte. Und über Helmer vermerkten die Schattenmänner Peterlungers, dass er einer vollbusigen Sekretärin an die Wäsche gehen wollte.

Im Zilk-Interview, das dann tagelang Schlagzeilen gebar, nannte Olah Zahlen über das Problem: „Die Staatspolizei hat 500 000 Gauakten und 600 000 NSDAP-Erfassungsanträge von der Gestapo übernommen, und seither selbst mehr als 50 000 neue Spitzelakten über österreichische Bürger angelegt. Das kann nicht Aufgabe der Staatspolizei sein, Bürger zu beobachten und zu bespitzeln."

Nach dem Interview wurde eine Kommission eingesetzt, um den Stapo-Hort zu prüfen und zu vernichten. Gezählte 32 803 Akten wanderten in den Reißwolf. Von den übrig gebliebenen mehr als 20 000 Akten wurden Mikrofilme angefertigt. Ein großer Teil der Nazi-Akten wurde in der Nationalbank verbrannt – ein Papierberg im Gewicht von etwa einer Tonne. Etliche „historisch interessante" Akten aber wanderten ins Staatsarchiv.

Viele politische Beobachter meinten, der spektakuläre TV-Auftritt des Innenministers könnte andere Gründe haben als die Sorge um die Privatsphäre der Bürger. Innerhalb der SPÖ tobte damals ein Machtkampf: auf der einen Seite Franz Olah, auf der anderen Parteichef und Vizekanzler Bruno Pittermann mit Justizminister Christian Broda an dessen Seite. Ein Kampf, den Olah verloren hat, denn am 21. September 1964, wenige Monate nach den TV-Enthüllungen über die Staatspolizeiakten, wurde er aus seinem Amt gehoben. Vorgeschützte lächerliche Begründung: er habe einer bürgerlichen Zeitung (der „Presse“) ohne Genehmigung der Partei ein Interview gegeben.

Wollte Olah seine Gegnern warnen?

Vielleicht konnte man Olahs Fernsehaktion auch unter dem Blickwinkel sehen, dass er seiner Entmachtung zuvorkommen wollte. Durch seine Akten-Show könnte Olah auch das Signal geben haben, dass er durch die Staatspolizei-Aufzeichnungen auch über seine innerparteilichen Gegner etwas wisse, dass er Belastendes hervorkramen könnte.
So lag etwa über Pittermann ein Dossier vor, das im Zusammenhang mit der Ermordung einer Linzer Prostituierten erstellt worden war. Pittermanns Taschenkalender war in der Wohnung der Ermordeten gefunden worden, und wenn er auch als Täter nicht in Frage gekommen ist, so hätte die Erwähnung der Besuche des Politikers bei der Prostituierten auch Jahre danach viel Staub aufgewirbelt.
Auch Brodas kommunistische Vergangenheit und seine Rolle bei ungeklärten Mordfällen in Ried im Innkreis im Jahr 1945 war neben vielen anderen Details dokumentiert. Der oberösterreichische Sicherheitsdirektor wollte die Rieder Morde sogar im Herbst 1964 neu untersuchen lassen. Sollte dieser Warnschuss Olahs beabsichtigt gewesen sein, so hat er seine Wirkung verfehlt. Pittermann und Broda blieben, Olah musste im September 1964 gehen.

Kapitel 9

Spione im Vorzimmer und auf dem Chef-Sessel

Häufig musste die Staatspolizei in den eigenen Reihen nach Agenten fremder Geheimdienste suchen.
Manche wurden entlarvt, andere Fälle blieben ungeklärt.
Wie Markus Wolf seine Reise nach Wien organisierte und eisern schwieg. Der mysteriöse Lauschangriff im Parlament

Die schwarze Mappe im Kommandoraum

Im turbulenten Krisenjahr 1968, als Ostblockarmeen in die benachbarte Tschechoslowakei einmarschiert sind, war Franz Soronic von der Österreichischen Volkspartei Innenminister. Er ahnte nicht, dass er seit einem halben Jahr einen Spion im Vorzimmer sitzen hatte.

Es war Alois Euler, der Pressesekretär des Ministers und langjähriges Mitglied der ÖVP. Enttarnt wurde er durch Aussagen von Ladislav Bittmann, des aus Wien in den Westen geflohenen Attachés der ČSSR-Gesandtschaft.

Im Jänner 1968 war Euler vom ÖVP-Pressedienst für eine Monatsgage von 3 000 Schilling ins Innenministerium übersiedelt. Selbst die so eifrig Informationen sammelnde Staatspolizei wusste nicht, dass Euler bereits 1964 vom damaligen ČSSR-Presse-Attaché Karel Stejskal als Agent angeworben worden war. Stejskal war zwar offiziell Diplomat, in Wahrheit jedoch Resident des tschechoslowakischen Geheimdienstes StB in Österreich. Euler bediente aber auch den deutschen Bundesnachrichtendienst mit Informationen, die er jeweils an die Deckadresse Johann Ermer, München, sandte. Als Honorar bezog der wendige Wiener Journalist vom BND monatlich rund 200 DM.

So richtig wichtig wurde Euler aber dann in seiner neuen Funktion im Innenministerium und nach Ausbruch der ČSSR-Krise. Als Pressesekretär des Ministers hatte er Zugang zum „Kommandoraum“ und zu einer dort aufliegenden schwarzen Mappe, in der alle Meldungen von der Grenze gesammelt wurden. Auch Berichte der Staatspolizei über wichtige Verhöre mit Flüchtlingen und Beobachtungen an der Grenze kamen in diese Mappe. Für Euler war es keine Schwierigkeit, Fotokopien dieser Geheimakten anzufertigen.

Das brisanteste Dokument aus der schwarzen Mappe trug den Vermerk „Doppelverschluss“ und enthielt alle Überlegungen zu einer eventuell notwendig werdenden Verlegung des Sitzes der österreichischen Bundesregierung in den Westen.

Nachdem die Aussagen des übergelaufenen ČSSR-Diplomaten Bittmann vom FBI in Deutschland ausgewertet worden sind, bekam auch die österreichische Staatspolizei, bekam auch Oswald Peterlunger im Innenministerium, die wichtigsten Protokolle übermittelt. Zusätzlich hatten Staatspolizisten im Schreibtisch von Alois Euler ein entlarvendes Indiz gefunden. Es war ein Briefumschlag, adressiert an „Irmgard Maennel, 8 München 60, Höhenkirchenstraße 24“. Es war die gleiche Deckadresse des deutschen Bundesnachrichtendienstes, an die auch der kurz vorher enttarnte Ex-Staatspolizist Johann Ableitinger seine Mitteilungen gesandt hatte.

Die Beweisführung schien komplett, was fehlte, war ein Geständnis Eulers. Am 31. Oktober 1968 wurde er ins Büro von Innenminister Franz Soronics gebeten und drei Stunden lang von Stapo-Chef Peterlunger verhört. Der Schattenmann Nr. 1 aber konnte nur Ausreden protokollieren.

Der Prozess gegen Euler lief dann im Mai 1969. Richter Herbert Kral ließ ausdrücklich ins Protokoll schreiben, dass der Angeklagte „zu einem der wichtigsten Agenten des östlichen Geheimdienstes“ geworden sei. Wegen Amtsmissbrauchs wurde Euler dann zu 2 ¾ Jahren schweren Kerkers verurteilt.

Als Häftling 15.191 sitzt er bis zum 16. Oktober 1970 in der Zelle Süd 3 der Strafanstalt Stein an der Donau, dann wird er vorzeitig entlassen. Er lebt später in Salzburg und verfasst einen „Roman nach Tatsachen“, in dem er wüste Spionagegeschichten wiedergibt.

Euler beginnt wieder journalistisch zu arbeiten, gibt eine Gratiszeitung heraus und macht 1990 bei der Gründung einer politischen Partei, den „Grauen“, mit. Erfolg hatte die Gruppierung nicht.

Hatte Euler Kontakt mit Briefbomber Fuchs?

1995 kommt Euler wieder in Kontakt mit der Staatspolizei. Die Salzburger Schattenmänner verhören ihn, weil manche stilistischen Wendungen in Bekennerbriefen zu der Briefbombenserie, die seit 1993 die Republik in Atem hält, von ihm stammen könnten. Beweise werden nicht gefunden. Am 8. Oktober 1996 erschießt sich Euler in seiner Wohnung mit einer Pistole. In Abschiedsbriefen führt er an, dass er eine Steuerstrafe befürchte. Er wird im Friedhof der Namenlosen in Salzburg begraben. Doch ein Jahr nach seinem Tod wird nochmals ein Akt über Euler angelegt.

Es war nach der Verhaftung von Franz Fuchs, jenes Mannes, der für die zahlreichen Briefbombenanschläge verantwortlich war. Eine Frau aus Salzburg behauptete, sie habe vor einigen Jahren Euler mit ihrem Taxi zu einem Lokal nach Anif gefahren und an einer Kreuzung sei ein Mann zugestiegen, den Euler offenkundig kannte. Die beiden haben während der Fahrt kein Wort gewechselt. Jetzt, da die Fotos von Fuchs in allen Zeitungen erschienen sind, habe sie sich an diese Fahrt erinnert – der Mann, der zu Euler ins Taxi gestiegen sei, war Franz Fuchs.

Während des Prozesses gegen den Briefbomber wurde dieser Aussage keine Bedeutung geschenkt – es bleibt offen, ob es eine Verbindung zwischen Euler und Fuchs gegeben hat.

Doch Euler war nicht der einige Spion, der im Zusammenhang mit der ČSSR-Krise in Österreich gearbeitet hat. Wie der damalige FPÖ-Abgeordnete Gustav Zeillinger im Nationalrat ein Jahr nach der Invasion der Warschauer-Pakt-Staaten mitteilte, hat die Staatspolizei allein im Jahr 1968 in 238 Spionage-Fällen ermittelt.

Interessant ist auch eine andere Auflistung der Staatspolizei über seltsame „Touristen“, die vor Ausbruch der Krise nach Österreich kamen. Aus der Sowjetunion reisten im Juni 1968 1 366 Personen ein, im Juli waren es 969 und im August 929. Einige Dutzend dieser Reisenden mit dem Drei-Monats-Visum werden im Nachhinein als Sabotage-Spezialisten des KGB identifiziert. In Österreich wurden diese Kommandotrupps nach den Erkenntnissen der Staatspolizei vom sowjetischen Botschaftsrat Nikolai Kredov und dem Botschaftsangestellten und Elektrotechniker Boris Zarew dirigiert. Ebenso verdächtig auch der rege Verkehr von sowjetischen Schiffen auf der Donau. Ausgestattet mit zahlreichen Antennen war die KGB-Besatzung in der Lage, Funkmeldungen und sogar Telefongespräche zu belauschen.

Aufgeregt waren die Staatspolizisten auch, als die Ehefrau des tschechischen Reformers Alexander Dubcek nach Österreich kam. „Nicht für die Presse“ lautete eine Zeile der Meldung vom 31. Juli 1968, in der über die Einreise von Anna Dubcekova dem Innenminister berichtet wurde. Sie war mit einem schwarzen Tatra bei Berg über die Grenze gekommen und wurde von Staatspolizisten bis zu ihrer Ausreise im Auge behalten.

Der Einbruch, der ein Ausbruch war

Die Abteilung I der Wiener Polizeidirektion, amtlich als „Abteilung für Staats-, Personen- und Objektschutz“ bezeichnet, inoffiziell Staatspolizei genannt, bildet traditionell den harten Kern der österreichischen Schattenwelt. Hier, in der Bundeshauptstadt, haben die ausländischen Geheimdienste ihre Residenturen, hier belauscht und beobachtet man sich gegenseitig, hier wird mit Nachrichten gehandelt wie am Naschmarkt mit Paradeisern und Erdäpfeln. Das Spionieren wird zum Selbstzweck, ein Werkel, das sich selbst am Leben hält.

Die Wiener Staatspolizei hortete nicht nur brisantes Aktenmaterial, ihre Agenten arbeiteten sowohl mit westdeutschen, amerikanischen als auch sowjetischen Geheimdienstes zusammen. „Ich verrate dir ein kleines Geheimnis, du verrätst mir ein kleines Geheimnis“, lautet das Motto dieser Tauschgeschäfte. Natürlich traute dabei keine Seite der anderen, und trotz des Tauschhandels wurde weiterhin gegeneinander spioniert und intrigiert.

In der Staatspolizei-Zentrale, in den 80er-Jahren noch am Parkring angesiedelt, hat jeder Beamte sein spezielles Aufgabengebiet, jeder ist für bestimmte Länder, und damit für bestimmte Geheimdienste, zuständig. Abteilungsinspektor Josef Czernansky hatte unter anderem Rumänien zu betreuen.

Während eines Urlaubs unternahm er mit Freunden eine Bootsfahrt auf der Donau nach Rumänien. Die Wiener tappten in eine geschickt arrangierte Falle – einer hatte einen Lastzug fotografiert, wurde von der Miliz einvernommen, ein „zufällig“ anwesender Sekretär der rumänischen Botschaft in Wien beruhigte die Situation – und damit war auch schon eine persönliche Bekanntschaft zwischen dem Staatspolizisten und dem Botschaftssekretär hergestellt. Ein Verhältnis, das dieser gesucht hat, denn Victor Hostiuc war Offizier des rumänischen Geheimdienstes Securitate mit Sitz in Wien. In der Folge traf man sich freundschaftlich, einer erwies dem anderen so manche Gefälligkeit und bald zappelte Czernansky am Haken von Hostiuc. Er kassierte für vertrauliche Informationen aus der Staatspolizei, ab und zu erhielt er ein Informationshäppchen, damit seine Vorgesetzten nicht misstrauisch werden. Im März 1981 wurde der Staatspolizist enttarnt und verhaftet.

Allerdings: die Entlarvung Czernanskys gelang nur deswegen, weil vier Monate vorher, im November 1980, der Chiffrierbeamte Florin Rotaru aus der rumänischen Botschaft geflohen ist. Es begann damit, dass die Wiener Staatspolizei vom Kommissariat Wieden eine scheinbar simple Erhebung übernahm: Einbruch in der Botschaft Rumäniens in der Prinz Eugen-Straße 60. Bald stellte sich heraus, dass es sich um keinen Einbruch, sondern um den Ausbruch eines Botschaftsangehörigen gehandelt hat.

Rotaru meldete sich jedoch nicht bei der Wiener Staatspolizei, sondern suchte beim CIA um Hilfe an. Einerseits wusste er aus seiner Tätigkeit, dass am Wiener Parkring Vertrauensleute der Securitate saßen, andererseits wäre sein Wert für die Amerikaner ein höherer. Immerhin brachte er als Einstand das Chiffrierprogramm des rumänischen Geheimdienstes mit.

Mitenthalten waren auch jene Berichte, die auf Grund der Informationen aus der Wiener Staatspolizei an die Securitate-Zentrale nach Bukarest geschickt worden waren. Zwei Quellen waren es, die sprudelten, ihre Codenamen waren „Baby“ und „Costea“ (ein rumänischer Vorname). Die CIA informierte das Innenministerium und bald waren die Klarnamen herausgefunden. „Baby“ war der 56-jährige Hofrat Edgar Berger, der seit 1961 bei der Wiener Staatspolizei tätig war und zuletzt als Chef der Fremdenpolizei mit Flüchtlingen, auch aus Rumänien, zu tun hatte. „Costea“ war der vorher schon erwähnte Abteilungsinspektor Josef Csernansky, 57. Beide „gefallenen Engel“ wurden verhaftet und schließlich zu zwei Jahren beziehungsweise zu 15 Monaten Haft wegen Spionage zum Nachteil Österreichs verurteilt.

Der Tod des Botschafters und die gestoppte Staatspolizei

Der nächste Skandal rund um die Staatspolizei zeichnete sich ab, als ein Untersuchungsausschuss des österreichischen Nationalrates die sogenannte „Noricum"-Affäre durchleuchtete.

1981 hatte eine Tochterfirma der staatseigenen VOEST, die Noricum, Hunderte Spezialkanonen der Marke GHN-45 über Umwege in den Irak geliefert. Da damals der Irak gegen den Iran kämpfte, und eine Waffenlieferung an eine kriegsführende Partei gegen österreichische Gesetze verstoßen würde, wurde als Deckadresse für den Kanonenexport Jordanien genannt. Die Perser erfuhren natürlich, aus welchen Kanonen auf sie geschossen wurde, und setzten Österreich unter Druck, auch sie zu beliefern. 1984 wurde das Geschäft besiegelt: die Noricum belieferte auch den Iran mit der GHN-45, Deckadresse war diesmal das Verteidigungsministerium von Libyen.

Herbert Amry, Österreichs Botschafter in Athen, bekam Wind von dem illegalen Iran-Geschäft und informierte Wien. Kurzfristig wurde der Export gestoppt, dann starb im Juli 1985 Amry unter mysteriösen Umständen nach einer Party in seiner Residenz. Er sei vergiftet worden, wurde gemunkelt. Vier Tage später wurde der Lieferstopp aufgehoben.

Innenminister war damals Karl Blecha, in Polit-Kreisen gerne „Charly" genannt. Konfrontiert mit den Mord-Gerüchten, beauftragt er Anton Schulz, Chef der Staatspolizei im Innenministerium, mit Recherchen. Obwohl Unklarheiten bei Aussagen von Botschaftsangehörigen auftauchten, untersagte Blecha später weitere Ermittlungen durch die Staatspolizei.

Durch die Enthüllungen der Illustrierten „Basta" kam der Kanonen-Deal an die Öffentlichkeit, in der Folge gab es einen Untersuchungsausschuss im Parlament und Gerichtsverfahren gegen Politiker und Manager. Staatspolizei-Chef Schulz sagte aus, dass er im Auftrag Blechas einen die Noricum-Affäre betreffenden Aktenvermerk verfälschen musste. „Auch andere Beamte mussten das machen und Akten frisieren", verteidigte sich Schulz, der sich kurz darauf in die Pension verabschiedete. Im Nationalrat wurde auch bekannt, dass die Noricum ihre Mitarbeiter durch die Staatspolizei bespitzeln ließ. Franz

Löschnak, Blechas Nachfolger als Innenminister, gab dann bekannt, dass er bei seinem Amtsantritt 59 000 Verschlussakte bei der Staatspolizei vorgefunden hat. Wie schon Jahre vorher Innenminister Franz Olah, so kündigte auch Löschnak an, dass viele Akten vernichtet werden sollen.

Bei den Beamten der Staatspolizei löste das Verbitterung aus. Sie waren überzeugt, dass sie nicht „bespitzeln", sondern ihrem festgeschriebenen Auftrag folgend für die Sicherheit des Staates eintreten. Sicherheitsüberprüfungen von Mitarbeitern in sensiblen Bereichen seien überall auf der Welt üblich, und wenn Karteien über mögliche Mitglieder extremistischer Gruppen geführt werden, so sei dies ja keine Fleißaufgabe sondern handwerkliche Routine. Empört waren die Staatspolizisten auch darüber, dass sie durch die ministerielle „Offenheitskampagne" rund 25 000 Ansuchen von Staatsbürgern erhielten, die wissen wollten, ob die Stapo etwas über sie in den Akten habe. „Das hat uns monatelang lahmgelegt", hörte man die Beamten jammern.

Auch die Kanonen-Exporteure waren empört. „Das ist eine gezielte Kampagne der CIA, um uns um das Geschäft zu bringen", behauptete etwa ein Sprecher der VOEST, als die ersten Meldungen über die Lieferungen in den Nahen Osten auftauchten. Die Vermutung: Um selbst ins Geschäft zu kommen und auch um Lieferungen von Kanonen aus Südafrika in den Iran weiter abwickeln zu können, seien österreichische Medien mit Geheimdienst-Informationen über die Noricum-Geschäfte gefüttert worden. Ein Indiz dafür, dass die CIA alles beobachtet hat, was an Lieferungen in den Nahen Osten ging, tauchte dann auch im Noricum-Ausschuss des Nationalrates auf: die Abgeordneten bekamen Fotos von Geschützen zu sehen, die von Spionage-Satelliten aus aufgenommen worden sind. Die Amerikaner wussten genau, wo die österreichischen Kanonen eingesetzt waren. Die Fotos waren so detailliert, dass sogar der Radsturz des Fahrwerkes festgestellt werden konnte, der sich von anderen ebenfalls in der Region vorhandenen Kanonen ähnlicher Bauart deutlich unterschied.

Stählerne Ellenbogen und Drang in die Medien

Er war der fescheste Chef der Staatspolizei, den Österreich je gehabt hat. Markantes Gesicht, dunkles Haar, energischer Mund, stählerne Ellenbogen. „Ich verbreite Stress", charakterisierte er sich oft vor Mitarbeitern. Und da Oswald Kessler auch noch die richtige Parteifarbe hat, stand seinem Aufstieg nichts im Wege.

1987 war er, noch vom Genossen Blecha, beauftragt worden, innerhalb der Staatspolizei eine eigene Untergruppe zu schaffen: die „Einsatzgruppe zur Bekämpfung des Terrorismus" (ETB). Zwar war das sowieso die festgeschriebene Aufgabe der Staatspolizei insgesamt, doch dürfte Blecha eine spezielle Prätorianergarde im Auge gehabt haben. Noch dazu saß damals mit Anton Schulz zwar ein zwar willfähriger Beamter als Staatspolizei-Chef im Innenministerium, also als Leiter der Abteilung II/C, doch fehlten ihm Schlagkraft und Machtwille.

Eine andere Begründung für den Aufbau der EBT könnte die gewesen sein, dass die Wiener Staatspolizei damals mit Aktivitäten einer vom Astronomiestudenten Gottfried Küssel gegründeten „Volkstreuen Außerparlamentarischen Opposition" (VAPO) viel zu tun hatte. Die VAPO verbreitete nicht nur braunes Gedankengut, sie lieferte sich auch regelmäßig Straßenschlachten mit linksextremen Gruppen. Die Beobachtung der VAPO wurde zu einer bestimmenden Aufgabe der EBT.

Die neue Gruppe in der Staatspolizei erregte auch bald das Interesse der ausländischen Nachrichtendienste. Der Geheimdienst der ČSSR ersuchte am 11. April 1988 das ostdeutsche Ministerium für Staatssicherheit schriftlich um Amtshilfe. Erwünscht waren Informationen über die EBT. „Sie hat angeblich ca. 14 Dienstwagen, u. a. mit Autotelefonen ausgestattet. Übermittlung von Angaben über die Mitarbeiter, Feststellung des Sprechverkehrs im Autotelefonnetz." Die DDR-Agenten wurden deshalb um Mithilfe gebeten, weil diese bereits seit Jahren technisch in der Lage waren, die Telefone wichtiger Österreicher abzuhören. Ob sich der Aufwand bei der EBT ausgezahlt hat, ist nicht überliefert. Nichtsdestotrotz steigert das Interesse eines ausländischen Geheimdienstes am eigenen Verein die Wichtigkeit des Chefs dieses Vereins. Bereits Anfang 1991 konnte Kessler den Lohn für den Aufbau der EBT ernten. Zwar war sein Mentor Blecha über den Noricum-Skandal gestolpert, doch auch Staatspolizeichef Anton Schulz hatte den Hut nehmen müssen und sein Sessel war frei. Unter Blecha-Nachfolger Franz Löschnak stieg Kessler zum Leiter der Gruppe II/C im Innenministerium auf, also zu Österreichs Staatspolizisten Nr. 1. Auch dort bekam er gleich eine heikle Aufgabe: er sollte einen Spion in den eigenen Reihe ausfindig machen.

War er der „Sir" oder der „steife Gustl"?

Er galt als der „Sir" der Wiener Staatspolizei: teurer Maßanzug, dezente Krawatte, das Haar korrekt gescheitelt. Ein leichter Hauch von Eau de Cologne überspielte den Geruch der Zigaretten, die Gustav Hochenbichler genussvoll rauchte. Mit dem Journalisten und Mitautor des vorliegenden Buches, Kurt Tozzer, trank er in den 80er-Jahren ab und zu nachmittags an der Theke des kleinen Lokals „Vis à Vis" im Durchgang von der Wollzeile zur Bäckerstraße ein paar Achterln Wein.

Es wurde getratscht, aber nie verriet er Geheimnisse, er erzählte nur meisterhaft Anekdoten. Ein paar Tipps für Geschichten, die man aber anderswo recherchieren musste, waren vielleicht darunter. Wenn er etwas zu tief ins Glas geschaut hatte und nur Bekannte im Lokal waren, summte er auch das Horst Wessel-Lied. Mehr aus Provokation denn aus innerer Verbundenheit mit dem Nazi-Regime. Wer ihn nicht mochte, bezeichnete ihn wegen seiner oft überschießenden Zuneigung zu einem guten Tropfen den „steifen Gustl".

Der Herr Hofrat, damals 56 Jahre alt und zweiter Mann hinter dem Wiener Stapo-Chef Werner Liebhart, geriet 1991 in Verdacht, eine Doppelrolle zu spielen. Auf der einen Seite war er in seinem Bereich für den Staatsschutz zuständig, auf der anderen Seite soll er unter dem Decknamen „Bau" jahrelang Agent des DDR-Nachrichtendienstes, der gefürchteten „Stasi", gewesen sein. So behauptete es jedenfalls der amerikanische Geheimdienst und gab Anfang April 1991 Oswald Kessler, dem neuen Staatspolizei-Chef im Innenministerium, einen Zund. Es waren Hinweise, doch keine Beweise.

Erwin Kemper, aus Niederösterreich ausgeborgter Staatspolizist in der EBT, wurde von Kessler auf Hochenbichlers Spur angesetzt. Er sollte die fehlenden Beweise beschaffen.

Kessler hatte unter dem Wiener Stapo-Sir seine Laufbahn begonnen und manche Kollegen wussten von privaten Hahnenkämpfen der beiden um die Gunst derselben Damen, die allerdings Hochenbichler immer wieder für sich entschieden hatte. Doch jetzt war Kessler der Ober-Boss und wenn es einen dunklen Punkt in Hochenbichlers Leben geben sollte, wäre das ein später Triumph für den ehrgeizigen Kessler.

Ihre Vermutungen über Hochenbichler hatten die Amerikaner aus Akten des ehemaligen ostdeutschen Ministeriums für Staatssicherheit gewonnen, manche ehemalige Stasi-Agenten wollten sich durch weitläufige Aussagen über ihre Konfidenten einen „weißen Fuß" machen. Als Zeuge wollte aber keiner gehen.

Die Informationen, die von der CIA kamen, waren ziemlich detailliert und stammten offensichtlich aus mehreren Quellen. Angeworben wurde danach Hochenbichler vom Staatssicherheitsdienst-Offizier Hans Ulrich Fritz. Der Wiener Staatspolizist hatte jeden dritten Dienstag im Monat zu liefern, vereinbart war ein „toter Briefkasten" in einem Haus am Wiener Schottenring.

Während Kemper recherchierte, wurde Hochenbichler auf Betreiben Kesslers von der Schaltstelle in der Wiener Staatspolizei wegbefördert und übernahm Ende April 1991 die Fremdenpolizei in der Bundespolizeidirektion Wien.

In der bürgerlichen Tageszeitung „Die Presse" erschien daraufhin am 30. April ein offensichtlich lancierter Angriff auf die Personalpolitik des damaligen Innenministers Franz Löschnak: „Hofrat Gustav Hochenbichler, von dem Polizeipräsident Bögl immer wieder gesagt hatte, dass er der klassische und logische Nachfolger des in Pension gegangenen Wiener Staatspolizeichefs Werner Liebhart sei, sollte als DDR-Spion ‚entlarvt' werden. Dies gelang zwar nicht, aber Bögl musste auf Ministerweisung Hochenbichler fallen lassen."

Bereits zu diesem Zeitpunkt wusste also Hochenbichler, dass gegen ihn von seinem „Freund" Kessler ermittelt wurde. Nach außen ließ er sich nichts anmerken, obwohl er doch fürchten musste, dass irgendwann auch Generaloberst Markus „Mischa" Wolf, Ostberliner Agentenchef a. D., in seiner Causa befragt werden könnte.

Flug nach Wien mit vielen Tricks

Wolf war damals auf der Flucht, die Bundesrepublik Deutschland hatte gegen ihn Haftbefehl erlassen. Ein Jahr lang hatte er sich in Moskau aufgehalten, 1991 suchte er einen sicheren Hafen für seinen Lebensabend. Er wollte in ein neutrales Land und dort um Asyl ansuchen. Österreich schien ihm dazu prädestiniert.

In bester Agenten-Manier plante Wolf seine Reise aus Moskau nach Wien als konspiratives Täuschungsmanöver. Sein deutscher Anwalt Johann Schwemm buchte in der russischen Hauptstadt zwei Flüge nach Paris – für sich und Wolf – und zwei nach Wien, für einen französischen Journalisten samt Begleiter. Kurz vor dem Abflug wurden die Tickets getauscht und Wolf flog mit Schwemm nach Wien, die beiden anderen nach Paris.

Offenkundig hatte schon in Moskau die CIA Wolf unter Beobachtung und so wurde der „befreundeten" Wiener Staatspolizei der Tipp gegeben, dass Wolf im Anflug war. Tatsächlich landeten Schwemm und Wolf am 30. August mit dem AUA-Flug OS 602 am Flughafen Wien-Schwechat. Niemand nahm Notiz von den beiden älteren Herren.

Am 5. September jagte die österreichische Nachrichtenagentur APA um 8.49 Uhr eine Eilmeldungen an die Zeitungen: „Wie die Nachrichtenagentur ADN aus diplomatischen Kreisen in Moskau erfuhr, hat der ehemalige Spionagechef der DDR Markus Wolf am vergangenem Freitag abends sein Moskauer Exil verlassen. Vermutet wird, dass er sich nach Österreich oder Ungarn abgesetzt hat." Nachdem diese Meldung in der Presse erschienen war, wollten Dutzende Österreicher den legendären Spion gesehen haben, einmal in Tirol, dann wieder in Salzburg, viele witterten ihn in Wien.

Den Schattenmännern der Staatspolizei war es inzwischen gelungen, die Spur von Wolf aufzunehmen. Der deutsche Rechtsanwalt Schwemm hatte in Moskau die vier Flüge nach Paris und Wien mit seiner Kreditkarte bezahlt, und als man einmal den Anfang des Fadens in der Hand hatte, fand man auch das Ende und die Unterkunft von Wolf in Wien.

Der pensionierte Spionagechef hatte sich im noblen City-Club in Vösendorf, knapp außerhalb der Wiener Stadtgrenze, eingemietet.

Staatspolizisten waren immer in seiner unmittelbaren Nähe und überbrachten ihm schließlich die „Einladung“ zu einem Gespräch.

In der zwischen Rathaus und Parlament gelegenen Kanzlei des prominenten Rechtsanwaltes Herbert Schachter fand dann die erste Fühlungsnahme statt. Staatspolizeichef Kessler hatte Inspektor Erwin Kemper mitgenommen, der aus dem Gespräch vielleicht etwas für die Untersuchungen im Fall Hochenbichler profitieren konnte. Wolf war wortkarg und Anwalt Schachter behandelte nur juristische Aspekte. Er gab bekannt, dass Wolf einen Asylantrag eingebracht hat und meinte gleich vorbeugend, dass Wolf ja seit 1983 nicht mehr operativ tätig war und sich offiziell seit Oktober 1986 im Ruhestand befinde. Der zarte Hinweis zielte auf die Verjährungsfrist von fünf Jahren für Spionagedelikte und diese fünf Jahre seien ja nun um.

Dennoch war vom Wiener Staatsanwalt Josef Redl ein gerichtliches Vorverfahren gegen Wolf wegen Spionage zum Nachteil Österreichs eingeleitet worden. Grund genug, um ihn zur Sache zu vernehmen. Am 17. September fuhren dann Staatspolizeichef Oswald Kessler und der Leiter der Einsatzgruppe zur Bekämpfung des Terrorismus (EBT) Josef Dick in die Hotelpyramide nach Vösendorf und verhörten Wolf in seinem Zimmer. Der deutsche Ex-Spionagechef antwortete ausweichend und gab nur zu, was ohnehin seit Jahren durch ein Buch von Hans Pretterebner über Udo Proksch und seine Geschäfte bekannt war: die Wiener Firma „Rudolf Sacher GmbH“ hatte jahrelang der DDR geheime Unterlagen aus dem Elektronik-Bereich geliefert.

Da Wolf mittlerweile wusste, dass sein Asylantrag in Österreich abgelehnt wird, teilte er den österreichischen Schattenmännern mit, dass er in einer Woche nach Deutschland fahren und sich dort den Behörden stellen werde.

Genau so großes Interesse wie die Staatspolizei hatten auch Journalisten aus aller Welt, mit Wolf sprechen zu können. Das Rennen machte schließlich die deutsche Illustrierte „Bunte“, die Wolf vor die Kamera und zum Reden brachte. Er wurde vor dem Riesenrad und im Ringstraßen-Café Prückl fotografiert, die Texter der Zeitschrift bezeichneten ihn als „Mann mit dem Paul Newman-Kopf“ und meinten wohl mehr bildlich ob seiner scharfen Worte in Richtung deutscher Justiz, dass er „noch alle Zähne im Mund“ habe. Geheimnisse hat Wolf jedoch keine enthüllt, und vertraulich blieb auch, ob die „Bunte" tatsächlich die kolportierten 50 000 DM für die Exklusiv-Story bezahlt hat.

Noch vor seiner Abreise nach Deutschland versuchten österreichische Staatspolizisten nach dem Muster der Staatsvertragsverhandler den Reblaus-Trick: Wolf wurde in die Pension Kühnel in Donnersbach im Burgenland eingeladen und die geeichten Schattenmänner zogen mit dem Ex-Spionagechef tagelang von einem Heurigen zum anderen. Doch auch der burgenländische Wein und der Schmäh der österreichischen Agenten löste Wolfs Zunge nicht.

Am Montag, dem 23. September 1991, reiste Wolf dann, begleitet von sechs Staatspolizisten, nach Salzburg, speiste mit seinen deutschen Anwälten noch standesgemäß im „Goldenen Hirschen" und stellte sich am Tag darauf den deutschen Behörden. In einem langwierigen Verfahren wurde er schließlich wegen Beteiligung an der Verschleppung von DDR-Gegnern zu einer bedingten Haftstrafe von zwei Jahren verurteilt.

Die österreichische Justiz „unterbrach" das unter Zahl 26c Vr9853/91 laufende Strafverfahren gegen Wolf nur, theoretisch könnte es jederzeit wieder aufgenommen werden. Praktisch ist das Verfahren wohl an das Jüngste Gericht abgetreten.

Eine Villa am Bauersee als konspirativer Treff

Enttäuscht, durch Wolf keinerlei Hinweise auf Hochenbichler erhalten zu haben, scheuchte Kessler seinen Sonderermittler Kemper mehrmals nach Deutschland. Er besuchte Ex-Agenten des Staatsicherheitsdienstes, bekam auch Hinweise auf einen Spion, der unter dem Decknamen „Bau" aus Österreich berichtete. Man kannte auch Zahlen, wie viel „Bau" kassiert habe – monatlich 2 000 DM, mehrmals Prämien bis zu 50 000 DM – doch niemand wollte den Klarnamen des geheimnisvollen Agenten kennen.

Obwohl das Material sehr dünn war, drängte Kessler auf eine Anzeige gegen Hochenbichler bei der Staatsanwaltschaft Wien, die dann im September 1993 übergeben wurde. Kurz darauf wurde Kemper aus Deutschland verständigt, dass man jetzt jenes Objekt kenne, in dem konspirative Treffen zwischen Stasi-Führungsoffizieren und einem Österreicher stattgefunden haben – eine Villa am Bauersee im

Norden von Berlin. EBT-Inspektor Kemper verhörte die Hausmeister, legte Fotos von Hochenbichler vor und war sich schließlich sicher: Das ist der notwendige Beweis.

Anfang Jänner 1994 genehmigte Untersuchungsrichter Georg Olschak Hausdurchsuchungen in Hochenbichlers Büro, in seiner Stadtwohnung und seinem zweiten Quartier in Gars am Kamp. Vorerhebungen nach § 256 StGB (Geheimer Nachrichtendienst zum Nachteil Österreichs) und § 310 StGB (Verrat von Amtsgeheimnissen) wurden eingeleitet. Es bestehe der Verdacht, so die Formulierung aus dem Hausdurchsuchungsbefehl, dass er bis 1990 für den Nachrichtendienst der damaligen DDR tätig war und dabei mit dem ehemaligen zweiten Botschaftssekretär der DDR in Wien, Hans Ulrich Fritz, zusammengearbeitet habe. Für Kemper war klar – der fesche Hofrat, hinter dem er so lange her ist, war ein Verräter, hatte praktisch eine Filiale der Stasi in Wien geleitet.

Obwohl angeblich haufenweise belastendes Material gefunden worden war, konnte weder der U-Richter noch Staatsanwalt Sepp Dieter Fasching ein Auge darauf werfen. Ermittler Kemper hielt die Beweise in seinem Panzerschrank unter Verschluss.

Haftbefehl gegen Hochenbichler wurde jedenfalls keiner ausgestellt. Die Staatspolizei und auch die Justiz wählten als Vorwand, dass der Verdächtige schwer krank sei.

Am 2. März 1995 erledigte sich der Fall endgültig. Hochenbichler erlag im 58. Lebensjahr seinem Kehlkopfkrebs. Da gegen Tote nicht weiter ermittelt wird, wurden die Akten geschlossen und ins Archiv gestellt. Beweise für die Spionagetätigkeit Hochenbichlers wurden der Öffentlichkeit nie präsentiert, lediglich die Aussagen Erwin Kempers wurden bekannt.

War Hochenbichler ein Agent des Ostens, ein „gefallener Engel“ der Staatspolizei, oder das Opfer interner Intrigen?

Hilfe von außen, als der Lack bröckelte

Während man in der Staatspolizei noch am Fall Hochenbichler kiefelte, explodierten im Dezember 1993 die ersten Briefbomben in Wien. Auf Grund von krausen Hinweisen – ein aktenkundiger Rechtsextremist sei ein hervorragender Klavierspieler und daher wegen seiner Fingerfertigkeit wohl auch in der Lage, komplizierte Briefbomben zu basteln – wurden er und ein weiterer Mann, der in den Archiven der Staatspolizei als Rechtsradikaler geführt wurde, bereits Tage später verhaftet. Kessler und seine ETB-Prätorianergarde waren die Stars der bunten Magazine, die „normale“ Staatspolizei schien nur noch ein Hort von Doppelagenten oder Versagern zu sein.

Der Lack blätterte etwas ab, als weitere Anschläge verübt wurden, obwohl zwei mutmaßliche Täter in Untersuchungshaft saßen. Wie radioaktiv verseuchtes Gebiet mit Geigerzählern, so wurde die rechte Szene Person für Person unter die Lupe genommen. Dutzende Verdächtige wurden verhört, Wohnungen durchsucht, von den Staatspolizisten einmal sogar Katzendreck als vermeintlicher Sprengstoff beschlagnahmt.

Da meldete sich eine private Organisation zu Wort und bot Hilfe bei der Suche nach den Terroristen an. Diese Organisation hatten ehemalige Widerstandkämpfer gegen das Nazi-Regime und überlebende KZ-Insassen 1963 mit Unterstützung öffentlicher Stellen als „Dokumentationsarchiv des österreichischen Widerstands“ (DÖW) gegründet.

Unzählige Dokumente wurden angehäuft, doch verlegte sich der Schwerpunkt der Arbeit und der Recherche bald aus der Vergangenheit in die Gegenwart. Das DÖW begann alles zu sammeln, was in gedruckter Form rechtsextremen Gruppen zugeordnet werden konnte. Das Archiv bekam auch Material von den Behörden und wurde durch Anzeigen gegen Verdächtige selbst aktiv.

Für manche schien es, als fabrizierten „Ghostwriter“ des DÖW Artikel über neonazistische Umtriebe für Zeitungen und Magazine und zugegebener Maßen funktionierte auch die Zusammenarbeit mit der Staatspolizei immer besser.

Wegen des andauernden Briefbomben-Terrors musste sich Staatspolizei-Chef Oswald Keller von Kollegen und auch von seinem Vorgesetzten, Sicherheits-Generaldirektor Michael Sika, vorwerfen lassen, „in der falschen Etage“ zu ermitteln, nämlich immer noch in Neo-Nazi-Szene. Doch Kessler blieb bei seiner Marschrichtung. Er beauftragte das von Wolfgang Neugebauer geleitete DÖW mit einer Spezialfahndung: Artikel und Leserbriefe in der rechtsnationalen Zeitschrift

„Aula“ sollten mit den Texten von Bekennerbriefen verglichen werden. Neugebauer fand 110 Hinweise, die EBT überprüfte daraufhin weitere 110 Personen im Zusammenhang mit dem Briefbomben-Terror. Erfolg gab es keinen.

Neugebauer fasste in einem Brief an Kessler nach: „Es besteht eine nicht von der Hand zu weisende Wahrscheinlichkeit, dass der Bekennerbriefverfasser unter den Lesern dieser Zeitschrift zu finden ist.“ Und das Absurde geschieht: Über Antrag der EBT wird die Abonnentenkartei der „Aula“ beschlagnahmt. Dutzende Fahnder schwärmen in Österreich aus, und die Folge ist eine Flut von Beschwerdebriefen überprüfter „Aula“-Leser. Erfolg in der Briefbomben-Affäre aber gab es auch hier keinen.

Die Kooperation zwischen Staatspolizei und DÖW bei der Schnüffelei in der Kartei der „Aula“ brachte natürlich die FPÖ in Rage. Im Parlament bezeichnete FPÖ-Klubobmann Ewald Stadler das Dokumentationsarchiv als „Gesinnungsschnüffelinstitut“ und in Anlehnung an den DDR-Geheimdienst als „Privat-Stasi“. Und als Pointe setzte er noch einen drauf und meldete, dass ÖVP-Klubobmann Andreas Khol vor der Wahl des FPÖ-Abgeordneten Willi Brauneder zum 3. Nationalratspräsidenten beim DÖW ein „Gutachten“ einholte, ob dieser wohl unbedenklich sei.

Lauschangriff im Parlament als Sherlock-Holmes-Spiel?

Eine mysteriöse Affäre, bei der Beamte der Staatspolizei ihre Hände im Spiel gehabt haben könnten, spielte sich in der ersten Hälfte der 90er-Jahre in Wien ab. Im Kern ging es darum, ob bei der Anschaffung von Geräten für das Bundesheer ein Herr mit gutem Namen illegale Methoden anwendet. Besagter Herr lebte in Wien und im Burgenland, hieß Alfons Graf Mensdorff-Pouilly und war frischgebackener Ehemann der ÖVP-Politikerin Maria Rauch-Kallat.

Im Sommer 1994 hatte der Graf Anzeige erstattet, weil er Drohanrufe erhalten hatte und die Radmuttern an seinem Mercedes gelockert worden seien. War ein Anschlag auf den Konsulenten eines an Österreich-Geschäften interessierten britischen Flugzeugerzeugers geplant? Staatspolizisten untersuchten den Vorfall und versprachen Schutz vor möglichen Anschlägen. Der Graf sollte Personenschutz bekommen und das Telefon überwacht werden.

Später tauchte dann der Verdacht auf, dass man ein solches Bedrohungspotential ja auch inszenieren könnte, um den Mann lückenlos auszuspionieren.

Der Verdacht verdichtete sich, als Anfang 1995 bekannt wurde, dass bereits vor Monaten, also noch vor der Anzeige Graf Mensdorff-Pouillys, im Parlament ein Gespräch heimlich aufgezeichnet worden ist, in dessen Mittelpunkt die Geschäfte des Flugzeugfirmen-Konsulenten stand. SPÖ-Abgeordneter Peter Marizzi und ÖVP-Wehrsprecher Hermann Kraft plauderten über den beabsichtigten Kauf eines Regierungsflugzeuges und einiger Hubschrauber. Das Fatale daran: das Gespräch wurde von einem der Teilnehmer auf einem versteckten Tonbandgerät aufgenommen. Es ging um Provisionen in Millionenhöhe, die man „vom Grafen“ erhalten würde und sich zwischen den Parteien „teilen“ wolle.

Wer das Gespräch initiiert hatte und wer als Spezialist das Abhörgerät besorgt hat, wurde nie ganz geklärt, doch hatte Marizzi zugegeben, „ein bisschen Sherlock Holmes“ gespielt zu haben. Da die bekannt gewordenen Gesprächsfetzen vor allem den ÖVP-Abgeordneten belasteten, dürfte jener als Urheber des Lauschangriffs nicht in Frage kommen.

Sollte das Gespräch auch Grundlage für das eventuell inszenierte „Bedrohungsbild“ des Grafen gewesen sein? Wollten die Schattenmänner mehr über den Mann wissen? Zeitmäßig könnte es jedenfalls passen.

Zum gleichen Schluss dürfte ein Insider gekommen sein, der im Juni 1995 eine anonyme Anzeige an die Wiener Staatsanwaltschaft erstattete. Damit auch die Öffentlichkeit davon erfährt, übermittelte der Anonymus eine Kopie der Anzeige auch an Maria Rauch-Kallat. Tenor der Anschuldigungen: Marizzi habe den Lauschangriff mit Hilfe der Staatspolizei inszeniert, Oswald Kessler habe als oberster Schattenmann die „Abhöraktion begünstigt und nach innen und außen abgeschirmt“. Er habe mit derart illegalen Aktionen „nichts zu tun“, versicherte Kessler in der Folge immer wieder.

Die anonyme Anzeige blieb allerdings ohne Folgen, die Untersuchungen wurden eingestellt. Letzten Endes kam es auch nicht zum Hubschrauberkauf durch das Bundesheer.

März 1995: Revirement im Innenministerium

Noch vor dieser Anzeige herrschte Krisenstimmung im Innenministerium und in der Staatspolizei. Im Februar 1995 hatte die Terrorwelle mit dem Bombenanschlag auf vier Roma im burgenländischen Oberwart ihren Höhepunkt erreicht. Als sich Fahndungserfolge nicht einstellten, lief Kesslers Uhr als Staatspolizeichef ab. Ein Ereignis, sehr zum Wohlgefallen einiger Politprominenzen. Unter anderem äußerte sich Helmut Zilk, dessen Hand von einer Briefbombe zerfetzt worden war, zum Abgang von Kessler: „Höchste Zeit, dieses ‚Cover-Girl' der Staatspolizei endlich abzuziehen."

Mit ein Grund für Kesslers Sturz am 20. März 1995 – und der gleichzeitigen Ablöse des Wiener Polizeipräsidenten Günther Bögl – war auch, dass Innenminister Franz Löschnak selbst innerparteilich in Ungnade gefallen war. Doch auch der Abwurf von Ballast rettete ihn nicht mehr, er selbst musste bereits am 30. März seinen Hut nehmen und Caspar Einem im Ministerium Platz machen. Für Kessler fand sich ein Posten weit ab vom Interesse der Öffentlichkeit – er wurde Leiter der EDV-Abteilung.

Staatspolizeichef im Innenministerium wurde Hein Jürgen Mastalier, der in den 70er-Jahren Mordreferent im Wiener Sicherheitsbüro war und dann nach Kärnten ging, wo er Chef der dortigen Schattenmänner wurde. Er wollte allerdings nur ein Jahr an der Staatspolizei-Spitze in Wien bleiben, und wurde nach dieser Zeit von Peter Heindl abgelöst. Für Caspar Einem hatte Heindl vorher in dessen Ministerbüro gearbeitet, er hatte also die richtige Parteifarbe.

Kapitel 10

Der Staatspolizist als Buchautor
Berichte versanden in Bürokratie

Der Schattenmann und die Geheimnisse des Bundespräsidenten.
Als Helmut Zilk in Spionageverdacht geriet.
Neues Gesetz erlaubt vorbeugende „Gefahrenerforschung" und ebnet der Stapo damit den Weg zu einem Inlands-Geheimdienst.

Im Innenministerium war „Feuer am Dach"

Mittwoch, der 13. März 1996. Knapp vor Dienstschluss wählte Bezirksinspektor Erwin Kemper, damals immer noch der EBT zugeteilt, die Telefondurchwahl seines Vorgesetzten Peter Gridling. Der eine Schattenmann informierte den anderen, dass am nächsten Tag die Vertriebs-Gesellschaft Morawa das Buch „Verrat an Österreich" an rund 1 300 Trafiken und Zeitungskioske in Österreich ausliefern werde. Er, Kemper, ist der Verfasser, und wollte das nur rechtzeitig mitteilen.

Der Wunsch am Ende des kurzen Telefonats nach einem „Guten Abend" klang etwas zynisch. Denn EBT-Chef Gridling kannte Kemper als schwierig und konnte sich vorstellen, was das Buch enthalten werde: eine Abrechnung mit der Staatspolizei. Noch dazu jetzt, da die EBT und die gesamte Staatspolizei wegen fehlender Fahndungserfolge im brisanten Briefbomben-Fall (mit Toten und Verletzten) seit fast drei Jahren im Kreuzfeuer der Medien-Kritik stand.

Gridling rief sofort Peter Heindl, als neuer Leiter der Gruppe II/C oberster Chef der Staatspolizei im Innenministeriums, an. Feuer war am Dach, und wenn der Brand auch nicht mehr zu verhindern war, so sollte doch das notwendige Löschgerät in Stellung gebracht werden.

Kemper wurde zu einem Gespräch unter sechs Augen gebeten. Das Buch brachte er nicht mit, er schilderte nur knapp, dass er darin Fälle der Vergangenheit erzähle. Aufgeregt wurden sofort Michael Sika, Generaldirektor für die öffentliche Sicherheit, und Innenminister Caspar Einem verständigt. Wie klein die Herren Staatspolizisten dabei am Telefon waren, kann man ahnen. Unter ihren Augen war ein Buch recherchiert, geschrieben und gedruckt worden, und sie als Chefs des Autors hatten nichts bemerkt. Das Innenministerium fuhr sofort schwere Geschütze gegen Kemper auf: Strafanzeige und Disziplinarverfahren wurden angedroht, doch es blieb bei einer Versetzung in eine andere Abteilung.

In seinem Buch schildert Kemper auf 140 Seiten im Format DIN A4 zahlreiche Spionage-Fälle, in denen die Staatspolizei nicht immer eine rühmliche Rolle spielte. Für Kemper sei die Staatspolizei „der Lächerlichkeit preisgegeben" worden, als nach dem Noricum-Skandal vom Innenminister die Vernichtung von Akten angeordnet wurde. „Das hat bis heute spürbare Folgen", schreibt er.

Unzufrieden ist Schattenmann Kemper mit dem Echo, das Berichte der Staatspolizei finden: „Eine jüngst durchgeführte interne Statistik belegt, dass nur ein Prozent der vom Staatsschutz erarbeiteten Informationspapiere das Kabinett des Ministers erreicht." Mit anderen Worten – die große Mehrheit der Informationen versickert irgendwo auf dem Dienstweg. Dabei ist noch nicht einmal gesagt, wie viel von den Papieren, die das Kabinett erreichen, der Innenminister selbst zu Gesicht bekommt.

„Manche Schlacht am Büffet geschlagen"

Bezeichnend ist, wie der Insider Kemper seine Kollegen von der Staatspolizei analysiert. Zum einen gäbe es die Idealisten: Gelingt es ihnen, „einen Zipfel jener großen Decke zu lüften, die all die subversiven und konspirativen Vorgänge in diesem Land bedeckt" so müssen sie oft die Erfahrung machen, dass ihre Bemühungen von Vorgesetzten dazu benützt werden, um sich damit in den Medien zu präsentieren. Die zweite Gruppe bewegt sich laut Kemper lieber „auf spiegelglattem Parkett", und diese Leibwächter von prominenten Persönlichkeiten fühlen sich „gewaltig aufgewertet", wohl auch deshalb, weil sie „so manche Schlacht am kalten oder auch warmen Büffet mitschlagen".

Vielleicht hatte mit dieser Beschreibung Kemper einen bestimmten Kollegen im Auge, dem der „Personenschutz" eines hochrangigen Politikers anvertraut war. Die meisten Herren sind der Öffentlichkeit nur vom Fernsehen bekannt, wenn man sie, aufmerksam die Umgebung musternd, an der Seite ihres Schutzbefohlenen sieht. Niemand schreibt im Normalfall über sie. Über einen Leibwächter allerdings gibt es verklausulierte, dürre Hinweise auf seine Arbeit und vor allem über sein dienstliches Ende.

1992 kriselte es in der Ehe von Bundespräsident Thomas Klestil. Einer kannte aus eigener Anschauung den Grund: jener Staatspolizist, der Leibwächter des Präsidenten war – nennen wir ihn Konrad Kurt (Name geändert, Anm. d. Autoren). Er wusste, dass der damals noch verheiratete Klestil mit Margot Löffler auch ein paar Mal in einem kleinen Haus in der Steiermark zusammen war, und machte Kollegen gegenüber Andeutungen, dass es einen Riesenwirbel gäbe, ginge er mit seinem Wissen an die Öffentlichkeit. Konrad Kurt konnte gebremst werden, doch schließlich wurde aus dem Innenministerium Klestil informiert, dass sich hier etwas zusammenbrauen könne. Rasch wurde die Notbremse gezogen: Der Geheimnisträger wurde zuerst als Leibwächter abgezogen, dann in die Wiener Zentrale der Staatspolizei versetzt und schließlich, im Alter von 43 Jahren, davon „überzeugt", dass es besser wäre, den Polizeidienst zu quittieren. Klestil hatte inzwischen von sich aus seine Eheprobleme in die Öffentlichkeit gebracht, Geschäfte mit Enthüllungen waren nicht mehr zu machen.

Bericht aus München über Helmut Zilk

Es war eine Meldung in der „Süddeutschen Zeitung" vom 23. Oktober 1998, die Österreich in Aufregung versetzte. Wiens Altbürgermeister Helmut Zilk wurde darin beschuldigt, in den 60er-Jahren für den tschechoslowakischen Geheimdienst StB gearbeitet zu haben.

Die Zeitung beruft sich auf Erklärungen des früheren Leiters der tschechischen „Behörde zur Untersuchung kommunistischer Verbrechen", Vaclav Benda, der in den Archiven des Prager Geheimdienstes Aufzeichnungen über Zilk gefunden haben will. Benda habe, so der Zeitungsbericht, Präsident Vaclav Havel informiert, der die Sache offensichtlich so ernst nahm, dass er von der Überreichung des „Orden des weißen Löwen" an Zilk absah.

Der populäre Altbürgermeister, der in den 60er-Jahren zahlreiche Fernsehsendungen in der ČSSR gemacht hat – unter anderem ein legendäres „Stadtgespräch“ in Prag – dementierte alle Vorwürfe. Er verlangte Beweise für die Anschuldigungen, die allerdings nicht kamen.

Franz Soronics, der zur Zeit der angeblichen Agententätigkeit Zilks Innenminister war, glaubte dem Bedrängten zu Hilfe eilen zu müssen und präsentierte im Fernsehen einen Akt der Staatspolizei aus dieser Zeit, wonach kein Verdacht gegen Zilk bestehe. Tatsächlich hatten die Schattenmänner damals offensichtlich Bedenken gegen TV-Direkor Zilk, jedoch keinerlei Beweise. Der Auftritt von Soronics wurde zum Rohrkrepierer, denn von Politikern wurde nun die Frage angeschnitten, ob sich abtretende Minister Aktenstücke quasi als Erinnerung mit nach Hause nehmen dürfen. Unabhängig vom Verteidigungsauftritt Soronics' und den Unschuldsbeteuerungen Zilks versuchte die Staatspolizei, Licht in die Angelegenheit zu bringen.

Staatspolizeichef Peter Heindl und seine Mitarbeiterin Eveline Hadwig flogen am 5. November 1998 nach Prag und meldeten sich beim tschechischen Geheimdienst. Sie hatten einige Stunden Gelegenheit, in das 600 Seiten starke Zilk-Dossier Einblick zu nehmen. Ihren Bericht darüber lieferten sie im Innenministerium ab. Sicherheitsgeneraldirektor Michael Sika schreibt in seinen Memoiren, was sie gesehen haben: „Viel Papier, langatmige Berichte – in erster Linie als Arbeitsnachweis, haufenweise Spekulationen und Vermutungen, wenig Fakten. Dass Zilk Staatsgeheimnisse verraten hätte, ging jedenfalls aus den Akten nicht hervor.“

Sicher scheint, dass von Prager Geheimagenten versucht wurde, Zilk oder seine tschechischen Gesprächspartner „abzuschöpfen“, wie es im Jargon heißt. Je „geheimer“ das Aufgeschnappte anmutete, um so mehr erhöht sich auch der Wert des Agenten. Und wenn Geldflüsse für Informationen angedeutet werden, könnte dieses Geld ja auch in die Taschen des Schattenmannes geflossen sein.

Die tschechische Regierung beendete schließlich die Diskussion um Zilk und stellte fest, dass es keine Anhaltspunkte für die Anschuldigungen gibt. Der Orden wurde jedenfalls nachgereicht.

Doch ein Jahr später, im Oktober 1999, wiederholte das tschechische Magazin „Tyden“ die Vorwürfe. Zilk sei unter dem Decknamen Johann Meiz „ein sehr wichtiger Informant“ des Geheimdienstes StB gewesen. Die Rehabilitierung Zilks durch die Prager Regierung sei nur deshalb erfolgt, weil diese nur einen Teil des 840 Seiten dicken Aktes berücksichtigt habe. „Aufgewärmtes wird nicht besser“, grummelte der Altbürgermeister gelassen und meinte, er würde den Bericht „einfach ignorieren“.

Der Spion, der sich als Mesner tarnte

Nach dem Fall des „Eisernen Vorhangs“ zur einstigen ČSSR hatte die österreichische Staatspolizei auch Kontakt zur Nachfolgeorganisation des einst gefürchteten tschechischen Geheimdienstes „StB“ aufgenommen. Vergangenheitsbewältigung stand auf dem Programm.

Als die Akten durchstöbert waren, blieb unter anderem ein Agent mit dem Tarnnamen „Tarius“ im Visier. Als 20-Jähriger war der Mann nach Österreich „geflohen“ und fand als Mesner in der Wiener Karlskirche eine Beschäftigung. Was er über Aktionen der Kirche zugunsten von Flüchtlingen erfuhr, meldete er seinem Führungsoffizier.

Und dieser war für die Schattenmänner der Staatspolizei interessanter als der Zuträger: Es handelte sich nämlich um den früher in der ČSSR-Botschaft in Wien als 3. Sekretär tätig gewesenen Milan Jiros. Sein Deckname: „Ludek“.

„Tarius“ wurde verhaftet, später zu einer geringen und bedingten Haftstrafe verurteilt. Der Diplomat war jedoch seit 1989 nicht mehr in Österreich, lebte unangefochten als Buchhalter in Prag und konnte erst 1998 festgenommen werden, als er auf Besuch nach Österreich kam. Auch er wurde wegen gegen Österreich gerichteter Spionage angeklagt, doch die Geschworenen folgten seiner Verantwortung: Als Diplomat habe er eben Erkenntnisse über Flüchtlinge, wie er sie etwa vom Mesner erhalten habe, seiner Geheimdienstzentrale melden müssen, dass sei keine Spionage. Freispruch. Das Mäntelchen der diplomatischen Immunität schützte wieder einmal einen Spion.

Um ganz andere Dinge ging es 1996 bei einem Prozess in Wels. Ein alter Herr, damals 77, wollte von der Republik eine Pension als Spion. Von 1967 bis 1985, also 18 Jahre lang, habe er für verschiedene österreichische Geheimdienste im damaligen Ostblock gearbeitet. Er habe Informationen über Abschussrampen sowjetischer Atomraketen besorgt, manche Zuträger über die Grenze geschmuggelt und sei von der Staatspolizei auch mit falschen Papieren ausgestattet worden. Je nach der Qualität seiner Berichte habe er „Anlassgeld“ bezogen und er wisse auch, dass viele seiner Dossiers auch an „befreundete“ Dienste gegangen sind.

Der pensionierte Welser Polizeidirektor Alois Wolf bestätigte die Angaben des Ex-Spions, dass er von der Staatspolizei eingesetzt worden sei. Leider aber war sein „Führungsoffizier“ Beppone Wimmer aber bereits verstorben, so dass nichts über eventuelle Pensionszusagen zu beweisen war. Als „freier Mitarbeiter“ fiel daher der Ex-Spion durch den Rost, sein Pensionsantrag wurde abgewiesen und er muss weiterhin von einer Fürsorgeunterstützung – und vielleicht auch von seinen Erinnerungen – leben.

Schon im Vorfeld Gefahren erforschen

In Etappen wurden in den 90er-Jahren neue gesetzliche Bestimmungen für die Polizeiarbeit geschaffen. Zuerst wurden in das Polizeibefugnisgesetz Bestimmungen über Rasterfahndung und Lauschangriff aufgenommen. Aber weiterhin galt: Wie die Kriminalpolizei durfte auch die Staatspolizei nur dann einschreiten, wenn eine strafbare Handlung begangen wurde oder unmittelbar bevorsteht. Zumindest galt es für den Fall, dass die Staatspolizei das Gesetz auf Punkt und Beistrich einhält.

Die Schattenmänner sahen das als Bremse an, sie behaupteten, schon „auf Verdacht“ ermitteln zu müssen. Eine terroristische Gruppierung etwa müsse man beobachten, man müsse versuchen, V-Männer einschleusen zu können, man müsse Bewegungsprofile der Mitglieder der Gruppe erstellen, man müsse also das gesamte Repertoire der geheimdienstlichen Mittel einsetzen, noch ehe eine strafbare Handlung begangen wurde. Unter der Hand begannen die Mannen unter Staatspolizeichef Peter Heindl bereits ab 1998 nach diesen Überlegungen zu arbeiten. Eine Weisung von Innenminister Karl Schlögl bremste sie allerdings – zumindest offiziell – ein. Erst in der ÖVP-FPÖ-Koalition konnte im Jahr 2000 der Staatspolizei dieses Instrument der vorbeugenden Tätigkeit unter dem Titel „erweiterte Gefahrenerforschung“ auch auf gesetzlicher Basis zur Verfügung gestellt werden.

Ob unter diesem Titel auch die geheimdienstliche Durchleuchtung eines Bundesministers zulässig ist, darf bezweifelt werden. Tatsächlich geschah das im März 2000, als Bundespräsident Thomas Klestil den Generaldirektor für die öffentliche Sicherheit Erik Buxbaum anrief und fragte, ob über den eben von ihm ernannten Justizminister Dieter Böhmdorfer bei der Staatspolizei „Information, die auf Probleme hinzielen" könnten, vorliegen. Zwei Stunden lang wurde in den Dossiers der Schattenmänner gewühlt, dann meldete Buxbaum an die Hofburg: „Keine derartigen Informationen".

Einen weiteren Schritt in Richtung Geheimdienst bedeutet die Bestimmung, wonach die Staatspolizei Privatpersonen als „bezahlte Informanten" einsetzen dürfe – V-Männer, die natürlich auch verdeckt ermitteln können und die ein weitaus lockeres Korsett tragen als die Beamten selbst.

Die Verpuppung der hässlichen Raupe

Nachdem der ÖVP-Mann Ernst Strasser Innenminister wurde, bewies er, dass er in seiner politischen Heimat Niederösterreich vor allem eines gelernt hat: wichtige Funktionen farbecht zu besetzen. Wenn möglich, ohne Aufsehen zu erregen, wenn nötig, auch ohne Furcht vor öffentlicher Kritik. So beließ Strasser anfangs auch den noch von Innenminister Caspar Einem ernannten roten Staatspolizeichef Peter Heindl in seiner Funktion, setzte ihm aber mit Gert-Rene Polli einen schwarzen Stellvertreter an die Seite, der von dieser Position aus bereits an einer neuen Struktur der Staatspolizei zu basteln begann.

Aus der hässlichen und unsympathischen Raupe sollte durch Verpuppung ein ansehnlicher Schmetterling werden.

Der mit vielen Ressentiments beladene Name „Staatspolizei" würde verschwinden, die Aufgaben sollte ein neues „Bundesamt für Verfassungsschutz und Terrorismusbekämpfung" übernehmen. Zwar auch kein anheimelnder Name, aber die Kombination von Polizei und Geheimdienst war darunter leichter zu verbergen.

Das BVT sollte nämlich beide Funktionen erfüllen – einerseits die Polizeibefugnisse behalten und andererseits auch wie ein Geheimdienst arbeiten können.

Ende 2002 war es dann soweit: das neue Amt wurde offiziell geschaffen und Gert-René Polli, 43, als dessen erster Chef ernannt. Strasser oberster Schattenmann ist zwar gelernter Tischler, aber studierter Geheimdienstler, und wurde vom Innenminister vom Heeres-Nachrichtenamt abgeworben. Polli hatte in der Militärakademie in Wiener Neustadt maturiert und dann neben seiner Militärausbildung auch Politikwissenschaft studiert. Als frischgebackener Doktor und Leutnant übersiedelte er in die Analyseabteilung des HNA. Zur Fortbildung besuchte er die „Naval Postgraduate School" in Kalifornien. Spezialgebiet dort: Nachrichtenwesen.

Der Mann aus dem Geheimdienstmilieu soll nach Strassers Vorstellungen frischen Wind in die Schattenwelt des Innenministeriums bringen. Jedenfalls werden die Nicht-mehr-Staatspolizisten – niemand wird sie aber weiterhin anders nennen – künftig an kürzerer Leine geführt. Neben der Zentrale in Wien wird es statt der bisher rund 20 Außenstellen der Stapo nur noch neun „Landesämter für Verfassungsschutz" in den Bundesländern geben.

Besonderen Wert legt das Innenministerium darauf, dass es künftig eine besonders emsige „Analyseabteilung" im BVT geben wird. Chefanalytiker wurde Reinhard Hundsmüller, der bis 1992 als einfacher Streifenpolizist gearbeitet hat, ehe er ins Innenministerium zur Staatspolizei versetzt worden ist und dort alle Prüfungen für den höheren Dienst abgelegt hat. Zuletzt war Hundsmüller engster Mitarbeiter von Erik Buxbaum, dem Generaldirektor für die öffentliche Sicherheit. Nach der in Österreich üblichen Farbenlehre dürfte er daher eher der roten Reichshälfte zuzuordnen sein.

Die Adresse des BVT scheint in keinem amtlichen Nachschlagewerk auf, an der Tür des Gebäudes am Wiener Schubertring ist kein Hinweis auf die Dienststelle zu finden. Von BVT-Chef Polli ist in der Öffentlichkeit nur ein einziges Foto bekannt, es wurde auf der Homepage der ÖVP St. Paul (Kärnten) veröffentlicht. Beschrieben wurde auf der Seite auch, dass Polli Tischler gelernt hat, ehe er auf die Militärakademie gegangen ist. In kurzen Zeitungsinterviews zum Dienstantritt blieb Polli unverbindlich. Klar scheint nur eines zu sein – unter seiner Führung wird die umbenannte Staatspolizei ein Inlandsgeheimdienst nach ausländischem Vorbild.

„Große Drei“ tagen im abhörsicheren Lagerauem

Erkenntnisse der Staatspolizei und jetzt des BVT über die Lage im Inland, Informationen des Heeres-Nachrichtenamtes aus aufgefangenen Funksprüche und Meldungen von Agenten sowie Berichte österreichischer Diplomaten aus aller Welt werden regelmäßig bei einem Gipfel der „Großen Drei“ ausgetauscht. Der Generaldirektor für die öffentliche Sicherheit aus dem Innenministerium, der Generalstabschef des Bundesheeres und der Generalsekretär des Außenministeriums treffen einander wöchentlich in einem abhörsicheren Raum in der Wiener Stiftskaserne.

Ende März 2003 entstand aus dem Puzzle Handlungsbedarf: Beobachtungen der Staatspolizei deuteten darauf hin, dass Personal der Irakischen Botschaft in Wien versuchte, die Telefonate anderer Diplomaten, vor allem aus den Vertretungen der westlichen Kriegsgegner, abzuhören. Der Botschafter Iraks erhielt daraufhin einen zarten Wink, dass man in Österreich von dieser Tätigkeit etwas ahnte, und seine Exzellenz verstand: drei Iraker verließen daraufhin stante pede Wien.

Ob tatsächlich die Erkenntnisse der österreichischen Schattenmänner allein für die rasche Abreise der Herren verantwortlich waren, darf bezweifelt werden. Jedenfalls hat auch die US-Botschaft in Wien CIA-Informationen an das Außenministerium am Ballhausplatz weitergeleitet, wonach bei einem in den USA enttarntem Spion die Namen jener drei Iraker gefunden worden sind, die jetzt Wien verlassen haben. Das Versteck der Namensliste ist ja durch Krimis allgemein bekannt: der Zettel befand sich in einem hohlen Schuhabsatz.

Die CIA-Information für Wien enthielt nicht nur die Namen, sondern auch Fotos der drei Verdächtigen. Aus einem Zimmer im Hotel Intercont, gegenüber der Irakischen Botschaft in der Wiener Johannesgasse, wurden nämlich wochenlang alle Personen fotografiert, die die diplomatische Vertretung betraten oder verließen.

Kapitel 11

Brisante Schätze: Besatzer und Gewerkschaft horteten Waffen

Die Geheimdienst-Aktivitäten während des „Kalten Krieges" führten auch in Österreich dazu, dass geheime Waffenlager angelegt worden sind. Auch Handbücher für den Partisanenkrieg wurden verbuddelt. Die Privat-Armee Franz Olahs.

Mittagessen bei der Frau Botschafterin

Etliche schwarze Regierungskarossen steuerten am Samstag, dem 20. Jänner 1996, gegen 14 Uhr die Hanselmayergasse in Wien-Hietzing an. Es ist ein nobles Viertel, die Umgebung von Schloss Schönbrunn hat immer schon die feine Gesellschaft angelockt.

Der uniformierte Polizeibeamte an der Einfahrt zum großen Park der feudalen Villa war informiert, wer da in der Residenz der Botschafterin der Vereinigten Staaten von Amerika zu einen überraschend angesetzten Mittagessen erwartet wurde. Nacheinander trudelten die Gäste ein: Verteidigungsminister Werner Fasslabend und sein Adjutant, dann Michael Sika, ein hoher Beamter des Innenministeriums mit dem martialischen Titel „Generaldirektor für die öffentliche Sicherheit", und schließlich Vizekanzler und Außenminister Wolfgang Schüssel mit Begleitung.

Im Salon wurden die Österreicher von Botschafterin Swanee Hunt empfangen. Die übliche Plauderei wollte nicht recht in Schwung kommen, ein Hauch von Peinlichkeit lag über der Gruppe, obwohl die Diplomatin hollywoodesken Charme zu versprühen versuchte. Grund war das Thema der Zusammenkunft: die amerikanische Regierung musste nämlich eingestehen, dass Geheimagenten der CIA mit Unterstützung der damaligen US-Besatzungstruppen in den 50er-Jahren geheime Waffenlager in Österreich angelegt haben. Mehr noch: Unterlagen über die geheimen Depots seien einer amerikanischen Zeitung zugespielt worden und deshalb verständige man jetzt offiziell die Wiener Regierung, ehe diese durch die erwarteten Enthüllungen im

„Boston Globe" überrascht werde. Bei persönlichen Besuchen habe sie, so erklärte die Botschafterin, heute vormittag schon Bundespräsident Thomas Klestil und Kanzler Franz Vranitzky informiert.

„CIA hat in ganz Österreich geheime Waffenlager angelegt" überschrieb tags darauf die Wiener Tageszeitung „Kurier" ihren Bericht. Zwischen 1951 und 1955 waren an 79 Stellen Waffen und Munition versteckt worden. Details dazu werden die Amerikaner in den nächsten Tagen bekannt geben.

Am Montag, dem 29. Jänner 1996, war es dann soweit: Aus den bereits vor einigen Tagen eingetroffenen Kisten mit Plänen und Lagebeschreibungen übergab Botschafterin Swanee Hunt an Innenminister Caspar Einem symbolisch ein Aktenstück. Da bereits Gerüchte kursierten, neben Waffen könnte auch noch etwas anderes vergraben worden sein, lächelte die Diplomatin bei der Übergabe der Papiere in die Kameras der Reporter: „Sorry, guys, there's no gold!"

Im Innenministerium wurden die Unterlagen gesichtet, Geheimdienstleute des Bundesheeres schwärmten zu einer ersten Besichtigung der angeführten Depots aus. Die Lagebeschreibungen waren sehr genau, die ebenfalls aufbewahrten Fotos halfen kaum zur Identifizierung – vieles hatte sich in der Zwischenzeit verändert.

Im April 1997, nach dem Ende der Frostperiode, startete dann das Innenministerium die „Aktion Wühlmaus", die Bergung der vergrabenen Waffen. Nur noch 65 Lager wurden entdeckt, die meisten davon in Oberösterreich. Insgesamt wurden 300 Pistolen, 270 Maschinenpistolen, 250 Karabiner, 65 Maschinengewehre und sogar 50 Panzerabwehrgranaten, alles wasserdicht in Ölpapier verpackt, gefunden. Mit dabei befanden sich Sprengstoff und Anweisungen für den Partisanenkampf. Es wurde klar: die Agenten des CIA hatten vor etwa vierzig Jahren bei Nacht und Nebel Depots angelegt, die wohl nur dazu gedient hätten, im Falle eines Konflikts mit der Sowjetunion Partisanen in Österreich auszurüsten.

Kommission sollte die Geschichte aufklären

Das größte Waffenarsenal befand sich unter dem Boden eines Stadels im Hochschwabgebiet in der Steiermark. In 180 Kisten waren neben Gewehren und Pistolen auch Spreng- und Nebelgranaten und sogar ein 60-Millimeter-Mörser gelagert. Österreichs Regierung tat jetzt, im Jahr 1996, das, was man in heiklen Fällen immer tat: eine Kommission wurde eingesetzt, die ergründen sollte, was die Motive für das Anlegen der Waffenlager waren. Geleitet wurde die Historiker-Kommission von Michael Sika, dem Generaldirektor für die öffentliche Sicherheit im Innenministerium.

Über seine Arbeit zog er in seinen 2001 erschienenen Memoiren („Mein Protokoll") ein ernüchterndes Resümee: „Meinen Schlussbericht, für den im Wesentlichen alle Kommissionsmitglieder Beiträge geliefert hatten, erstattete ich aus reiner Pflichterfüllung. Als er fertiggestellt wurde, interessierte sich nämlich kein Schwein mehr für diese ganze Geschichte."

Dabei war die „ganze Geschichte" durchaus geeignet, ein Licht auf die Arbeit der amerikanischen Geheimdienste in Europa zu werfen. Bereits Ende 1949 hatte das „National Security Council" (NSC) mit dem streng geheimen Beschluss NSC 10/2 angeordnet, dass sowohl in „befreundeten" als auch in neutralen Staaten geheime Waffenlager anzulegen seien, um bei einem möglichen sowjetischen Vordringen nach Westeuropa gegensteuern zu können. Beauftragt mit der Durchführung wurde die CIA.

In Washington war man damals geschockt über die kommunistische Machtübernahme in der Tschechoslowakei und man befürchtete, dass auch andere Länder auf diese Art unter die Kontrolle der Sowjetunion kommen könnten. Die Dampfwalze der Roten Armee wäre dann kaum zu stoppen, sollte aus dem „kalten" ein heißer Krieg werden.

Und Österreich wäre eines der ersten Länder, das besetzt werden würde.

Die CIA begann in Etappen sowohl Waffenlager anzulegen als auch Operationspläne für einen Partisanenkampf hinter den dann weit in den Westen verschobenen Grenzen anzufertigen. Codewort: „Stay behind". Gedacht war daran, dass sich kleine örtliche Gruppen, geleitet von eingeschleusten amerikanischen Agenten, bewaffnen und Luftlandetruppen den Weg weisen sollen. Dafür sprechen auch die in den österreichischen Waffenlagern gefundenen Kompasse und Fackeln, mit denen Fallschirmjägern Landeplätze signalisiert hätten werden können.

Die damaligen österreichischen Regierungen mussten von diesen Plänen gewusst oder sie zumindest geahnt haben. Die Vorbereitungen der amerikanischen Geheimdienste, hohe Politiker und wichtige Wissenschafter im Falle einer sowjetischen Invasion in den Westen auszufliegen, mussten Spuren hinterlassen haben.

Zu den wichtigen Personen, die man nicht in Wien zurücklassen wollte, zählte auch der Physiker und Atomenergie-Spezialist Engelbert Broda, ein Bruder des sozialistischen Justizministers Christian Broda.

Auch Fritz Molden, der aktiv im Widerstand gegen das Nazi-Regime tätig war, erklärte nach der Entdeckung der CIA-Depots, sie hätten dafür gedient, Österreicher in einem Partisanenkrieg gegen sowjetische Besatzer zu bewaffnen.

Ausrüstung für Gruppen im Ostblock?

Die CIA selbst weist andere Spuren. Man sei nicht so sehr interessiert gewesen, österreichische Partisanen zu bewaffnen, die Ziele des Geheimdienstes seien „weiter östlich“ gelegen. So behauptet es jedenfalls William Hood, der zwischen 1951 und 1955 Einsatzleiter der CIA in Wien war. „Weiter östlich“ – das kann nur bedeuten, dass von Österreich aus Widerstandgruppen im Ostblock hätten bewaffnet werden sollen.

Wie schlampig – oder gebremst – die österreichische Staatspolizei und der militärische Geheimdienst gearbeitet haben, zeigen einige Beispiele. Bereits 1953 war von Bauarbeitern im oberösterreichischen Stadl-Paura ein amerikanisches Waffenlager gefunden worden. Ein lokales Ereignis, das keine Konsequenzen hatte.

In den folgenden Jahren wurden weitere amerikanische Lager entdeckt, darunter 1974 ein Depot im oberösterreichischen Kirchdorf an der Krems. Die Bergung der in Ölpapier verpackten Waffen nahmen Spezialisten des Bundesheeres vor. Neben den Gewehren wurden damals auch Handbücher für den Partisanenkrieg entdeckt. Die Bücher waren in Deutsch und trugen das Herstellungsdatum 1951. Was ziemlich deutlich der CIA-Version widersprach, die verbuddelten Waffen hätten „weiter östlich“ eingesetzt werden sollen.

Durch Zufall war man im gleichen Jahr auf ein anderes geheimes Waffenlager gestoßen. Damals stieß im oberösterreichischen Klaus der Baggerfahrer Karl Tiefethaler in einer Schottergrube nahe der Pyhrnpaß-Bundesstraße auf mehrere Kisten und glaubte schon, einen Schatz gefunden zu haben. Doch als der Deckel der ersten Kiste gelüftet wurde, ragten etliche Gewehrläufe ins Freie. Die herbeigerufene Gendarmerie öffnete dann die restlichen Behälter. Zu Tage kamen 14 Schnellfeuergewehre, 23 Karabiner, 30 Zielfernrohre und gut 10 000 Schuss Munition. Dazu kamen auch etliche Päckchen mit Verbandszeug. Die Scheren darin trugen den Vermerk „Made in Solingen“, ansonsten fanden sich englische Aufschriften.

Der Entminungsdienst des Innenministeriums sicherte die gut erhaltenen und in Ölpapier eingewickelten Waffen. Es wurde vermutet, dass die deutsche Wehrmacht die Waffen erbeutet hatte und sie für ungarische Einheiten, die sich bei Kriegsende in der Nähe von Klaus befunden haben, versteckt hat. Da keine weiteren Hinweise gefunden und auch keine Zeugenaussagen gemacht worden sind, war der Waffenfund bald wieder vergessen.

Ein weiterer Großfund datiert aus dem Jahr 1988. In Neukirchen am Großvenediger wurden 120 Kilo Sprengstoff, 350 Handgranaten, Hunderte Gewehre und große Mengen Munition sowie Scheinwerfer, Feldstecher und Sanitätsmaterial ausgegraben.

Dies sind längst nicht alle bekannten Waffendepots. Der Historiker Arnold Kopeczek hat bereits 1992 in seiner Dissertation eine große Zahl an weiteren Funden dokumentiert.

Amerikaner richteten „Gladio“ ein

Dass ein System hinter der Anlage dieser Waffenlager stecken musste, wurde vollends klar, als 1990 in Italien die von der CIA 1956 gegründete Geheimorganisation „Gladio“ enttarnt worden ist. Gladio, die Bezeichnung leitet sich von dem römischen Kurzschwert ab, sollte einerseits im Falle einer Okkupation durch die Sowjets Partisanenaktionen organisieren, andererseits mithelfen, die Machtergreifung kommunistischer Parteien, etwa in Italien, Frankreich oder Österreich, zu verhindern.

Der römische Staatsanwalt Felice Casson hatte 1990 einen Jahre zurückliegenden Bombenanschlag zu untersuchen und stieß dabei auf das brisante „Gladio"-Material. Die Organisation war gemeinsam von der CIA und dem italienischen Geheimdienst SISMI (Servizio per le Informazioni e la Sicurezza Militare) gegründet worden. Nach Cassons Ermittlungen musste auch die Regierung die Existenz von „Gladio" zugeben – allerdings sei sie schon lange nicht mehr existent, wurde behauptet.

Immerhin: 139 Waffenlager wurden in Italien gefunden, ein Ausbildungscamp für Partisaneneinsätze in Sardinien in der Nähe des Seebades Alghero war enttarnt worden. Die Akten gaben Weiteres her: 50 Lager in der Schweiz, 20 in den Niederlanden und 6 in Belgien gingen auf das Konto von „Gladio"-ähnlichen Organisationen.

In Italien war der Geheimdienst in die CIA-Aktionen und in die Existenz der geheimen Waffenlager eingeweiht gewesen – in Österreich sollte es anders gewesen sein?

In Deutschland waren mit Hilfe der Organisation Gehlen und dann des Bundes-Nachrichtendienstes BND nicht nur geheime Waffenlager angelegt worden, nach Unterlagen der CIA habe man auch ein Netz von „schlafenden Agenten" geknüpft, die für nichts anderes ausgebildet worden sind, als sich nach einer eventuellen sowjetischen Okkupation überrollen zu lassen und dann hinter den feindlichen Linien einen Partisanenkampf zu organisieren.

Auch die Briten verbuddelten Waffen

Ähnlich wie die Amerikaner haben auch die Engländer ohne Wissen der österreichischen Regierung in den 50er-Jahren Waffenlager in ihrer Besatzungszone eingerichtet. Zuständig dafür war die Spionageorganisation MI 6, die der Normalbürger wohl nur als Dienstgeber von Geheimagent 007 kennt.

Der ehemalige MI 6-Agent Simon Preston, quasi ein James Bond der Wirklichkeit, hat erst 1999 einen Teil der Geheimnisse um die Österreich-Aktivitäten seines Dienstes gelüftet: er habe 1952 gemeinsam mit drei weiteren Geheimdienstoffizieren sechs Waffenlager im Grenzgebiet zwischen der Steiermark und Kärnten anlegen lassen, gestand er in einem Interview. Die Lager wurden in der Nähe von Bauernhäusern auf der Koralpe und der Saualpe von Besatzungssoldaten eingerichtet, ein vertrauenswürdiger Österreicher wurde zum Bewacher der versteckten Waffen bestimmt. Im Ernstfall hätte dieser Vertrauensmann britische Agenten, die mit Fallschirmen nahe der Lager gelandet wären, zu den Waffen führen sollen.

Schon vor dieser Enthüllung, im Jahr 1965, haben Mineraliensammler in einem aufgelassenen Bergwerksstollen in Bleiberg Waffen- und Munitionskisten mit englischer Aufschrift gefunden. Alle waren leer, doch dürfte auch dieses Lager seinerzeit von der britischen Besatzungsmacht bestückt worden sein.

Sehr diskret informierte daraufhin das britische Außenministerium die österreichische Regierung über weitere 33 Depots, die in den 50er-Jahren in Kärnten und der Steiermark entstanden sind. Nirgends war mehr etwas zu finden und der Verdacht lag nahe, dass die Waffen schon Jahre vorher von Geheimagenten entfernt und möglicherweise 1956 während des Aufstands in Ungarn eingesetzt worden sind.

Offiziell hat Österreich über die britischen Waffenlager und deren Entdeckung nie etwas der Öffentlichkeit mitgeteilt. Mehr als zehn Jahre waren sie unentdeckt geblieben, offenkundig eine gelungene Aktion von MI 6.

Die Sowjets legten Lager „Grot“ an

Wenn Geheimdienst-Agenten überlaufen, haben sie immer etwas im Gepäck. Ein paar brisante Informationen, die einerseits ihr Wissen dokumentieren, und andererseits ihren Wert steigern sollen.

So auch jener KGB-Spion, der sich im Sommer 1997 beim deutschen Bundes-Nachrichtendienst im bayerischen Pullach meldete. Unter anderem in seinem Portefeuille: genaue Aufzeichnungen, wo die Sowjets während des Kalten Krieges in Österreich unter der Tarnbezeichnung „Grot“ Waffenlager angelegt haben. In jedem Versteck sollen sich Minen zur Sprengung von Eisenbahnschienen, Sprengstoff zum Zerstören von Hochspannungsmasten, eine „Cherepkha-Mine“ mit zwei zusätzlichen Sprengsätzen und fünf Zündschnüre zu je sechs Meter befunden haben. Die explosive Fracht war als Diplomatengepäck von Moskau nach Wien geschmuggelt worden. Der BND informierte Österreichs Innenministerium, das in aller Stille durch Beamte der Staatspolizei die Stichhaltigkeit der Angaben überprüfte.

Das größte Lager, so der abgesprungene Russe, wurde zu Weihnachten 1976 im Raum Zeltweg eingerichtet und noch 1990 von einem Agenten überprüft. Die vergrabenen Sprengstoffe, Pistolen und die Munition seien damals noch funktionstüchtig gewesen. Diese Informationen bedeuten, dass KGB-Agenten lange nach Beendigung des Besatzungsregimes in Österreich ungehindert Waffen über die Grenzen hatten bringen und Depots dafür anlegen können. Die Stellen, wo weitere Depots von den Sowjets angelegt worden waren, sind nach den Enthüllungen des KGB-Agenten von der Staatspolizei monatelang beobachtet worden, da die Möglichkeit bestand, dass auch sie noch „betreut" würden. Allerdings entschloss man sich nach einiger Zeit, die Lager zu räumen, da die Überwachung zu aufwendig geworden wäre.

Einige der angegebenen Lagerstätten existierten inzwischen nicht mehr. So arrangierte man zum Beispiel zur Tarnung eine Bundesheerübung rund um die Ruine Starhemberg nahe von Piesting in Niederösterreich, da es dort in genau bezeichneten Gewölben Verstecke für Faustfeuerwaffen geben solle. Man wollte für die Suche Ruhe vor Neugierigen haben, doch waren die bezeichneten Gewölbe bereits eingestürzt und die Suche in den Mauerresten verlief ergebnislos.

Wie der Überläufer weiter dem BND zu Protokoll gab, wurde aus der Sowjetunion sogar ein Höhlenforscher nach Österreich beordert. Der Spion hatte den Auftrag, die Pläne sämtlicher Höhlen in Österreich zu beschaffen und sie dem Kreml abzuliefern, da sie bei militärischen Auseinandersetzungen von strategischer Wichtigkeit seien.

Doch bereits Jahre vor den Enthüllungen des KGB-Agenten war man durch Zufall auf ein Depot der besonderen Art gestoßen. Mitte Mai 1990 war einem Hobby-Archäologe am Fuße des Leopoldsberges in Wien im Waldboden eine wasserdichte Metallbox aufgefallen. Der Inhalt entpuppte sich als eine Funkanlage, wie sie auch in der Sowjetarmee verwendet wird. Wochen hindurch wurde die Fundstelle in der Hoffnung überwacht, den Agenten zu schnappen. Während einer längeren Regenperiode wurde die Aktion „Unterholz" unterbrochen. Als die Schattenmänner wieder kamen, war das Versteck leer.

Auch Olahs Gewerkschaft versteckte Gewehre und Sender

In Österreich existierten aber auch illegale Waffenlager ganz anderer Art. Eingerichtet nicht direkt von ausländischen Geheimdiensten, sondern von heimischen Gewerkschaftsfunktionären.

Im Oktober 1950 hat die Kommunistische Partei Österreichs zu großen Streikaktionen aufgerufen. Ein sogenanntes „Lohn- und Preisabkommen“ brachte einschneidende Preiserhöhungen bei Grundnahrungsmittel – so stieg etwa der Brotpreis von 1,90 auf 2,40 Schilling. Vor allem in der sowjetischen Besatzungszone kam es zu Massendemonstrationen. Franz Olah, der damalige Chef der mächtigen Bau- und Holzarbeitergewerkschaft, bot seinem Parteifreund Innenminister Oskar Helmer an, mit seinen Kollegen die Streikbewegung „zu beenden“. Olahs Truppen wurden mit Holzprügel bewaffnet, er selbst erhielt eine Pistole, und tatsächlich schafften es die sozialistischen Arbeiter, die KPÖ-gesteuerte Streikbewegung innerhalb kürzester Zeit auszubremsen.

In seinen Memoiren („Die Erinnerungen“) schreibt Olah 1995: „Nach dem Oktober 1950 begannen wir mit dem Aufbau einer systematischen Abwehrorganisation für den Fall einer neuerlichen Machtprobe mit den Kommunisten.“ Finanziert wurde dieses Vorhaben, das intern unter der Chiffre „Sonderprojekt“ lief, mit Millionenbeträgen aus Amerika. Olahs Verbindungsmänner waren die US-Gewerkschaftsführer Irving Brown und Jay Lovestone. Man darf aber vermuten, dass die CIA voll informiert war. In Österreich jedenfalls wussten von Anfang an Innenminister Helmer und SPÖ-Chef Adolf Schärf davon.

Als Tarnung diente sowohl eine „Atlanta Holzwarenhandels GmbH“, über deren Bücher der Ankauf diverser Waren ging, als auch ein behördlich angemeldeter „Österreichischer Wander-, Sport- und Geselligkeitsverein“ (ÖWSGV).

Die geselligen Wanderer hatten bald Karabiner, Faustfeuerwaffen, Sprengstoff und Tränengasbomben beschafft und in zahlreichen Depots versteckt. Nach den Anordnungen der amerikanischen Ratgeber wurde für je 100 Mann der Olah-Truppe folgendes Material zusammengestellt: 22 Pistolen oder Revolver mit je 2 000 Schuss Munition, 28 Maschinenpistolen mit je 2 000 Schuss Munition, 20 Karabiner mit 5 400

Schuss Munition, 34 Selbstladegewehre Typ Springfield mit Zielfernrohren und 3 600 Schuss Munition, vier leichte Maschinengewehre, 5 Abschussvorrichtungen für Panzerabwehrraketen samt 40 Raketen, außerdem etwa 200 Handgranaten. „Auch ich hatte im Stahlschrank in meinem Büro immer einen kleinen Vorrat an Waffen bis hin zu Maschinenpistolen", schreibt Olah in seinen Erinnerungen.

Angekaufte LKWs wurden zu Mannschaftstransportern umgerüstet, und in einem Depot in Salzburg lagerte Winterausrüstung für eine ganze Kompanie. Im Gewerkschaftshaus in der Wiener Schottenfeldgasse und in der SPÖ-Bezirksparteizentrale in der Kalvarienbergasse wurden starke Sender installiert. Das Netz wurde mit kleineren Anlagen sowohl in der sowjetischen Besatzungszone als auch im Westen Österreichs komplettiert.

Offiziell aktenkundig wurde der Staatspolizei das „Sonderprojekt" spätestens im Mai 1953. Damals peilte die Post einen starken Sender an, der im Auftrag Olahs in Trofaiach in der Steiermark errichtet worden ist. Über Schriftstücke, die beim Funker gefunden wurden, war rasch eine Verbindung zu Olah zu erkennen. Wiens Staatspolizeichef Oswald Peterlunger suchte den mächtigen Gewerkschafts-Boss und Nationalratsabgeordneten in dessen Büro auf. Er kannte seine kratzbürstige Art und redete daher anfangs um den heißen Brei. Man habe einen illegalen Sender beschlagnahmt, den Funker festgenommen, offenkundig sei die Gewerkschaft Eigentümer der Anlagen, das sei doch sehr peinlich und so fort. Olah war kurz angebunden. Er sei von Innenminister Helmer schon informiert worden. Er schlage vor, den Mann freizulassen. Er werde veranlassen, dass die Sendeanlage abgeholt werde. Damit sei wohl die Angelegenheit beendet, oder? „Wir fuhren bei Nacht und Nebel mit mehreren Fahrzeugen in die Steiermark, holten alle Stationen ab, brachten sie nach Wien und verteilten sie von hier aus weiter", schrieb dazu Olah in seinen Memoiren. Ganz kalt hatte er Peterlunger auflaufen lassen und gezeigt, was er von der Staatspolizei hält.

Das „Sonderprojekt" wurde auch nach Abschluss des Staatsvertrages nicht aufgegeben. Zeitweise standen rund 2 000 Mann unter dem Oberbefehl von Franz Olah, im Laufe der Jahre kamen rund 10 Millionen Schilling, für damalige Verhältnis ein Riesenbetrag, aus Amerika

Richtung Österreich. Erst nach dem Sturz Olahs, der von der bürgerlichen „Wochenpresse“ als „Schatten über Österreich“ bezeichnet wurde, begann sein Vertrauter Heinrich Daurer im Keller des Gewerkschaftshauses in der Wiener Ebendorferstraße, wo Olah noch ein Abteil benutzen durfte, mit der Vernichtung aller Unterlagen über das Sonderprojekt.

Wohin die Waffen verschwunden sind, bleibt ein Geheimnis. Verbindungen zu dem Projekt „Gladio“ wurden von Olah stets dementiert.

Der „gestiefelte Kater“ wollte bei „Gladio“ mitmischen

Offenkundig aber hat es in Österreich noch eine andere Gruppe gegeben, die am „Gladio“-Unternehmen teilhaben wollte, weil sie es als Möglichkeit sah, ihren vorhandenen Anti-Kommunismus ausleben zu können. Ehemalige Nazi-Funktionäre dienten sich der CIA an und verschafften sich dadurch nicht nur eine „weiße Weste“, sondern auch Unterstützung für ihre oft krausen politischen Ziele.

Anführer dieser Gruppe, die sich als Teil einer „Legion Europa“ sah, war in Österreich der hochrangige ehemalige Hitler-Jugend-Führer Fred Borth, Autor des Buches „Nicht zu jung zum Sterben“ über das Kriegsende 1945 in Wien. Die Lust an schmucken Uniformen trug ihm unter seinen Kameraden den Spitznamen „gestiefelter Kater“ ein. Sein Ziel war es, eine Aufgabe innerhalb der „Gladio“ zu übernehmen, und so lieferte er diversen Geheimdiensten Informationen en gros und en detail.

Zu seinen Abnehmern zählte die Wiener Staatspolizei genau so wie der italienische Geheimdienst, der sich in Wien als Presseagentur unter den Namen „Information für alle“ (IFA) tarnte.

Dabei kamen Freund und Feind unter die Räder, und Borth soll vor allem Verrat an den Südtirol-Aktivisten jener Zeit begangen haben, obwohl ihm diese ideologisch hätten nahe stehen müssen.

Enttarnt wurde Borth schließlich vom oberösterreichischen Staatspolizisten Leo Maier. Der arbeitete zwar mit der amerikanischen CIA und dem israelischen Geheimdienst Mossad zusammen, und war in Bruchstücken auch über die europäischen „Gladio“-Aktivitäten informiert, doch störte ihn Borths NS-Vergangenheit.

Aufdecker Maier musste schließlich selbst als Agent der Staatspolizei gehen. Seine „unautorisierte“ Aktion gegen Borth brachte ihn in Verruf, und so wurde er öffentlich als Geheimdienst-Mann genannt und damit „verbrannt“. Aufgefallen war er seinen Vorgesetzten schon früher, nämlich 1984, als er die offizielle Version, ein Kollege von ihm sei „zufällig“ von Straßenräubern erschossen worden, angezweifelt hatte. Es ging damals um den Staatspolizisten Gerhard Loitzenbauer, der in Beirut auf offener Straße erschossen worden war. Loitzenbauer recherchierte über illegale Waffengeschäfte österreichischer Firmen im Nahen Osten und für Maier war klar, wer hinter dem Mord steht. Seine Meinung, dass Waffenschieber einen Neugierigen beseitigt hätten, wurde später auch vom damaligen Generaldirektor für die öffentliche Sicherheit, Robert Danzinger, geteilt. Dieser hatte eine Zeugenladung im Verfahren um die „Noricum“-Affäre erhalten und teilte Leo Maier ein paar Tage vorher mit, dass er „auspacken“ werde. Gewisse Verwicklungen prominenter Österreicher seien ihm bekannt, auch Details über den Mord an Loitzenbauer. Doch zum Auspacken kam Danzinger nicht mehr, im Oktober 1990 erlag er einem Herzinfarkt. So steht es jedenfalls im Totenschein.

Kapitel 12

Pragmatisierte Agenten und ihre veröffentlichten Bilanzen

Innenministerium stellt Jahresberichte der Staatspolizei ins Interne. Vorwürfe gegen die Filiale der Staatsbank Koreas. Wem gehören die Millionen, die von der „Sanften" abgehoben werden sollten? Die „Noricum"-Affäre und kein Ende.

Vorhang zur Schattenwelt einen Spalt weit geöffnet

Eine unscheinbare Deckseite, geziert mit dem österreichischen Bundesadler. In grauer Schrift darauf der Titel des rund 100-seitigen Werkes: in den ersten Jahren des Erscheinens „Staatsschutzbericht", jetzt heißt das Konvolut „Verfassungsschutzbericht". Diese Berichte, die das Bundesministerium für Inneres seit dem Jahr 1997 veröffentlicht und auch ins Internet stellt, sollen einerseits den Arbeitsbereich und andererseits auch die konkreten Tätigkeiten der Staatspolizei im Vorjahr aufzeigen.

Geöffnet wird dadurch, zumindest einen Spalt weit, der Vorhang zur Schattenwelt, wird ein Blick in die Tätigkeit von Spionen und deren Bekämpfung ermöglicht.

Der Aufbau ist seit 1997 immer gleich: zuerst wird über die Aktivitäten links- und rechtsradikaler Gruppen in Österreich referiert. So heißt es schon im Bericht 1997, dass es seit Mitte der 80er-Jahre „zu einer größeren Anzahl von Anschlägen" gekommen ist, die eindeutig der linksextremen Szene zugeordnet werden müssen. Die rechtsextremen Kreise dagegen waren im Berichtsjahr „überwiegend defensiv ausgerichtet". In einem eigenen Kapitel wird über die Verhaftung von Franz Fuchs und die damit erfolgte Aufklärung der diversen Briefbomben-Attentate berichtet. Mehr, als in den Zeitungen darüber schon berichtet worden ist, erfährt man auch aus dem Staatsschutzbericht nicht.

Einen breiten Raum nehmen die Ausführungen über die Tätigkeit ausländischer Nachrichtendienste ein. Schließlich wird berichtet, welche Erkenntnisse man im Zusammenhang mit dem Waffenhandel oder dem Menschenschmuggel gewonnen hat.

Bezeichnend dabei ist: Im Kapitel über ausländische Nachrichtendienste wird zwar viel über russische und sogar über koreanische Dienste berichtet, kein Wort wird jedoch über Agenten aus Amerika, aus der Bundesrepublik Deutschland oder aus Israel verloren. Die machen offenbar einen großen Umweg um Österreich ...

In Wahrheit stimmt das nicht: Österreich ist nach wie vor, auch für westliche Geheimdienste, ein vielbeachtetes und vielbeobachtetes Land. Auch deshalb, weil es in Wien zahlreiche internationale Organisationen gibt, da ja ebenfalls zu beobachten und auszukundschaften sind.

Die Bank als Stützpunkt eines Geheimdienstes

Im Staatsschutzbericht 1997 des Innenministeriums wird ein angeblicher Stützpunkt des Geheimdienstes von Nordkorea enttarnt. Es ist die Golden Star Bank AG in Wien, die einzige Filiale der Staatsbank Nordkoreas in Europa. Die Staatsschützer im O-Ton: „Diese Bank wurde wiederholt im Zusammenhang mit Geldwäscherei und Verbreitung von Falschgeld bis hin zur Involvierung in den illegalen Handel mit radioaktiven Stoffen genannt. In diesem Zusammenhang muss Wien als ein Zentrum für die Finanzgeschäfte und -transaktionen Nordkoreas in Europa angesehen werden."

Der Kassenraum der Bank in der Wiener Kaiserstraße 12 ist nicht gerade pompös – ein einziger Schalter, kein Bankomat, Laufkundschaft gibt es nicht. Laut Firmenbuch hat die Bank sieben Angestellte und zwei Vorstandsmitglieder, die Herren Sung Jon und O Nam Jong. Alleiniger Aktionär ist die nordkoreanische Staatsbank in Pjöngjang. Bilanzsumme laut letztem Jahresabschluss für das Jahr 2000: 214 Millionen Schilling.

1982 hat die „Golden Star Bank AG" eine eingeschränkte Konzession von den österreichischen Behörden erhalten, Spareinlagen darf sie nicht entgegennehmen. „So intensiv das Haus in den vergangenen 20 Jahre auch observiert wurde, so wenig ist bis heute über die Natur der dort abgewickelten Geschäfte bekannt", schrieb unlängst das Wiener

Nachrichtenmagazin „profil". Zwar tauchten bei der Staatspolizei immer wieder Verdachtsmomente auf, doch an Beweisen fehlte es. Gesperrt könnte das Institut wohl nur werden, wenn im Zuge der jüngsten Auseinandersetzung wegen der koreanischen Atomprogramme internationale Sanktionen gegen die kommunistische Diktatur verhängt werden.

Das kleine ABC der Spionage

Um die Staatsschutzberichte leichter lesbar zu machen, werden manchmal auch lockere Passagen eingeschoben. Also liest man etwa: „Früher waren es eher idealistische Gründe, die einen Menschen zur Zusammenarbeit mit einem Nachrichtendienst führten. Heute überwiegen die materiellen Aussichten."

Wie aber wird ein Normalbürger zum Schattenmann? Genügen ein paar Scheinchen? Und wie verpflichten die Profis einen Anfänger als V-Mann oder als „Quelle". Damit man da besser durchblickt, erklärt der Staatsschutzbericht Ausdrücke aus der Branche, weiht die Leser quasi in das „kleine Spionage-ABC" ein.

Durch „Tippen" (Hinweis auf eine Person, die für den Nachrichtendienst von Interesse ist) wird mit dem Neuling Kontakt aufgenommen. In der Folge entwickelt sich gemächlich eine Art von freundschaftlicher Beziehung, in der ein Mitarbeiter des Geheimdienstes die Lebensumstände beziehungsweise die Eignung der angesprochenen Person überprüft. Schwächen, wie etwa Spielsucht oder die Vorliebe zu hübschen jungen Mädchen, werden dabei natürlich erbarmungslos ausgenutzt.

Nach dieser sogenannten „Kultivierungsphase" beginnt der Führungsoffizier FO (das ist ein operativer Mitarbeiter eines Geheimdienstes, der einen oder mehrere zukünftige, oder auch bereits tätige Agenten zu führen hat), die anvisierte Person um kleine Gefälligkeiten zu bitten. Bevorzugte „Probeaufträge" sind das Besorgen von öffentlich zugänglichen Unterlagen. Selbst wenn der Betreffende dann Verdacht schöpft, ist er durch sein vorausgegangenes Handeln schon so kompromittiert, so dass er aus Angst vor Repressalien weitere Aufträge meist nicht mehr ablehnt.

Nicht selten kommt es auch vor, dass eine Person bereits angeworben ist, aber erst Jahre später eingesetzt wird. Diese Personen werden „Perspektivagenten" genannt. Meist sind das Schüler oder Studenten, von denen man annehmen kann, dass sie später einmal Zugang zu öffentlichen Diensten oder zu wissenschaftlichen Unterlagen haben werden.

Ganz gewieft erscheint auch das „Anwerben unter fremder Flagge". Dabei gibt der Führungsoffizier vor, für ein Unternehmen tätig zu sein, das gerade in Not ist, und nur durch die Hilfe der angepeilten Person wieder aus dem Schlamassel gerettet werden kann. Eine Auskunft hier, ein paar Dokumente da – natürlich gegen entsprechende Bezahlung. Ein wenig Psychologie – ein bisschen „Brainwashing" auf die sanfte Tour, und schon kann „Hilfe" von dem Probanden erwartet werden. Gewünschter Nebeneffekt des „Anwerbens unter fremder Flagge": Der Zusammenhang mit dem Nachrichtendienst ist vorerst gänzlich verschleiert.

Die besten und nützlichsten „Lehrlinge" sind aber immer noch Geschäftsführer ausländischer Firmen oder Regierungsvertreter anderer Länder. Die Kontaktaufnahme erfolgt dann meist bei offiziellen oder zumindest öffentlichen Veranstaltungen mittels der sogenannten „offenen Gesprächsabschöpfung" (so wird im Jargon ein gezieltes Ausfragen im Rahmen der verstärkten Kontaktpflege durch den Führungsoffizier bezeichnet). Das vermeintliche „Unter-Sich-Sein", und ein paar Gläschen Wein lockern meist die Zunge der Zielperson. Der Vorteil bei dieser Methode: Steigt die Person ins Geschäft ein, so wird nach dessen Amtszeit sein Postennachfolger dieses wohl auch tun.

Aber die Offiziere des Nachrichtendienstes kennen auch eine todsichere Methode um sich jemanden gefügig zu machen: „Kompromat"! Unter diesem Zauberwort, das ein wenig nach Waschpulverwerbung klingt, versteht man „die Einsetzung echter oder gefälschter Mittel, um eine Person unter Druck zu setzen, damit sie nachrichtendienstlich auszunutzen ist". Wenn nichts mehr geht: „Kompromat" hilft immer. Bei Männern so gut wie bei Frauen.

Wie einst in Havanna, bei einer Frau namens Maria.

Die Romanze mit dem kubanischem Arzt

Die Geschichte begann im Januar 1991, als die damals 33-jährige Wienerin Maria (verschweigen wir den Familiennamen) der österreichischen Botschaft in Havanna auf der Insel Kuba zugeteilt wurde. Die Vertragsbedienstete des Bundesministeriums für auswärtige Angelegenheiten lernt schon nach ein paar Wochen einen kubanischen Arzt mit dem romantischen Vornamen Luis Felipe kennen. Der schwört ihr kurz darauf ewige Liebe und die Romanze scheint perfekt. Ein paar Wochen fühlt sich die Botschaftsangehörige wie im siebenten Himmel.

Doch an einem heißen Wochenende fährt Maria mit ihrem Herzblatt in ein Hotel aufs Land. Entspannen ist angesagt. Im Zimmer kramt Luis Felipe auf einmal ein Säckchen Marihuana aus der Tasche und dreht sich einen Joint. Zur Entspannung – versteht sich. Ein paar Züge vom Joint und wenige Sekunden später stürzen plötzlich einige Polizeibeamte ins Zimmer. Nehmen den Arzt fest.

Zufall?

Maria beruft sich auf ihre diplomatische Immunität und fährt in ihre Wohnung. Kaum eine halbe Stunde später klopft es bei der Frau an der Türe. Der Mann stellt sich als „Fernando, Beamter des kubanischen Innenministeriums" vor. Er könnte ihrem Geliebten vielleicht helfen, wenn auch sie im Gegenzug ein paar Gefälligkeiten für ihn erledigen würde.

Erpressung? Oder wieder ein Zufall?

Egal. Für Maria zumindest. Damit sie ihren Romeo bald wieder in die Arme nehmen kann, ist die Frau sogar äußerst gefällig: Verschlussunterlagen aus der Botschaft, politische Meldungen, Dissidentenlisten, Informationen über US-Einrichtungen auf Kuba und sogar zwei Originalschlüssel für das Botschaftsgebäude beschafft sie und gibt alles an Senior Fernando weiter. Kurze Zeit später ist Luis Felipe tatsächlich wieder frei.

Über Monate hindurch kopiert Maria fleißig und ergebenst alle nur erdenklichen Unterlagen aus der Botschaft. Unter anderem eine Liste mit einer Vielzahl an Namen von kubanischen Regimegegnern.

Was die Frau damals noch nicht wusste: sie war Opfer einer nachrichtendienstlichen Operation der „Direccion de Contra Intelligencis"

(DCI) geworden war. Und dass die DCI Luis Felipe als „Romeo-Agent", wie es so trefflich im Geheimdienstjargon heißt, auf sie angesetzt hatte.

1993 heiratet Maria ihren falschen Romeo, quittierte ihren Dienst, übersiedelt nach Florida und wartet, bis ihr Gatte das Visum für die Einreise nach den USA bekommt. Gesehen hat die Österreicherin ihren Mann seither allerdings nicht mehr. Von Luis Felipe fehlt jede Spur. Er soll nach Kanada entschwunden sein. Zwei Jahre später, an einem feuchtheißen Januartag, wird Maria von ihrer Vergangenheit eingeholt. Vor der Tür ihrer Wohnung in Miami steht ein FBI-Beamter, Abteilung Spionageabwehr. Der Agent stellte der Frau bohrende Fragen zu ihrer Tätigkeit als Sekretärin der österreichischen Botschaft in Havanna, und konfrontiert die verblüffte Frau mit der bitteren Wahrheit.

Jetzt wird auch Maria klar: Der kubanische Geheimdienst hatte den Drogenvorfall inszeniert, um sie zu erpressen.

Den FBI-Mann interessierten vor allem die Dissidentenlisten, die Maria seinerzeit übergeben hat. Denn die Spionage-Affäre um die ehemalige Botschaftssekretärin fiel in eine denkbar sensible Phase, politisch gesehen. In Kuba begann sich damals gerade der Widerstand gegen die Diktatur zu regen. Jahrzehntelang hatte es das Einparteienregime zwar geschafft, alle oppositionellen Zuckungen im Keim zu ersticken, aber akute Probleme mit der Versorgung drohten 1992/93 die Stimmung in Kuba zu kippen.

Mit einem Mal fanden sich Künstler, Anwälte und Journalisten in kleinen Gruppen zusammen, und begannen die Allmacht der Partei in Frage zu stellen. Die Nervosität des Regimes äußerte sich in einer Welle von Verhaftungen. Niemand weiß genau, ob nicht etliche Dissidenten durch den Spionagefall in der österreichischen Botschaft ins Gefängnis kamen.

Wie die Sache ausging, berichtet der Staatsschutzbericht 1997 nicht. Nur eines: Nach langwierigen Ergebungen sei in Österreich Anzeige gegen die Frau wegen Zusammenarbeit mit dem kubanischen Geheimdienst erstattet worden. Ob da nicht das Pferd vom Schwanz aufgezäumt worden ist?

Erst im Bericht für das Jahr 1998 wird ergänzt, dass die Frau wegen Verletzung des Amtsgeheimnisses zu einer bedingten Freiheitsstrafe von vier Monaten verurteilt worden ist.

85 Millionen für EU-Sicherheit

Im Übrigen enthält dieser Staatsschutzbericht viel Selbstlob: die EU-Präsidentschaft Österreichs habe hohe Anforderungen an die Staatspolizei gestellt, die jedoch problemlos bewältigt worden seien. Allerdings: die Sicherheitsmaßnahmen haben 85 Millionen Schilling Zusatzkosten verschlungen. Dass nichts mehr ohne Werbung funktioniert, zeigt eine andere Passage: im Rahmen eines Sponsorvertrages hat BMW 85 Limousinen der EU-Prominenz zur Verfügung gestellt.

Dabei hat das Jahr turbulent begonnen: am 2. Jänner wurden von Linksextremen im Sigmund Freud-Park in Wien-Alsergrund 15 Bäume umgeschnitten, die als Erinnerung an die Unterzeichnung der „Römischen Verträge" gesetzt worden waren. Zu weiteren größeren Aktionen kam es dann allerdings nicht.

Im Berichtsjahr wurden von der Staatspolizei offenkundig keine Spionageaktivitäten registriert, jedenfalls wurden keine im Bericht erwähnt.

Mitrochins Archiv nur „historisch" interessant

Die Staatspolizei sei „Schild der Republik", malt der neue Innenminister Ernst Strasser im Staatsschutzbericht für das Jahr 1999, für ein Jahr somit, als er noch nicht in Amt und Würden war, ein martialisches Bild der Schattenmänner. Überraschend dürr dagegen die Aussagen über das Material, das durch das Buch des abgesprungenen KGB-Archivars Wassili Mitrochin auch öffentlich bekannt wurde. Der Mann, der in der KGB-Zentrale in Moskau die geheimsten Dokumente schlichtete und ablegte, zweigte einen Teil davon auch für sich ab. Vielleicht als Alterssicherung, als Zubesserung zu einer Rente, jedenfalls hortete er brisantes Material.

Mit Tausenden abgeschriebenen Dokumenten lief er 1992 in den Westen über, stellte sich dem britischen Geheimdienst. In der Folge wurden zahlreiche Schattenmänner ans Licht geholt. Der emsige Archivar dokumentierte auch Hunderte Fälle, die Österreich betrafen. Im Staatsschutzbericht 1999 dagegen konnte man dazu keine Details mitteilen. Nur soviel: die Aufarbeitung des Materials sei „hauptsächlich von historischem Interesse, doch konnte in einigen alten Verdachtsfällen die Bestätigung erbracht werden, dass die früheren Vermutungen richtig gewesen sind."

Aus, Schluss. Welche Vermutungen das waren, welche Konsequenzen daraus gezogen wurden, das alles erfährt man nicht.

Sollte Terror-Geld über Wien transferiert werden?

Über die Aktivitäten der Staatspolizei im Jahr 2000 berichtet das Innenministerium schon unter dem Namen Verfassungsschutzbericht. Es fällt besonders ein Absatz über die Abu-Nidal-Organisation auf. Auf Seite 74 ist nachzulesen, dass „am 14. Januar 2000 auf Grund eines Haftbefehls des Landesgerichts Wien eine libysch-jordanische Staatsbürgerin in Wien festgenommen wurde, als sie versuchte, von einem Konto der Bank Austria zwei Millionen US-Dollar auf eine Wiener Zweigstelle der Arab-Bank zu transferieren. Bei den auf dem Konto liegenden Geldern handelt es sich mit großer Wahrscheinlichkeit um Gelder der Terrororganisation Abu Nidal" (ANO).

Der Name Abu Nidal versetzte jahrzehntelang die Geheimdienste in aller Welt in Angst und Schrecken, sein Name war gleichbedeutend mit blutigem Terror. Abu Nidal, arabisch für „Vater des Kampfes", wurde im Mai 1937 in der palästinensischen Stadt Jaffa als Sohn eines Orangenpflanzers geboren. Bürgerlicher Name: Sabri Khalil Abdul Hamid al-Banna. Die irakische Führung unterstützte den Palästinenser beim Aufbau einer Gegenorganisation zu Yassir Arafats PLO. Abu Nidal dürfte einige Zeit für die Geheimdienste Iraks, Syriens und Libyens gearbeitet haben. Der Iran und der Sudan hatten wiederholt bestritten, ihm Unterschlupf gewährt zu haben. Libyens Staatschef Muammar al-Gaddafi unterstützte den Terroristen jahrelang finanziell und technisch, etwa mit Waffen und Reisedokumenten.

Bei der Staatspolizei im österreichischen Innenministerium sind auf Tausenden Seiten die Aktivitäten der Abu-Nidal-Gruppe in Österreich dokumentiert.

Am 1. Mai 1981 wurde der sozialistische Wiener Stadtrat Heinz Nittel, der gleichzeitig auch Präsident der Österreichisch-Israelischen Gesellschaft war, vor seinem Haus in Hietzing erschossen.

Im August 1981 kam es vor der Synagoge in der Wiener Innenstadt zu einem Terroranschlag: Die beiden Attentäter Marwan Hasan und Husham Rajih warfen Handgranaten und schossen aus Maschinenpistolen. Zwei Menschen starben, 20 weitere wurden verletzt. Die beiden Terroristen wurden festgenommen, Rajih gestand auch den Mord an Heinz Nittel.

Im Oktober 1981 konnte in Salzburg der Führer des Terrorkommandos, Bahij Younis verhaftet werden. Die Synagogen-Attentäter wurden zu lebenslanger Haft verurteilt, Younis erhielt 20 Jahre.

Abu Nidal drehte die Spirale des Terrors weiter. Am 27. Dezember 1985 wurde am Flughafen Wien-Schwechat von drei Attentätern in die Menge vor dem Schalter der israelischen Luftlinie El-Al gefeuert. Der Überfall forderte drei Todesopfer. Die damalige österreichische Bundesregierung fürchtete weitere Anschläge und auf Anordnung von Bundeskanzler Bruno Kreisky wurden Verhandlungen mit Vertretern von Abu Nidal aufgenommen. Staatspolizeichef Anton Schulz persönlich flog in den kommenden Jahren zweimal nach Paris und sprach dort am Flughafen Orly mit Abgesandten der Abu-Nidal-Gruppe. Österreich sei bereit, Younis vorzeitig aus der Haft zu entlassen, sollte man künftig von Terroraktionen verschont bleiben. Ob vom Staat auch „Lösegeld" angeboten und bezahlt wurde, konnte nie bewiesen werden.

Tatsächlich wurde der Mann 1995, nachdem er fast 14 Jahre seiner Haft verbüßt hatte, entlassen. Allerdings konnte er nicht abgeschoben werden, da ihn kein Land aufnehmen wollte. Younis blieb als „legaler Illegaler" in Österreich und wurde von der Staatspolizei als „Informant" engagiert. Immerhin ist sein Wissen über die diversen nahöstlichen Terrorgruppen trotz des langen Gefängnisaufenthalts immer noch vorhanden.

Sein früherer Chef Abu Nidal starb im August 2002 in der irakischen Hauptstadt Bagdad. Nachdem eine arabische Tageszeitung berichtete, dass er von zwei Irakern erschossen worden sei, teilte der Leiter des irakischen Geheimdienstes, Dschalil al-Habusch, der Presse die „offizielle Version" mit: Abu Nidal habe „Selbstmord begangen". Die irakischen Behörden veröffentlichten Fotos der Leiche des Terroristenführers. Die Fotos, auf denen die Leiche Abu Nidals mit 2 Kopfschüssen zu sehen ist, wurden nie veröffentlicht. Zweifel am Selbstmord?

„Die Sanfte" und das Geld aus Libyen

Zurück zur Verhaftung der Frau aus dem Nahen Osten im Schalterraum der Bank Austria im Jänner 2000. Die Frau in Schwarz war die 58-jährige Halimeh Mohammad Abdallah Almughrabi, die Frau des Abu-Nidal-Finanzchefs.

Die erste Hauptverhandlung gegen sie im April 2000 dauerte nicht lange. Die Frau gibt sich gelassen, und ihr Anwalt Farid Rifaat erklärt: „Halimeh heißt ‚die Sanfte', mit Abu Nidal oder Terror hat sie nichts zu tun." Das Geld stamme aus einer Erbschaft. Ihr Mann, ein Teppich- und Textilgroßhändler aus Libyen, hebe seit Jahren immer wieder von dem Konto ab. Natürlich nur für sein Geschäft.

Die Verhandlung wird zur Farce: harmlose Fragen vom Richter, dementsprechend harmlose Antworten der Angeklagten. Kein Wort über den begründeten Verdacht der Geheimdienste, dass der Ehemann der „Sanften" nicht nur Teppichhändler, sondern auch ANO-Finanzchef sein soll. Kein Wort darüber, dass das Geld von Mordaufträgen und Erpressungen stammen soll. Blutiges Geld also.

Halimeh Mohammad Abdallah Almughrabi ist wegen „Mitgliedschaft an einer kriminellen Organisation" angeklagt, die nächste Hauptverhandlung wird für Ende September angesetzt. Der „Sanften" drohen fünf Jahre Freiheitsstrafe. Sie beantragt, gegen Kaution aus der Untersuchungshaft entlassen zu werden. Einen Tag später hinterlegt sie die geforderte Kaution von 500 000 Schilling und macht sich auf die Heimreise nach Libyen.

Ein abgekartetes Spiel? Ein Deal?

Was dann geschah, beschreibt der Verfassungsschutzbericht 2000 des österreichischen Innenministeriums sehr zurückhaltend so: „Es langten ernst zu nehmende Informationen ein, die auf eine Bedrohung österreichischer Interessen durch die ANO für den Fall hinwiesen, dass die bei österreichischen Banken eingefrorenen ANO-Gelder nicht freigegeben werden." Und schlussendlich: „Die erforderlichen Sicherheitsmaßnahmen wurden getroffen, da ein Bedrohungspotential gegeben ist." Punkt. Ende. Klare Aussagen! Oder?

Eingefroren wurden aber nicht nur die zwei Millionen Dollar, die von der „Sanften" auf ein anderes Konto umgeleitet werden sollten.

Insgesamt liegen auf Konten der Bank Austria umgerechnet 109 (!) Millionen Schilling. Auch in Euro noch immer ein stattlicher Betrag. Vermutlich Geld der Abu Nidal Organisation.

Zur zweiten Verhandlung im September 2000 erscheint die „Sanfte" nicht mehr vor dem Wiener Gericht, dafür kommt ein Vertreter der PLO und meldet Anspruch auf das Geld an. Auf „diplomatischen Wegen", mit Hilfe der österreichischen Botschaft in Tripolis, versucht man die Rückkehr der Angeklagten zu erwirken. Doch die Chancen, dass Libyen die Frau gegen ihren Willen ausliefert, sind gleich Null. Man gibt die Hoffnung trotzdem nicht auf, denn die österreichische Justiz hat noch eine Trumpfkarte im Ärmel: „Die Sanfte" hat noch Geld in Wien, viel Geld.

Es wird von einem Deal gemunkelt: Österreich stellt die Verfolgung ein und behält dafür das Geld. 109 Millionen Schilling – ein Vermögen. Offiziell bestreiten das aber beide Seiten. Der Anwalt der Libyerin, Farid Rifaat: „Ein derartiger Handel kommt nicht in Frage". Rifaat weiter: „Sie will ja kommen, sie hat nur Schwierigkeiten mit der Ausreise aus Libyen."

Im Jänner 2001 versucht man es noch einmal, doch die Frau ließ den Richter wieder sitzen. Im November 2002 versucht es der Wiener Strafrichter Andreas Pollack zum dritten Male, doch auch er muss fünf Minuten später die Tür zum Verhandlungssaal wieder hinter sich zuschließen. Die Angeklagte war zum dritten Mal hintereinander, trotz der hinterlegten Kaution, nicht erschienen. Angeblich hat man ihr den Pass abgenommen und ihr boshafter Weise auch noch dazu die Ausreise nach Österreich verwehrt. Ja, ja so sind's halt – die Schattenleut' mit ihren Schattengschäftl'n.

Triebwerke für Flugzeuge werden geschmuggelt

Das Geschäft ist ein sehr lukratives, wenngleich auch ebenso gefährlich. Doch die Mächtigen die sich dahinter verbergen haben beste Beziehungen und wissen sich zu schützen, dass niemand ihnen auf die Schliche kommt. Und sie haben Geld. Viel Geld. Die Waffenschmuggler.

Geschmuggelt und verschoben wurde freilich schon immer, denn Kriegsmaterial ist immer gefragt. Aber liest man etwa im Verfassungsschutzbericht 2000 auf Seite 103 nach, beginnt man zu erahnen, welches Ausmaß die Waffenschieberei in der Neuzeit angenommen hat.

So wurden von den österreichischen Behörden im September 2000 am Flughafen Wien-Schwechat zwei Triebwerke für Kampfflugzeuge sichergestellt. In einem anderen Fall kamen 112 Pakete und Dutzende Kisten am Rollfeld an. Als die Zollwachebeamten sie öffneten, staunten sie. In jedem Paket lagen, fein und sauber verpackt, fünf Gewehrläufe samt Gehäuse für das SLR-96. Diese halbautomatische Waffe wird in Bulgarien erzeugt und ist ein Nachbau der Kalaschnikow-AK 47. In den Kisten fanden Beamte Schäfte und andere Einzelteile der Marke „Arsenal SLR 96". Profis hätten aus all den beschlagnahmten Einzelteilen rasch einige hundert Sturmgewehre zusammenbauen können. Einen Monat später stellte man, wieder am Airport Schwechat, vier Fliegerbomben samt Flügelstabilisierung sicher.

Es ist fast unmöglich zu eruieren, wohin die Waffen tatsächlich gehen sollten. Meist weiß man nur, dass man nicht sehr viel weiß und wissen wird. Nur soviel: Als Käufer scheinen immer wieder Briefkastenfirmen auf, die ihren Sitz irgendwo auf den Virgin Islands oder den Bahamas haben.

Aber woher kommt das Kriegsmaterial nach Österreich? Die Staatspolizei vermutet, dass der Großteil aus den Balkanstaaten ins Land kommt, sofort verteilt oder in andere EU-Staaten geliefert wird. Der überwiegende Teil des Schmuggelgutes: Gewehre, Handgranaten, Pistolen und Revolver, kistenweise Munition und natürlich Sprengstoffe jeder Art. Quer durch die ganze todbringende Palette.

Aber nicht nur über den Luftweg gelangt das Kriegsmaterial ins Land. In letzter Zeit werden vermehrt Kuriere per Pkw oder Lkw zum „Shoppen" in den Osten geschickt. Mit der heißen Ware treten sie dann wieder die Heimreise in EU-Staaten an. Obwohl die Schmuggler äußerst kreativ ans Werk gehen, bleiben viele beim Zoll hängen, oder werden von den Schattenmännern des Geheimdienstes geschnappt.

In den Niederlanden und in Slowenien etwa stellten die Sicherheitsbehörden aus einem Fahrzeug Dutzende Mobiltelefone sicher. Als man sich näher mit den Handys beschäftigte, glaubten sich die Beamten in einem James Bond Film wiederzufinden: öffnete man die Telefone, so kamen vier Läufe für den Abschuss von Patronen zum Vorschein. Abschuss mit den Tasten 5 bis 8. Eine Waffe, wie geschaffen für einen schnellen Auftragsmord.

Nachwehen der „Noricum"-Affäre

Viele Schieber schlüpfen den Agenten des Geheimdienstes oder den Zollwachebeamten zunächst einmal durch die Finger. Sie wiegen sich schon in Sicherheit, denn es ist viel Zeit vergangen seit dem heiklen Deal. Doch dann passiert es: Die Eingangstüre wird überraschend aufgebrochen, zahlreiche vermummte Männer einer speziellen Anti-Terror-Einheit stürmen unter lautem Geschrei ins Innere und Sekunden später klicken die Handschellen. Wenn die Beweise ausreichen.

Im Dezember 2000 findet auf einem Werksgelände einer Maschinenfabrik im obersteirischen Liezen eine Hausdurchsuchung statt. Im Auftrag der Staatsanwaltschaft Korneuburg stürmen die Staatspolizisten der Einsatzgruppe zur Bekämpfung des Terrorismus (EBT) die Maschinenfabrik. Die Beamten suchen nach Maschinenteilen. Ersatzteile für Kriegsgeräte für den Nahen Osten.

Schon lange plante man diesen Einsatz, denn es bestand der begründete Verdacht, dass bereits 1997 zwei Frachtflugzeuge mehr als 40 Tonnen Ersatzteile für die GHN-45 Kanone illegal in den Iran geflogen haben sollen. Erzeugt in eben dieser oststeirischen Fabrikanlage. Und eben diese Firma soll untrennbar mit der „Noricum-Affäre" der 80er- bzw. 90er-Jahre in Verbindung stehen.

Damals konnten der Liezener Waffenschmiede illegale Kanonenlieferungen in den Iran und den Irak nachgewiesen werden, und da GHN-45 Kanonen in beiden Ländern noch immer im Einsatz sind, war es naheliegend, dass neue Ersatzteillieferungen anstehen. Die nunmehr privaten Eigentümer haben zwar auf zivile Produkte umgestellt, in den vergangenen Jahren tauchten aber immer wieder große Mengen von Ersatzteilen für das legendäre österreichische Artilleriegeschütz GHN auf Flugplätzen und in Donauhäfen auf.

Die Noricum-Nachfolgefirma MFL war 1994 mit der Pleite des Konzerns von Emmerich Assmann in den Konkurs geschlittert und von einem obersteirischen Unternehmer gekauft worden. Auch er war

„Kaufmann im Bereich der Wehrtechnik“. Der Grün-Politiker Peter Pilz witterte damals Verdacht. Es folgte eine Anzeige wegen Verdachts des Verstoßes gegen das Kriegsmaterialiengesetz und Neutralitätsgefährdung.

Im Februar 1997 werden drei einschlägige Funde gemacht: Der Zoll stellt in Krems 20 Paletten mit GHN-Komponenten sicher. Am Flughafengelände in Wien-Schwechat werden ebenfalls Teile sichergestellt, und schließlich lassen sich auch noch in Pressburg 42,2 Tonnen Bauteile beschlagnahmen. Zieladresse der Fracht: Teheran.

Abgewickelt wurden die Transaktionen über die Firma „Systemtechnik“ in Eisenerz. Eine Firma, die der Züricher „T&T Technology Trading Ltd.“ gehört, deren Verwaltungspräsident Dieter Bührle ist, der wiederum die Vertriebsrechte für die GHN um 180 Millionen Schilling von der Noricum-Nachfolgefirma Maschinenfabrik Liezen (MFL) gekauft hatte.

Ganze Berge von Akten wurden sichergestellt. Eine mögliche Verbindung zum Mord an Jan Ducky, dem ehemaligen slowakischen Handelsminister, der 1999 von einem Profikiller in seinem Haus in Pressburg ermordet wurde, könnte bestehen. Das ist die eher bescheidene, vorläufige Bilanz der Justiz gegen Nachfolgefirmen der ehemaligen Staats-Waffenschmiede „Noricum“.

Kapitel 13

Der Staubsauger im Äther
Blick durch's Schlüsselloch

Staatsbürger fühlen sich belauscht und beobachtet und suchen Hilfe bei Sicherheitsberatern. Bedenklicher als private „Wanzen“ oder Geheimkameras sind jedoch das weltweite Abhörsystem „Echelon“ und der Schwarm an Spionagesatelliten am Himmel.

Die Furcht vor dem „gläsernen Menschen“

Viele Menschen fühlen sich Jahr für Jahr stärker bedroht. Bedroht durch unsichtbare Gefahren, die ihre Privatsphäre stören könnten. Sie glauben sich belauscht und beobachtet, sie vermuten, dass in ihrer Kommunikation geschnüffelt wird, sie fürchten, zu „gläsernen Manschen“ zu werden. Zu Individuen, über die Behörden, die Konkurrenz oder geheimnisvolle Organisationen alles herausbekommen. Daher suchen sie Hilfe. Unter anderem bei Manfred Fink, der als Beruf „Sicherheitsberater“ angibt. Er ist gerichtlicht beeidigter Sachverständiger. Sein Einsatzgebiet: ganz Deutschland. Der Mann hat viele Kollegen in der ganzen Welt, überall gibt es Gesellschaften mit fachkundigen Angestellten, die Schutz und Sicherheit anbieten. Das Geschäft boomt. Kein Wunder, denn Fink und seinesgleichen verstehen es, Privatpersonen oder Firmen vor Angriffen Neugieriger zu schützen.

Auf Sicherheitsmessen ist zu sehen, welche Maßnahmen möglich sind, um die private oder kommerzielle Intimsphäre zu schützen, man sieht aber auch, welche Mittel von Schattenmännern eingesetzt werden können, um eben in diesen persönlichen Bereich einzudringen.

Längst hat der Begriff „Wanze“ abseits der zoologischen Zuordnung in den allgemeinen Sprachgebrauch Eingang gefunden. Es sind lästige elektronische Dinger, die alles aufschnappen, was in einem Raum gesprochen wird. Sie sind etwa daumennagelgroß, im Extremfall aber so klein wie der Kopf einer Stecknadel, und enthalten ein Mikrophon und einen Minisender. Betrieben wird das Gerät mit einer Batterie, die als Folie ausgebaut ist. Der High-Tech-Spion kostet an die 20 000 Euro und liefert, wenn er strategisch gut versteckt angebracht wird, per Funk alles, was im Raum gesprochen wird, an einen Empfänger. Kann der Lausch-Spion noch an eine fixe Stromquelle, etwa im Telefon oder in einer Steckdose, angeschlossen werden, erspart man sich noch dazu einen Batteriewechsel.

Auch die Polizei setzt derartige Wanzen ein, vorausgesetzt ein Gerichtsbeschluss ermächtigt sie dazu.

Die elektronischen Mini-Spione sind aber oft nicht einmal notwendig, denn auch durch Fernabfrage kann ein im Raum befindlicher Anrufbeantworter die Funktion der Wanze übernehmen. Trotz aufgelegtem Telefonhörer nimmt das Mikrophon die Schallwellen auf, wer den Code des Anrufbeantworters kennt, kann dann mithören.

Eine weitere „Lausch"-Methode ist das „Hochfrequenz-Fluten". An irgendeinem Punkt der Telefonleitung wird ein Hochfrequenz-Signal in das System geschickt. Wird dann in dem Raum, in dem sich das Telefon befindet, gesprochen, wird das Hochfrequenz-Signal moduliert und kann dann an einem beliebigen Punkt der Telefonleitung wieder getrennt, somit die Sprache hörbar gemacht werden.

Durch das Fenster mit Laser lauschen

Oft ist es nicht möglich, unbemerkt in eine Wohnung einzudringen, um eine Wanze anzubringen. In diesem Fall kann von außen ein Lauschangriff gestartet werden. Dazu werden Laserstrahlen gegen das Fenster gerichtet, hinter dem ein Gespräch stattfindet. Die Fensterscheiben vibrieren ganz schwach im gleichen Rhythmus wie die Schallwellen und der Laserstrahl reflektiert diese Schwingungen zu der Lauschstation.

Geheimagenten haben diese Methode in Wien angewandt, um vertrauliche Gespräche abzuhören, die in einer russischen Firma geführt wurden. Der Verdacht bestand, dass die Gesellschaft in dubiose Geschäfte verwickelt war. Doch die Laser-Abtastung der Fenster ermöglichte nicht nur das Abhören von Gesprächen, auch der Computer war im Visier. Für Spezialisten sind Computer verräterische Plappermäuler, auch wenn sie nicht im Datennetz hängen, können sie belauscht werden. Schuld ist die sogenannte „kompromittierende Abstrahlung“. Die während des Betriebs im Inneren eines Computers entstehenden elektromagnetischen Wellen dringen nach außen und sind für jedes Zeichen, das eingegeben wird, unterschiedlich. Durch Spezialgeräte kann diese Abstrahlung bis auf etwa einen Kilometer Entfernung aufgefangen und praktisch lesbar gemacht werden. Schutz bieten Störsender, durch die diese Wellen unlesbar gemacht werden können.

Gespräche und Mails aus dem Äther saugen

So lästig Wanzen oder angezapfte Telefonleitungen auch sind, sie wirken harmlos im Vergleich zu einem weltumspannenden Abhörsystem, das wie ein Staubsauger Mitteilungen aus dem Äther holt.

Passionierte Schwammerlsucher kennen den Anblick: runde, eierschalenfarbene Pilze, versteckt im Laub. Es sind sogenannte Boviste. Wer sich der Gegend um Menwith Hill in Mittelengland nähert, glaubt Riesenboviste zu sehen. 21 kugelförmige Gebilde überragen zwanzig, dreißig Meter hoch die umliegenden flachen Gebäude. Das 200 Hektar große Gelände ist weiträumig abgesperrt, die einzige Zufahrt streng bewacht.

Hier, am Menwith Hill, befindet sich eine Abhörstation des weltweiten Lauschsystems „Echelon“, und die großen Boviste sind die mit Kunststoff ummantelten elektronischen Ohren des Systems. Das Lauschen im Äther ist fein geregelt – da gibt es Gruppen, die auf die Kommunikation von diplomatischen Einrichtungen spezialisiert sind, oder andere, die fremde Satelliten im Visier haben.

Mit den Antennen hier und den anderen, die in vielen Ländern aufgestellt sind, können alle Telefongespräche und Fax-Sendungen, alle E-Mails, die über Nachrichten-Satelliten von einem Land in ein anderes übermittelt werden, empfangen und aufgezeichnet werden. Ohne richterlichen Beschluss, ohne nachträgliche Überprüfung durch offizielle Gremien. Und ohne Ansehen der Absender oder Empfänger, auch wenn es sich um fremde Regierungsstellen handelt.

Immer noch ist Echelon streng geheim, wird offiziell sogar verleugnet, und nur ab und zu dringt ein Informations-Häppchen an die Öffentlichkeit.

Bereits 1971 wurde über Drängen des amerikanischen Supergeheimdienstes NSA (National Security Agency) dieses weltweite Abhörsystem gemeinsam mit den Geheimdiensten von Großbritannien, Kanada und Australien eingerichtet. Rund um den Globus stehen die Abhöranlagen – eine wichtige in Denver im US-Staat Colorado, die nächstgelegene in Bad Aibling in Bayern. Andere in der Türkei oder in Neuseeland.

Rein technisch wäre das System in der Lage, etwa drei Milliarden Nachrichten täglich aus dem Äther zu fischen, daher bestand seit Beginn der Lauschaktion das Problem, was man von dieser riesigen Zahl an Gesprächen oder Mails aufzeichnen muss. Computergesteuerte Schnüffel-Programme durchsuchen die Nachrichten nach Schlüsselwörtern oder sortieren sie nach vorgegebenen Telefonnummern aus. Die Hauptaufgabe der Dictionary-Computer besteht also darin, den größten Teil der abgehörten Informationen wegzuwerfen.

Viele Parlamentarier der Europäischen Union sind besorgt, dass dieses weltumspannende Abhörsystem auch zur Wirtschaftsspionage genutzt werden kann, und verlangten Aufklärung von den Betreibern. Eine Gruppe reiste zur NSA, doch wurden sie quasi vom Portier abgewimmelt. In einem Bericht an das EU-Parlament berichtete schließlich der deutsche Abgeordnete Gerhard Schmid, dass man „eine Indizienkette, die vor jedem Schwurgericht standhalten würde“, habe, die die Existenz von Echelon beweise.

Dazu nur ein Beispiel: Als im März 1993 der spanischstämmige Manager José Ignacio Lopez vom deutschen Autokonzern Opel zum Konkurrenten Volkswagen wechselte, wusste man bei Opel bald, dass Lopez zwar seinen Büroschlüssel zurückgelassen, dafür aber wichtige Firmengeheimnisse mitgenommen hat. Welche das genau waren, konnte man bald beweisen: der NSA hatte durch seine Lausch-Satelliten des Systems Echelon neben E-Mail-Nachrichten auch zahlreiche transnationale Video-Konferenzen des VW-Konzerns abgefangen und der Opel-Mutter General Motors in den USA zur Verfügung gestellt, die das Material schließlich an Opel weitergeleitet hatte.

Es gibt keine Möglichkeit, das zu verhindern. Als einzige Konsequenz rieten EU-Spezialisten dazu, künftig wichtige Nachrichten sorgfältig zu verschlüsseln.

Als sich auch die französische Regierung beschwerte, dass durch Echelon-Aktionen Firmengeheimnisse ausgekundschaftet worden seien, gab James Woolsey, ein Boss der NSA, nonchalant zur Antwort, man habe nur solche Meldungen ausgewertet, aus denen hervorging, dass französische Firmen durch Bestechung zu Aufträgen gekommen waren: „Wir haben nur für gleiche Chancen der US-Firmen gesorgt."

Für Aufregung sorgte im Dezember 1998 ein Bericht der Londoner Tageszeitung „Mirror", wonach die NSA mit Hilfe von Echelon Gespräche von Prinzessin Diana aufgezeichnet hatte. Der Geheimdienst musste zugeben, 156 Seiten von Gesprächsaufzeichnungen zu besitzen, die allerdings „top secret" behandelt und keiner Regierungsstelle zugänglich gemacht worden seien.

Eine Stadt voller Schattenmänner

Die NSA, der in Fort Mead in Maryland beheimatete Supergeheimdienst der USA, hat etwa 40 000 Angestellte, größtenteils Techniker, aber auch Dolmetscher für über 100 Sprachen. Computerspezialisten sind darunter genau so vertreten wie ein Heer von Mathematikern, die für das Brechen von Chiffriersystemen zuständig sind. Die Stadt ist voller hochqualifizierter Schattenmänner.

Doch nicht nur jene Telefongespräche, Fax-Nachrichten oder E-Mails, die über Satelliten von Land zu Land gesendet werden, können von Echelon aufgefangen werden, angezapft wurden auch die Untersee-Kabel von und nach Amerika, Großbritannien und Australien. Die Signale werden an jenen Stellen aufgenommen, bei denen die Kabel anlanden. Ist dort kein Zugang möglich, so setzt die NSA auch U-Boote ein, um unter Wasser in die Nähe der Kabel zu kommen. Jahrelang hat der US-Geheimdienst sogar eine Unterwasser-Wanze an einem sowjetischen Kabel im Hafen von Murmansk angebracht gehabt und so die russische Marine in ihrer Kommunikation mit dem Kreml belauschen können. Ein Überläufer der CIA hat den Sowjets den Ort verraten, wo die Wanze – Codename „Ivy Bells" – platziert war. Sie wurde entfernt und hat heute einen Ehrenplatz im Moskauer KGB-Museum.

Vier Wiener Studenten haben nach dem Studium vieler Quellen 2001 eine 48-seitige Studie über Echelon erarbeitet. Dieses Abhörsystem habe ein „Bedrohungsszenario von kafkaeskem Ausmaß" erreicht, wie sie schreiben. Die „Grenze zwischen Paranoia und Realität ist sehr dünn geworden".

Tatsächlich entstand mit Echelon eine neue Abhör-Technologie. Früher konnten Geheimdienste und Spionageorganisationen „nur" den hochfrequenten Funkverkehr zwischen Bodenstationen belauschen oder mussten in Handarbeit Telefonleitungen anzapfen. Dadurch, dass die Schattenmänner nun auch an jene Informationen herankommen, die über Satelliten transportiert werden, vervielfachen sie ihr Wissen.

Kameras spähen durch das Schlüsselloch

Überwacht werden Menschen und Firmen auch durch elektronische Augen, durch Video-Kameras. Agenten verstecken die winzigen Dinger, die die Aufnahmen zu einer Empfangsstation oder einem Aufzeichnungsgerät senden können, in Leuchtkörpern oder in Aktenschränken. Manche Kameras sind so klein, dass sie in ein Schlüsselloch passen.

Will die Polizei beim Kampf gegen Gesetzesbrecher Video-Kameras einsetzen, braucht sie eine Genehmigung durch das Gericht.

Als erster in Österreich hat eine derartige Genehmigung Brigadier Kurt Mitterberger eingeholt. Sein Name scheint in keinem Telefonbuch des Innenministeriums auf, geheim ist auch, in welchem besonders gesicherten Gebäude er mit seinen 27 Mitarbeitern sitzt. Alle zwei Jahre werden er und seine Spezialisten einer Sicherheitsüberprüfung unterzogen, bei der Vermögensverhältnisse und privater Umgang sowie körperliche und geistige Fitness unter die Lupe genommen werden.

Schattenmänner, vom Scheitel bis zur Sohle.

Mitterberger leitet die 1998 geschaffene und kurz SEO genannte „Sondereinheit für Observation" des Innenministeriums und ist direkt dem Generaldirektor für die öffentliche Sicherheit unterstellt. Er repräsentiert das Auge (und das Ohr) des Gesetzes. Er lässt „im Namen des Gesetzes" einbrechen, lässt Abhörgeräte und winzige Videokameras in Wohnungen oder Büros platzieren und kann mittels Satelliten-Peilung vorher präparierte Autos rund um die Welt verfolgen.

Fein ist das Aufgabengebiet der SEO im § 149 der Strafprozessordnung und einem ausführlichen Erlass umschrieben. Sie hat jeweils nach einem Beschluss der richterlichen Ratskammer „das nichtöffentliche Verhalten und die nichtöffentlichen Äußerungen von Personen unter Verwendung technischer Mittel zur Bild- oder Tonübertragung und zur Bild- oder Tonaufnahme ohne Kenntnis der Betroffenen“ festzustellen.

In der Umgangssprache hat sich dafür längst der Terminus „großer Lauschangriff“ eingebürgert. Zulässig ist er nur, wenn schwere Verbrechen vermutet werden, wenn es gegen die Organisierte Kriminalität (OK) geht und wenn andere Mittel zur Aufklärung des Falles versagen.

Allerdings: was die Sondereinheit kann, können auch andere Schattenmänner, und die wenden ihre Methoden auch ohne richterlichen Auftrag an.

Einsatz gegen die Suchtgift-Dealer

Der größte Einsatz der Schattenmänner der SEO stieg Anfang 1999 im Chinarestaurant „Willkommen“ in der Währinger Straße in Wien-Alsergrund.

Es begann im Oktober 1998 mit einem „Zund“ an das Wiener Sicherheitsbüro. Im Obergeschoss des „Willkommen“ sollen vor allem Suchtgift-Dealer zusammenkommen, es sei ein geheimes Hauptquartier einer nigerianischen Gruppe.

Getarnt in Lieferautos und als Straßenkehrer beobachteten Kriminalbeamte das Chinarestaurant. Dann wurde ein Zimmer in dem gegenüber liegenden Hotel Regina angemietet und die Gäste des Lokals fotografiert und auf Videos festgehalten. Bald stellte sich heraus, dass es offensichtlich „Stammgäste“ gab, vor allem Schwarzafrikaner.

Einige davon waren der Polizei bekannt, sogenannte „street-runner“, die für den Verkauf des Suchtgiftes auf der Straße zuständig sind.

Parallel zur Observation des China-Restaurants wurden Telefone verdächtiger Personen abgehört. 30 000 Gespräche wurden registriert und ausgewertet, etwa 4 000 Telefonnummern in aller Welt wurden immer wieder angerufen. Doch stichhaltige Beweise, wer die Drahtzieher der Geschäfte sind, wie die Organisation funktioniert, konnten nicht beschafft werden.

Die Hinweise häuften sich, wonach die Spitzen dieses Drogenrings regelmäßig im „Willkommen“ ihre Unterläufer empfingen, Geld kassierten und Rauschgift verteilten. Das Sicherheitsbüro musste aber bald feststellen, dass mit konventionellen Mitteln kein Erfolg zu verbuchen war. Sicherheits-Generaldirektor Michael Sika beauftragte daher die SEO, sich des Falles anzunehmen.

Getarnt als „Gewerbeinspektoren“ besuchten die Spezialisten das Lokal, besorgten sich Bau- und Schaltpläne und fertigten Nachschlüssel an. Während der Nachtstunden drangen sie dann die Extra-Räume im ersten Stock ein und stellten fest, wo sich Videokameras, Mikrophone und Tonaufzeichnungsgeräte getarnt anbringen ließen.

„Wir können“, meldete dann Mitterberger im Ministerium. Ein Lauschangriff sei möglich. Doch zwischen „können“ und „dürfen“ verstrich noch viel Zeit.

Das Projekt musste der Staatsanwaltschaft Wien vorgelegt werden, diese hatte die Oberstaatsanwaltschaft zu informieren, eine aus drei Richtern bestehende „Ratskammer“ konnte dann die Genehmigung zum Lauschangriff erteilen, wobei jeder Schritt von Rechtsschutzbeauftragten zu überprüfen ist. In dieser Funktion wirkte der pensionierte Verfassungsrichter Rudolf Machacek.

Die Justiz gab dann am 10. Februar 1999 grünes Licht für den ersten großen Lauschangriff. Jetzt erst begann die Arbeit der SEO im China-Restaurant. Eine Videokamera wurde so montiert, dass sie den großen Arbeitstisch des Extrazimmers im Blickfeld hatte. Die Mini-Kamera musste besonders lichtstark sein, denn die Beleuchtung des Raumes war eher schummrig. Drei Mikros und die dazu gehörenden Aufzeichnungsgeräte wurden ebenso gut getarnt angebracht.

Drei Wochen lang, von 19. Februar bis 9. März, wurden die Gespräche im Hauptquartier der Drogendealer-Organisation abgehört und ihre Geschäfte auf Video aufgenommen.

Mit diesem Material begannen dann die Spezialisten, das in zahlreichen afrikanischen Dialekten und holprigem Englisch Gesprochene den verschiedenen Personen zuzuordnen. Dabei schaltete die SEO neben Dolmetschern auch deutsche Experten für Spracherkennung ein. Mit ziemlicher Sicherheit wurde so dokumentiert, wer was gesagt hat.

Erst nach der Auswertung der Video- und Audio-Protokolle stellte das Innenministerium eine Sonderkommission zusammen, beantragte etwa 100 Haftbefehle und dachte sich für die Aktion den Code-Namen „Operation Spring" aus. Am 27. Mai 1999 rückten 34 Teams in Wien, St. Pölten, Linz und Graz aus, holten die Dealer aus ihren Betten.

In der „Öffentlichen Sicherheit", der Zeitschrift des Innenministeriums, wird über die Aktion so berichtet: „Unter den Festgenommenen waren 77 Nigerianer, vier Ungarn, zwei Engländer, ein Amerikaner, eine Chilenin, eine Ungarin und 15 Österreicherinnen. Mehrere Kilogramm Suchtgift sowie Geld und Sparbücher in Millionenhöhe wurden sichergestellt. Bei der Festnahme verschluckten einige Dealer Drogenkugeln, andere Schlüssel. Die Beamten des Sicherheitsbüros vermuten, dass die Organisation Verbindungsstellen in Europa, Amerika und im asiatischen Raum hatte. Das Suchtgift kam aus Mittel- und Südamerika und wurde über Zwischendepots in kleinen Mengen nach Österreich gebracht: in präparierten Koffern, Büchern, Schuhen oder durch Körperschmuggler. Einige Frauen seien unter Liebesbeteuerungen für Handlangerdienste eingesetzt worden: als Geld- oder Drogenkuriere. Die qualitativ hochwertige Ware mit einem Reinheitsgehalt bis zu 90 Prozent wurde gestreckt und in Plastikkügelchen eingeschweißt. Das Suchtgift wurde in Parks, Stiegenhäusern, Kellerabteilen zwischengelagert. Mitglieder der mittleren Hierarchie verteilten die Giftkugeln an die ‚Street-Runner', diese belieferten die Abnehmer auf der Straße. Das eingenommene Geld wurde im Chinarestaurant abgeliefert. Ein großer Teil wurde auf Sparbücher eingezahlt oder in die Schweiz, nach London oder Nigeria überwiesen. Die beiden Bosse, die mit ‚Sir' angesprochen wurden, führten die kriminelle Organisation wie eine Firma; der eine führte die Mannschaft und wickelte den Handel mit Suchtgift ab; der andere schulte die Mitarbeiter und hielt Kontakt zu den ausländischen Verbindungsstellen. Ein ‚Diensthabender vom Tag', genannt ‚Chairman', organisierte die Zusammenkünfte der Nigerianer und war für die Aufteilung und Bezahlung der Suchtmittel verantwortlich. Der Großteil der bei der Operation Spring Festgenommenen waren Asylwerber ohne Aufenthaltsberechtigung."

Der Innenminister konnte nur schweigen

Das Thema Lauschen und Spähen lag Ende der 90er-Jahre in der Luft. Bereits vor der „Aktion Spring“, im November 1998, nahmen Alexander Van der Bellen und andere Abgeordneten der Grünen im österreichischen Nationalrat Innenminister Karl Schlögl in die Zange und wollten durch eine umfangreiche parlamentarische Anfrage über polizeiliche Überwachungsmaßnahmen informiert werden. Maßnahmen, wie sie nicht nur in Österreich, sondern auch auf internationaler Ebene praktiziert werden.

Unterfüttert war die Anfrage mit einer 40-seitigen Studie, die von der „Omega Foundation“ in Manchester im September 1998 für einen Ausschuss des EU-Parlaments angefertigt worden ist. Die Autoren listen darin eine Reihe von technischen Möglichkeiten auf, die Geheimdienste bereits genutzt haben, aber zunehmend auch von Privaten oder für die Wirtschaftsspionage beziehungsweise für halblegale Einsätze der Polizeibehörden genutzt werden.

Hier einige Auszüge aus der Studie: „Eine ganze Reihe von Überwachungsgeräten wurde entwickelt, wie beispielsweise Nachtsichtgeräte, Parabolmikrophone zum Abhören von Gesprächen in über 1 km Entfernung, Lasermikrophone, die jedes Gespräch von einem geschlossenen Fenster in Sichtweite aus verfolgen können, die ‚Danish Jai’-Stroboskopkamera, die in wenigen Sekunden Hunderte von Aufnahmen machen und alle Teilnehmer an einer Demonstration oder an einem Marsch einzeln photographieren kann. Die ursprünglich für die Verteidigung und die Geheimdienste entwickelten neuen Technologien haben sich schnell für die Strafverfolgung und im privaten Sektor durchgesetzt. Dabei handelt sich um einen jener Bereiche des technologischen Fortschritts, in dem überholte Vorschriften nicht mit der immer weiter verbreiteten missbräuchlichen Verwendung Schritt halten konnten.“

Ein weiterer Teil des „Omega“-Berichts, den Van der Bellen dem österreichischen Nationalrat vorlegte und den vorher offenkundig niemand kannte oder zur Kenntnis genommen hat, beschäftigt sich mit den in den 80er-Jahren entstandenen neuen Formen der elektronischen Überwachung, von denen viele auf die Automatisierung des

„Lauschangriffs" abzielten. Zitat aus der Studie: „Dieser Trend wurde in den USA durch erhöhte Regierungsausgaben angekurbelt, wobei das Verteidigungsministerium und der Geheimdienst zur Rechtfertigung ihrer Budgets neue Aufgaben zugeteilt bekamen und ihre technologische Ausstattung auf bestimmte Bereiche der Strafverfolgung wie die Bekämpfung von Drogenhandel und Terrorismus übertragen wurde. Computer- und Elektronikunternehmen expandierten auf neue Märkte und zwar mit ursprünglich für militärische Zwecke entwickelten Geräten. Wovon die ostdeutsche Geheimpolizei nur träumen konnte, wurde in der freien Welt schnell zu einer Realität."

Die Studie beschäftigt sich auch mit Regelungen für die öffentliche Fernsehüberwachung, wie sie zunehmend angewandt wird. Kameras an Straßenkreuzungen und in U-Bahn-Stationen, bei Tankstellen und Bankfilialen, und zunehmend auch an öffentlichen oder privaten Gebäuden, könnten vernetzt und die digital gespeicherten Aufnahmen mit Computerprogrammen nach bestimmten Gesichtspunkten durchforstet werden.

Die „Omega"-Experten führen dazu aus: „Die nächste Generation der Kontrolltechnologie wird die städtische Überwachung revolutionieren, weil eine zuverlässige Wiedererkennung von Gesichtern möglich wird. Derartige Systeme werden zunächst stationär eingesetzt werden, beispielsweise an Drehtüren, Zollübergängen, Sicherheitsübergängen und so weiter, wo eine vollständige Standardgesichtserkennung stattfinden kann. Die amerikanische Firma ‚Software and Systems' aber hat bereits ein System getestet, das Menschenmengen scannen und die Gesichter mit den bereits gespeicherten Bildern aus der Datenbank eines anderen Computers vergleichen kann. Analog dazu wurden auch Fahrzeugerkennungssysteme entwickelt, die das Nummernschild eines Autos erkennen und dann das Fahrzeug mittels eines computerisierten geographischen Informationssystems durch eine Stadt verfolgen können. Derartige Überwachungssysteme werfen erhebliche Probleme im Zusammenhang mit der Verantwortlichkeit auf, insbesondere wenn sie autoritären Regimen zur Verfügung gestellt werden. Die am Platz des ‚Himmlischen Friedens' in Peking eingesetzten Kameras wurden von ‚Siemens Plessey' als fortschrittliches Verkehrskontrollsystem vertrieben. Nach den Studentendemonstrationen im Jahre 1989 kam es jedoch zu einer Hexenjagd auf die gefilmten Demonstranten. Die demokratische Verantwortlichkeit ist also das einzige Kriterium, das moderne Verkehrsüberwachungssysteme von Technologien zum Aufspüren von Dissidenten unterscheidet."

Van der Bellen gibt auch jene Passagen der „Omega"-Studie wieder, die sich mit dem „Echelon"-Überwachungssystem beschäftigen. Innenminister Karl Schlögl soll sagen, ob er von diesem System weiß und ob die Bundesregierung Kenntnis davon hat, dass der US-amerikanische Geheimdienst NSA von Bad Aibling in Deutschland aus die österreichische Telekommunikation überwache. Doch Schlögl täuscht Zeitmangel vor und verspricht eine schriftliche Beantwortung der Fragen. In der Öffentlichkeit wurde nie bekannt, wie diese Antwort ausfiel.

Quasi am Rande kritisierten die Grünen in ihrer Anfrage auch, dass sich offenkundig Beamte des Heeres-Abwehrsamtes missbräuchlich als Staatspolizisten ausgeben. Weiterhin sei es bedenklich, dass auch Daten der Staatspolizei an den Geheimdienst des Bundesheeres weitergegeben werden. All die aus der „Omega"-Studie zitierten Überwachungsmethoden könnten natürlich von der Staatspolizei auch zur Bespitzelung der Bürger verwendet werden, malte Van der Bellen ein Szenario an die Wand, durch das der vielzitierte „Große Bruder" Orwells mickrig und veraltet wirkte.

Natürlich bestritt Innenminister Schlögl alle diese Befürchtungen. Österreichs Gesetze sichern den Rechtsstaat. Die Stimmung im Hohen Haus wurde schließlich lockerer, als Helene Partik-Pable, Abgeordnete der FPÖ, einen gewagten Vergleich zum Besten gab: „Als Metternich die Straßenbeleuchtung in Wien eingeführt hat, haben die Liberalen vermutet, dass das wieder einmal ein böser Eingriff des Polizeistaates ist, um die Bürger besser kontrollieren zu können. Meine Damen und Herren von den Grünen! Ihre Angst vor der Einführung des Polizeistaates kommt mir so ähnlich vor wie damals die Angst vor der Straßenbeleuchtung."

Wer alles hört, will auch alles sehen

Die Neugierde ist ein zutiefst menschlicher Zug. Triebfeder und auch Geißel. Verstaatlichte Neugier nennt man Spionage. Von allen

Ländern wird sie betrieben, Milliarden werden dafür aufgewendet. Menschen leben von ihr, sterben durch sie.

Moses schickte laut Bibel noch Kundschafter los, um zu erfahren, wie es im Nachbarland aussieht, heute erkunden Kameras von Satelliten aus die Erdoberfläche. In den Kriegen des 19. und 20. Jahrhunderts wurden Ballons oder tieffliegende Flugzeuge eingesetzt, um feindliche Stellungen zu finden. Doch in den Jahrzehnten nach dem Ende des Zweiten Weltkriegs verwischten sich die Fronten, nicht immer war klar, wer Freund und wer Feind ist. Der sogenannte „Kalte Krieg“ war entbrannt. Und mit ihm begann die große Zeit der Spionageflüge.

Am 7. November 1954 startete eine amerikanische B-25 mit dem Auftrag, Luftaufnahmen von der Sowjetunion zu machen. Stunden später wurde der US-Aufklärer von zwei sowjetischen Flugzeugen abgeschossen. Die Amerikaner gingen davon aus, dass sich ihr Flugzeug noch über japanischem Territorium befand, die Sowjets behaupteten, es wäre bereits über sowjetischen Boden geflogen. Solche Zwischenfälle verursachten Aufregung, beschäftigten die Diplomaten und brachten noch dazu keine Ergebnisse.

Der damalige US-Präsident Dwight D. Eisenhower hatte in seiner Zeit beim Militär positive Erfahrungen mit Luftbildern gemacht und forderte deshalb den Bau eines völlig neuen Aufklärungsflugzeuges. 150 Angestellte der CIA, der Air Force und Konstrukteure von Lieferfirmen tüftelten an der Geheimsache. Der Prototyp des Flugzeuges mit dem Codenamen U-2 sollte im Februar 1955 zum ersten Male in Watertown Strip, einige hundert Meilen von Las Vegas in der Wüste Nevadas, abheben. Die Piloten sollten von der CIA bereitgestellt werden.

Bald war klar, dass die Radarsysteme der USA die Testflüge der U-2 nicht erfassen konnten, deshalb hoffte man, dem sowjetischen Radar würden die Flüge in 20 Kilometer Höhe auch entgehen.

Doch am 22. Juni 1955 schossen die Sowjets erneut ein traditionelles Aufklärungsflugzeug der US-Navy über der Bering Straße ab. Sie bedauerten den Vorfall und boten an, die Hälfte des Schadens zu übernehmen. Offenbar wollten die Sowjets das Treffen der Supermächte in Genf nicht gefährden, das einen Monat später stattfinden sollte.

Eisenhower forderte bei dieser Konferenz einen „offenen Himmel“ (Open Sky), um sich gegenseitig vor Überraschungsangriffen abzusichern. Die beteiligten Staaten sollten Kartenmaterial austauschen, auf denen sämtliche Militäranlagen einzuzeichnen wären, und die Möglichkeit erhalten, diese Anlagen von der Luft aus zu inspizieren.

Doch der Himmel blieb zu und es verstärkte sich der Druck der CIA, endlich die U-2 einzusetzen. Und da Eisenhower erkannte, dass „Open Sky" nicht durchzuführen war, gab er die Starterlaubnis. Nach einem Gespräch zwischen dem Hauptverantwortlichen für die U-2 Flüge, Richard Bissell und Hugh Dryden, dem Chef der National Advisory Committee on Aeronautics (NACA, später NASA), wurde die U-2 im Rahmen eines Programms zum Ermitteln von Wetterinformationen präsentiert und die Piloten als zivile Mitarbeiter der Erzeugerfirma Lockheed vorgestellt.

Nachdem die Piloten geschult und die Flugzeuge fertiggestellt waren, wurde die Basis für die Flüge in Großbritannien eingerichtet.

Erste U-2 startete von Deutschland aus

Im April 1956 besuchten Chruschtschow und Bulganin London. Bei diesem Besuch bemerkte die Besatzung eines sowjetischen Schiffs einen britischen Spion. Chruschtschow zettelte einen Riesenwirbel an und Premierminister Anthony Eden wählte als Ausweg aus der Affäre, die geplanten U-2 Flüge von England aus zu untersagen.

Die Amerikaner benötigten nun eine andere Basis und man entschied sich nach Gesprächen mit Konrad Adenauer für einen Standort in West-Deutschland. Die komplette Basis wurde nach Wiesbaden verlegt.

Gute Wetterbedingungen waren sehr wichtig für brauchbare Bilder. Deshalb entschied man sich, die ersten Flüge Mitte Juni zu starten.

Eisenhower war noch immer besorgt bezüglich der Mission und fragte Allan Dulles, den Chef der CIA, was passieren würde, wenn eine U-2 abstürzen und der Pilot überleben sollte. „If we did lose one, the pilot would not survive", war die knappe Antwort. Für den Piloten war also jeder Einsatz ein Todeskommando.

Der erste U-2 Spionageflug am 4. Juli 1956 führte von Wiesbaden nach Moskau und dann über Leningrad wieder zurück nach Wiesbaden.

Einen Tag später berichtete Nathan Twining dem Präsidenten, aufgrund der Fotos sei zu erkennen, dass die Sowjetunion stark aufrüste.

Die U-2 wurden dann in der Folge eingesetzt, um in Krisensituationen Informationen zu sammeln. In 20 Kilometer Höhe flogen sie über China, während der Suez-Krise über der arabischen Halbinsel. Der perfekte fliegende Spion schien geschaffen.

Am 9. April 1960 flog eine U-2 wieder über die Sowjetunion, diesmal über Semipalatinsk, dem Kernwaffentestgelände und weiter zum Weltraumbahnhof Baikonur. Zwei sowjetische MIG-19 stellten den Aufklärer und schossen ihn ab. War das scheinbar unverwundbare Spionageflugzeug also doch nicht so sicher, oder flog es einfach zu tief?

Pilot ließ die Giftnadel im Silberdollar

Gewaltige Schlagzeilen machte dann der nächste Zwischenfall. Von Peschawar in Pakistan war am 1. Mai 1960 eine U-2 zur sowjetischen Südgrenze gestartet. Zweck des Fluges war es, Informationen über eine geheime Stadt mit dem Tarnnamen „Tscheljabinsk-65" zu sammeln. Dort standen die Kernreaktoren, in denen das Plutonium für die sowjetischen Atombomben hergestellt wurde.

Der Pilot der Maschine war Hauptmann Gary F. Powers. Das sowjetische Radar entdeckte die Maschine, die Luftabwehr feuerte und eine Rakete explodierte in der Nähe der U-2. Die Druckwelle ließ das Flugzeug ins Trudeln geraten. Doch Powers betätigte entgegen den Befehlen den Selbstzerstörungsmechanismus des Flugzeuges nicht und er ließ sich auch nicht mit dem Schleudersitz aus der Maschine hinauskatapultieren. Wahrscheinlich hatte er Angst, diese Mechanismen würden ihn töten. So trudelte er zu Boden und verabsäumte es auch, sich mit der in einem Silberdollar versteckten Zyankali-Nadel zu töten.

Powers wurde von den Sowjets der Weltöffentlichkeit vorgeführt, er musste seine Spionageaktivität gestehen und wurde zu 10 Jahren Haft verurteilt. Zwei Jahre davon saß er im Sowjetgefängnis Wladimir ab, ehe er am 10. Februar 1962 entlassen, und in Berlin auf der Glienickeer-Brücke gegen den Sowjetspion Rudolf Iwanowitsch Abel ausgetauscht wurde.

Emsige Suche nach unverwundbaren Spionen

Schon vor dem Abschuss der U-2 hatte man an unverwundbaren, fliegenden Spionen gearbeitet. Die Entwicklung von Satelliten, bestückt mit Kameras, wurde in den USA vorangetrieben.

Doch die Konkurrenz war schneller: Der erste Satellit, nicht mehr als der Ausdruck eines Imponiergehabens, war bereits am 4. Oktober 1957 gestartet: der sowjetische „Sputnik", was soviel wie „Gefährte" bedeutet. Die Aluminiumkugel hatte knapp 60 Zentimeter Durchmesser. Funkamateure konnten das „Piep-Piep" des eingebauten Senders weltweit hören. Einen Monat später startete „Sputnik 2" mit der Hündin Laika an Bord. Beide umkreisten die Erde in einer Höhe zwischen 200 und 1 000 Kilometer.

Erst am 31. Jänner 1958 zog Amerika nach, mit dem nur 6 Kilo schweren Satelliten „Explorer", während die Sowjets damals schon künstliche Trabanten im Gewicht von mehr als einer Tonne in eine Erdumlaufbahn schossen. Bald schon wurden sie mit Kameras bestückt.

Man wurde nicht müde, die zivile Anwendung dieser Schnappschüsse aus großer Höhe hervorzustreichen. Damit könne die Stadtentwicklung geplant oder der Waldbestand durchmustert werden. Große Konzerne begannen, aus der Luft nach Bodenschätzen zu suchen. Doch vorrangig für die Regierungen war die militärische Nutzung, war die Spionage.

Was vor mehr als 45 Jahren begann, gehört heute zum Aufklärungs-Alltag. Die Anzahl der fliegenden Augen ist in den letzten Jahrzehnten sprunghaft angestiegen. Wird der Platz im All knapp?

Etwa 1 000 betriebsbereite Satelliten umkreisen derzeit die Erde. Die Spionage-Satelliten müssen sich den Platz mit Kommunikations-Satelliten (zur Ausstrahlung von TV- und Radioprogrammen), Navigations-Satelliten (etwa Galileo, GPS oder GLONASS), Erdbeobachtungs-, Wetter-, sowie Forschungs-Satelliten teilen.

„Bis vor zehn Jahren war das Verhältnis von militärischer zu ziviler Nutzung rund 80 zu 20", sagt ein Wissenschafter, „jetzt ist das Verhältnis schon fast ausgeglichen." Aber die Militärs arbeiten fieberhaft daran, wieder die Oberhand zu bekommen.

Doch was ist ein Satellit überhaupt? Wie funktioniert er? Die einfachste Definition: „Satelliten sind unbemannte Raumflugkörper auf einer Umlaufbahn um die Erde oder um andere Himmelskörper." Je niedriger Satelliten die Erde umkreisen, desto schneller müssen sie sein. Der Grund dafür ist recht simpel: Bei niedrigerer Höhe ist die Erdanziehungskraft größer und kann nur durch eine höhere Fliehkraft ausgeglichen werden. Diese lässt sich nur durch eine höhere Geschwindigkeit erzeugen.

Verschiedene Etagen für die Satelliten

Spionage (Militär)-Satelliten umkreisen unseren Planeten auf dem sogenannten „Low Earth Orbit" (LEO). Sie haben die Aufgabe, von kleinen Zielen wie Militärbasen, Raketenstellungen oder sogar Flugzeugen hochauflösende Bilder zu gewinnen. Die Bahnhöhe beträgt dabei weniger als 1 000 Kilometer.

Andere Satelliten, meist für zivile Zwecke eingesetzt, sollen die gesamte Erde kartieren und müssen sie in einem Rhythmus von etwa 14 Tagen umrunden. Das Ganze in etwa 10 000 Kilometer Höhe – dem Medium Earth Orbit (MEO).

Kommunikations-Satelliten hingegen bewegen sich meist auf einer kreisförmigen Bahn um den Äquator in rund 36 000 Kilometer Höhe und umkreisen die Erde in 24 Stunden genau ein Mal. Sie befinden sich im geostationären Orbit (GEO), scheinen also am Himmel festgenagelt. Aus diesem Grund müssen etwa Parabolantennen für den TV-Empfang nur ein Mal auf einen Satelliten ausgerichtet werden.

Spionage-Satelliten halten sich also unterhalb der 1 000 km Grenze auf. Sie sind auch vom Boden aus zu erkennen. Wenn zum Beispiel ein US-Spionagesatellit den Irak überfliegt, dann ist das alles andere als geheim. Die Späher sind heute etwa so groß wie ein Linienbus und sind, bei klarem Himmel, mit dem Fernglas zu erkennen. Satelliten-Fans aus aller Welt verfolgen die Manöver am Nachthimmel und veröffentlichen deren Bahndaten. Mit Hingabe berichten sie davon, dass „vergangenen Samstag um exakt 23.12 Uhr der Radarsatellit Lacrosse 4 den Süden Floridas überquert hat", und vier Stunden zuvor „Keyhole-11 über Bagdad gesichtet" worden war.

Die Kosten für die Entwicklung und den Betrieb von Spionage-Satelliten variieren stark. Beträge von mehreren Hundert Millionen Dollar sind schon vor 20, 30 Jahren keine Seltenheit gewesen. Heutzutage geben die Militärs noch weit mehr für ihre Satelliten aus. Wie etwa für den verbesserten „KH-11“. Er kostete Amerika fast 1,5 Milliarden Euro.

Im Juli 2001, gerade rechtzeitig vor den Militärschlägen in Afghanistan, wurde dieser Spionagesatellit mit einer Titan-IV-Rakete von Vandenberg ins All geschossen. Der vom US-Militär als „Anti-Terror-Satellit“ bezeichnete Super-Späher hat eine Auflösung von zehn Zentimeter und soll der Beste der US-Spionage-Satelliten im All sein.

Angeblich könne man sogar einzelne Personen damit abbilden, soll Flüchtlingsgruppen von Taliban-Kämpfern unterscheiden können. Zudem ist er mit Infrarot-Sensoren bestückt, die in der Nacht auch kleine Lagerfeuer ausmachen können.

Alles allerdings können die Späher am Himmel dennoch nicht sehen. Ihr Problem: Der Satellit überstreicht mit seinen Kameras nur einen schmalen Streifen von zehn Kilometer Breite. Und das nur einmal in drei Tagen.

Erste Ergebnisse eher enttäuschend

Von 1963 bis 1967 starteten die USA insgesamt 43 Spionagesatelliten. Vorrangiges Ziel war die Suche nach Abschussrampen von Interkontinental-Raketen. Bei 30 Flügen wurden zwar hochauflösende Bilder von Moskau, Paris oder Hanoi gewonnen, aber insgesamt war das Ergebnis doch enttäuschend. Nur die Aufnahmen eines Satelliten waren befriedigend. Und dessen Flug dauerte gerade einmal eineinhalb Tage.

Das erste Spionage-Programm bekam seinen Namen nach der Schreibmaschine, auf der es verfasst wurde: „Corona“. Und die Abkürzung der Satelliten leitet sich von ihrer Funktion ab: sie sollten vom Himmel aus durch ein Schlüsselloch schauen, durch das „key hole“. Daher die Kurzbezeichnung KH.

Der Satellit KH-1 wurde mit einer „Thor Agena A“-Rakete in den Erdorbit befördert. Die Agena-Rakete hatte eine Nutzlast von 850 Kilogramm, und man benutzte die Oberstufe, um Bahnmanöver auszuführen und auch die Rückführung des Films zu ermöglichen. Der

70mm-Film wog 36 Kilogramm und hatte eine Länge von etwa 1 080 Meter. Er wurde an Bord belichtet, jedoch nicht entwickelt.

Dann folgte die Serie KH-2 bis KH-4. Alle waren sich in ihrer Form sehr ähnlich: Zylindrische Körper mit einer kegelförmigen Spitze. Die Startmasse variierte zwischen 779 und 864 Kilogramm. Der Durchmesser wurde von der Agena A Oberstufe diktiert und betrug 1,52 Meter, die Länge ca. 8 Meter. Alle Satelliten des Corona Programms waren batteriebetrieben, die Missionsdauer sehr kurz.

136 Kilogramm entfielen auf die Filmausrüstung und die Panoramakamera mit 61 Zentimeter Brennweite. Das Objektiv hatte die Lichtstärke 1:5. Damit konnten am Erdboden Objekte mit einer Größe von mindestens 12 Meter fotografiert werden. Die Bilder entstanden aus 167 bis 460 Kilometer Höhe und umfassten je ein Gebiet von 16 × 209 Kilometer.

Der gesamte Film wurde in eine 88 Kilogramm schwere Kapsel gespult, welche dann durch Zündung der Rückstoßraketen in die Erdatmosphäre gebracht wurde. Spektakulär erfolgte dann die Bergung des Filmmaterials: Ein Armeeflugzeug grapschte sich den Behälter im Flug.

Die wesentliche Verbesserung beim Typ KH-4 war die Mitführung von zwei Kameras, die jeweils vorne und hinten montiert waren und so stereoskopische Aufnahmen machen konnten. 20 von 27 gestarteten Missionen waren erfolgreich. Die rückgeführte Filmmenge des Typs KH-4 war zehnmal höher als bei den fünf erfolgreichen KH-3 Missionen.

Aber es gab auch genügend Probleme. Von 15 gestarteten Spionagesatelliten erreichten 6 nicht einmal den Orbit – die Trägerrakete hatte versagt. Bei anderen traten Probleme mit dem Film auf. Die Ursache war die Acetat-Basis des Films, die im Vakuum spröde wurde und dann den Mechanismus blockierte.

Mit dem „KH-6 Lanyard" wurde der erste Aufklärungssatellit vom amerikanischen Geheimdienst gestartet. Der Zweck von KH-6 war genau festgesetzt. Er sollte sowjetische Punktziele, etwa Raketenbasen, ausspionieren. Dadurch, dass der Satellit unter 160 Kilometer Höhe kreiste, ergab sich eine sehr hohe Auflösung. Objekte, die nur etwa 60 bis 70 Zentimeter groß sind, können noch deutlich ausgemacht werden. Zwei Kapseln sollten den Film zur Erde rückführen. Die maximale Betriebszeit betrug 33 Tage. Das war zwar länger als bei den Spionagesatelliten des Militärs, aber da von den drei Missionen, von März bis Juli 1963, nur eine erfolgreich war, wurde das Lanyard Programm eingestellt und von der, anfangs noch hoch geheimen, „KH-Gambit"-Serie ersetzt.

Die letzten „Key Hole"-Satelliten führten 72 Kilogramm Film mit, bei einer Lebensdauer von maximal 19 Tagen. Auf Dauer ein teurer Spaß, da pro Jahr 18 Satelliten gestartet werden müssten, um ständig präsent zu sein. Obwohl beim Gambit- oder Hexagon-Programm mehr Film-Kapseln mitgeführt werden konnten, blieb doch das grundsätzliche Problem bestehen. Nach zwei bis drei Wochen war ein 11 Tonnen schwerer Hochleistungssatellit nutzlos geworden.

Das Video-Zeitalter begann 1976

Der erste Satellit, der Video- statt Filmkameras verwendete, war der KH-11. Er startete am 19. Dezember 1976. Die Lebensdauer betrug anfangs drei Jahre, steigerte sich dann aber auf über ein Jahrzehnt. Ständig waren mindestens zwei Satelliten im Orbit.

Da die Einsatzzeit des himmlischen Spions nicht mehr von der an Bord befindlichen Filmmenge abhängig war, konnte er solange betrieben werden, wie er Treibstoff zur Lageregelung hatte. Das verringerte die Anzahl der Starts deutlich auf einen bis zwei pro Jahr. Vor allem aber waren die Bilder nun aktueller, man konnte sie live zur Bildauswertung übertragen.

Fünf oder sechs der himmlischen Spüraugen, jedes über eine Milliarde Dollar teuer, betreiben die Amerikaner heute. Jedes übertrifft mit seinem vier Meter großen Spiegelobjektiv sogar das Weltraumteleskop Hubble, dessen Spiegel gerade einmal 2,4 Meter misst.

Seit Ende der 90er-Jahre gibt es eine neue Generation von Satelliten, deren Aufnahmen nun frei verfügbar sind. Die Veröffentlichung der hochauflösenden Bilder des kommerziellen Satelliten Quickbird bescherte der unabhängigen Organisation Global Security nicht nur rekordverdächtige Zugriffszahlen auf ihre Website und ein weltweites Medienecho, sondern auch bündelweise hasserfüllte E-Mails, in denen sich „gute Patrioten" über den Verrat amerikanischer Militärgeheimnisse beklagten.

In der Tat dürfte den US-Militärs kaum behagen, was Satelliten wie der am 18. Oktober 2001 gestartete Quickbird der Öffentlichkeit und dem militärischen Gegner enthüllen. Der Aufbau spezieller Bunker für Flugzeuge ist auf den Aufnahmen ebenso zu erkennen wie der Bau einer Kommandozentrale und externe Stromgeneratoren.

Dass es mit dem „freien Himmel" noch nicht so weit her ist, zeigte Afghanistan. Rechtzeitig vor der Offensive hatte das US-Militär die Rechte für die Aufnahmezeit des „Ikonos"-Satelliten über Afghanistan für die nächsten zwei Jahre um 30 Millionen Dollar gekauft.

Die Zeiten des Bildmonopols für das Militär gehen aber unaufhaltsam dem Ende entgegen. Die Feldherren der Zukunft müssen sich wohl oder übel darauf einstellen, ihre Aktionen unter einem „gläsernen Himmel" durchzuführen. Das Ende aller Kriege bedeutet dies zwar noch nicht, aber die Öffentlichkeit kann künftig ziemlich sicher sein, umfassend informiert zu werden. Ein Fakt, den jede politische Führung bei ihren Entscheidungen berücksichtigen wird müssen.

Die Vereinigten Staaten beabsichtigen ab 2005 ein Netz von etwa 24 Spionagesatelliten mit einer bisher weltweit unerreichten Leistungsfähigkeit zu installieren. Diese Satelliten werden nur ein Drittel des Gewichts der jetzigen haben und werden in der Lage sein, zwischen acht- und zwanzigmal mehr Bilder mit einer Auflösung von 15 Zentimetern zu sammeln.

Zu diesem Zweck hat der amerikanische Rüstungskonzern Boeing einen Auftrag in Höhe von etwa 28 Milliarden Euro erhalten – das teuerste Programm in der Geschichte der US-Nachrichtendienste. Zum Vergleich: Das Projekt Manhattan zur Entwicklung der Atombombe hat die USA seinerzeit 20 Milliarden Dollar gekostet.

Auch Deutschland hat sich für 2005 viel vorgenommen. Mit den Spionagesatelliten SAR-Lupe wird das Land nach den USA und Russland der dritte Staat mit Radarüberwachung aus dem Weltraum werden. In Kooperation mit dem französischen optischen Satellitensystem HELIOS II. wird es den Kern eines „europäischen satellitengestützten Aufklärungsverbundes" bilden.

Die Bundeswehr will sich um etwa 300 Millionen Euro fünf dieser Spionagesatelliten leisten. Die Satelliten sollen im Halbjahrestakt mit einer russischen Rakete ins All geschossen werden und die Bundeswehr ungefähr zehn Jahre lang mit Bildern versorgen. Die Fluggeräte nutzen die Radar-Technologie, mit der sie auch durch Wolkendecken sehen und bei Dunkelheit Bilder machen können. Das System kann den gesamten Erdball überwachen.

Die Satelliten beobachten ständig ein großes Gebiet mit geringerer Auflösung, können aber dann mit der „Lupen-Funktion" bei Bedarf einzelne Ausschnitte vergrößern. Damit können sogar einzelne Fahrzeuge unterschieden werden.

Die Entwicklung dieses Systems fand unter der Führung des Bremer Raumfahrtunternehmens OHB-System statt, welches bereits seit 1998 an der SAR-Lupe getüftelt hatte. Die Bundeswehr wollte Unabhängigkeit von den USA demonstrieren, gegen deren zurückhaltende Informationspolitik sich das Projekt vor allem richtet. Schon lange – ob im Sechs-Tage-Krieg, im Golfkrieg oder im Kosovokrieg – hatten sich deutsche Militärs und Sicherheitspolitiker darüber beklagt, dass sie von den USA nur unzureichend mit Spionagebildern versorgt werden.

Kapitel 14

Phantasie oder Realität: Millionen für den „geheimen“ Geheimdienst

In der Schweiz konnte ein Mitarbeiter der Militärspionage jahrelang die Konten plündern. In einem Haus bei Graz wollte er seinen eigenen Nachrichtendienst aufbauen. Eine Geschichte, die selbst James Bond vor Neid erblassen lassen müsste.

Filme machten aus Agenten Helden

Aus der Welt der modernen Geheimdienste ist ein einziger Mann Millionen Menschen bekannt, der Agent 007 Ihrer britischen Majestät, mit bürgerlichem Namen Bond, James Bond. Seit 1962 sind im Kino und im Fernsehen die Abenteuer des Spezialagenten „mit der Lizenz zum Töten“ zu sehen, seine wunderbaren Geräte und seine attraktiven Liebesabenteuer zu bewundern. Immer wieder rettet er, und nur er, die Welt vor schurkischen Verbrechern. Er ist überall anzutreffen, immer perfekt frisiert und gekleidet, Gewissenskonflikte kennt er nicht.

Durch James Bond bekam die Arbeit von Geheimagenten etwas Romantisches, etwas Fesches, fast schon etwas Messianisches. Und wer etwas auf sich hält, nimmt den Martini geschüttelt, nicht gerührt. Oder war es umgekehrt?

Gewisse Kürzel wurden durch die Filme noch bekannter. Wer der KGB ist, wie international die CIA arbeitet und was MI 6 tut, das gehört seit Bond zum Allgemeinwissen der Menschheit. Auch wenn dieses Wissen nur bedingt stimmt, denn natürlich ist die Realität anders.

Über die wahre Arbeit der Dienstherren von James Bond, dem britischen Geheimdienst, ist nicht viel bekannt. Man arbeitet, wie ja der Name sagt, im Geheimen.

Die Geschichte dieses Nachrichtendienstes geht auf das Jahr 1782 zurück. Damals bewilligte erstmals das Unterhaus Budgetmittel für Agenten des Militärs, ohne genaue Angaben zu verlangen, was damit geschehen wird. Noch vor Ausbruch des Ersten Weltkriegs wurden 1909 die Spionagedienste MI 5 (zuständig für die Abwehr) und MI 6 (zuständig für die Aufklärung) geschaffen. Allerdings: erst 1991 wird offiziell bekannt gegeben, wer der Chef von MI 5 ist, ein Jahr später wird bestätigt, dass es MI 6 überhaupt gibt.

Heute hat jeder der beiden Geheimdienste eine eigene Internetseite. Hübsch übersichtlich, aber kaum ins Detail gehend. Man erfährt, dass MI 5, also die Spionageabwehr, seit dem Jahr 2002 von Eliza Manningham-Buller geleitet wird, einer Dame, die streng schaut und „very british" wirkt. Etwa 1 900 Mitarbeiter, die dem Innenminister unterstellt sind, sollen Spione entlarven, wie viel Geld dafür im Budget vorhanden ist, wird nicht mitgeteilt.

Nicht gerade mit Ruhm bekleckerte sich die Spionageabwehr im Fall der Melita Norwood, die 1937 als 25-jährige Sekretärin eines technischen Büros vom sowjetischen Geheimdienst angeworben worden ist und jahrelang Geheimnisse der britischen Atomforschung verraten hatte. Sie lieferte ihr Material unter dem Decknamen Hola ab, die Übergabe der Dokumente an die Sowjet-Agenten erfolgte in der U-Bahn. Durch Melita Norwood war der Kreml Ende der 40er-, Anfang der 50er-Jahre, bestens über die britische Atomforschung, die den Code-Namen „Tube Alloys Project" trug, informiert. Erst 1999 wurde die legendäre Agentin enttarnt – sie war damals Urgroßmutter und 87 Jahre alt. Ihr Geheimnis hat damals die „Times" auf Grund von Aufzeichnungen eines übergelaufenen KGB-Offiziers enthüllt. Als danach Reporterhorden vor Norwoods Haus in Bexleyheath, südlich von London, auftauchten, erfuhren sie von der greisen Spionin nur, dass sie nicht wegen des Geldes, sondern aus Idealismus das Geheimmaterial besorgt hatte. Den Nachbarn war sie nur dadurch aufgefallen, dass sie hervorragende Marmeladerezepte weitergegeben hat.

MI 6, also jener Geheimdienst, der aktiv Spionage im Ausland betreibt, heißt amtlich „Secret Intelligence Service" (SIS) und verblüfft auf seiner Internetseite mit einem seltsamen Symbol: Ein graues, offenes Gehirn, umrahmt von einem grünen C, darüber ist eine Krone angeordnet. Das Motto von SIS, unter dem Wappen stehend, lautet: „Semper occultus" – „Immer geheim". Das C im Wappen steht für den Gründer des Geheimdienstes, Sir Mansfield Cumming. Mit liebenswerter Spleenigkeit unterschreiben seither – also seit 1909! – alle Chefs von MI 6 mit „C", und das mit grüner Tinte.

Derzeit wird das dem Verteidigungsministerium unterstellte SIS von Sir Richard B. Dearlove geleitet. Er hat nach offiziellen Angaben etwa 2 800 Mitarbeiter und ein Jahresbudget von rund 200 Millionen Pfund zur Verfügung.

Besonders im Visier des britischen Geheimdienstes steht Irland, der Nahe Osten und – Dank der alten Beziehungen – die ehemaligen Kolonien. Im Übrigen arbeitet man eng mit den Nachrichtendiensten der USA und Deutschlands zusammen.

Neutrale Schweiz und britische Geheimagenten

Eine Kooperation besonderer Art unterhalten britische Geheimagenten und Militärdienststellen mit dem schweizerischen Nachrichtendienst. Erst vor kurzer Zeit wurden Details dazu bekannt. Seit 20 Jahren werde, so hieß es in einem Bericht des Schweizer Magazins „Facts“, zwischen den beiden Ländern ein lebhafter Spionage-Tourismus gepflogen. Das Schweizer Verteidigungsministerium wusste davon nichts – oder erklärte jedenfalls, dass es nichts wisse.

Nach dem Zeitungsbericht bereiten sich zur Zeit Elite-Einheiten der „Royal Marines“ im Kanton Bern auf Kriegseinsätze vor. Und weiter: die Engländer trainieren seit 20 Jahren heimlich in der Schweiz. Schon in den 70er-Jahren war der Schweizer Geheimdienstoberst Albert Bachmann eine Kooperation mit den Briten eingegangen. Etwa zehn bis zwanzig Mann der britischen „Special Air Service“ kamen ins Berner Oberland zum Überlebenstraining, im Austausch wurden Schweizer Geheimdienstleute in Südengland im Guerillakampf ausgebildet. Man wolle gegen „einen sowjetischen Angriff“ vorbereitet sein, bläute damals Bachmann seinen Agenten ein, wie jetzt ein ehemaliges Mitglied der Truppe offenbarte.

„Bis heute“, so das Magazin in seinem Bericht, wusste man von dieser Kooperation nichts. Der Austausch fand zwar ein Ende, britische Truppen aber kamen nach wie vor – und ohne die schweizerischen Militärbehörden zu informieren – zum Training in die Schweiz. Nach dem Zeitungsbericht bemühten sich die Behörden, die Affäre zu „legalisieren“. Immerhin gaben die britischen Soldaten ja Geld in der Schweiz aus.

Schon 1991 war aufgeflogen, dass der rührige Geheimdienstmann Bachmann im irischen Dörfchen Skibbereen einen repräsentativen Landsitz angekauft hat, als „Ausweichquartier" für die Schweizer Regierung im Krisenfall. Die „P 26" genannte Geheimorganisation Bachmanns hatte rund 1 000 Mann unter Waffen, in Großbritannien absolvierten die geheimen Geheimagenten Sabotagelehrgänge und übten Einsätze als Fallschirmspringer. Gemeinsam mit dem britischen Geheimdienst MI 6 war auch in der Schweiz ein Bergstützpunkt angelegt worden. Sinniger Deckname: „Alpengarten".

Der Name Bachmanns tauchte auch in einem Fall auf, der nach Österreich spielt. Ausgangspunkt dafür, dass diese ältere Affäre wieder ins Gedächtnis gerufen wurde, war allerdings eine zwischen Sex and Crime angesiedelte Geschichte, die bis zum Jahr 2003 die Schweizer Gerichte beschäftigte.

Der Herr Hauptmann und das Haus bei Graz

Zu Ostern 1999 begannen auf einem Grundstück im steirischen Dobl, nur ein paar Autobahnkilometer von Graz entfernt, Bagger aufzufahren. „Es ist der schönste Baugrund der ganzen Gemeinde", ist Dobls Bürgermeister Anton Weber überzeugt. Und er ist stolz – denn auf dem Super-Bauplatz soll ein Super-Haus mit 600 Quadratmetern Wohnfläche entstehen. 12 Millionen Schilling Baukosten sind veranschlagt. Im unteren, ganz in den Hang gebauten Wohnraum würde eine riesige Glasfront freien Blick ins Hügelland ermöglichen. Der Grundriss des Hauses – ein Schweizer Kreuz – soll an die Heimat des Bauherrn erinnern. Sein Name: Dino Bellasi. Sein Beruf: Hauptmann des Nachrichtendienstes der Schweizer Armee. Mit seiner Frau Gabriele wollte der Geheimdienstmann hier leben.

Doch wenige Monate nach Baubeginn mussten die Arbeiten eingestellt werden. Dino Bellasi war am 12. August 1999 am Flugplatz Zürich-Kloten verhaftet worden. Statt in der Villa in Dobl sitzt er seither in einer Zelle des Regionalgefängnisses Bern. Er ist die Schlüsselfigur eines Geheimdienstskandals, der nicht nur die Schweiz betrifft.

Rund zehn Jahre arbeitete der routinemäßig bis zum Hauptmann des Eidgenössischen Nachrichtendienstes avancierte Dino Bellasi im

„Departement für Verteidigung, Bevölkerungsschutz und Sport" (VBS) in Bern als Rechnungsführer. Er behob Geld für die Truppe – und allmählich auch für sich selbst, wie es schien.

Mit penibel ausgefüllten amtlichen Formularen und gestützt auf gefälschte Unterschriften seiner Vorgesetzten hob er zwischen 1994 und 1998 monatlich zwischen 10 000 und 95 000 Franken bei der Berner Filiale der Schweizerischen Nationalbank, gleich gegenüber dem Bundeshaus, ab.

Niemanden fielen die von Bellasi fabrizierten Ausgabenaufstellungen auf. Originalbelege musste er nicht beilegen. Er selbst bestätigte jeweils „die Richtigkeit" der Abrechnung. Für die Einquartierung von 260 Teilnehmern an einem Kurs in einem Gasthof in Balsthal hob er Geld ab, obwohl der Gasthof nur Platz für 130 Personen bot.

Rund 4 Millionen Franken kassierte Bellasi so unbemerkt ab, das meiste sei laut seinen Abrechnungen für Zwecke des Geheimdienstes, für Schulungen und für die Agentenausbildung, bestimmt gewesen.

Im Sommer 1998 ging er dann in Pension. Er habe ein Krebsleiden und nicht mehr lange zu leben, begründete er den frühen Abschied. Nur noch sechs Monate bleiben ihm, jammerte der damals 38-Jährige, und kassierte die Abgeltung seiner Pensionsansprüche.

Knapp sechs Wochen nach seinem Abschied aus dem Berner Büro gründet er die „Bellasi & Blum GmbH", sieben Tage später die „Astromedia", spezialisiert auf astrologische Analysen. Anfang 1999 vergrößert er sein Imperium um die „Bellco", eine Firma, die sich dem Personen- und Objektschutz widmet. Geld wanderte auch in Steueroasen.

Doch auch nach seiner Frühpensionierung kommt der Herr Hauptmann immer noch mit seinem Rechnungsführer-Ausweis zur Filiale der Nationalbank und hebt Geld ab. Weitere 4,8 Millionen Franken macht er so locker.

Im Juli 1999 heiratet Bellasi seine Gefährtin Gabriele Patschg, die aus der kleinen steirischen Gemeinde Dietersdorf stammt, in Graz. Kennen gelernt hatte er sie schon 1997 im Sex-Club „Pussycat" im schweizerischen Glattbrugg, wo sie als Prostituierte arbeitete. Bellasi kaufte sie um 20 000 Franken von ihrem Grazer Zuhälter Dieter (Nachnamen sind in diesem Milieu unbedeutend) frei.

Die Hochzeitsreise des seltsamen Paares führte zuerst nach Bali in die Villa Kura Kura: zwei Marmor-Badezimmer, eigener Swimmingpool, palmengesäumter Privatstrand. Von den Tropen ging es dann direkt in die Steiermark. Hier sollte ja ihre Traumvilla entstehen, die schönste weit und breit.

„Soll ich vom Einzeltäter erzählen oder die Wahrheit?"

Doch nach der Rückkehr von der Hochzeitsreise wartet schon ein Haftbefehl auf das Ehepaar Bellasi. Einige Belege mit verfälschten Angaben des „Rechnungsführers" waren aufgetaucht, die Polizeimaschinerie hatte einen Faden zum Riesenbetrug gefunden. Am 12. August klickten dann die Handschellen. Offenkundig nicht zu früh, denn Bellasis Privatflugzeug stand am Flughafen Zürich-Kloten startklar bereit.

Ehefrau Gabriele wird nach einer Woche aus der U-Haft entlassen. Sie will auf ihren Traumprinzen warten.

Inzwischen begannen die Verhöre mit Bellasi. „Soll ich jetzt die Geschichte vom Einzeltäter erzählen, oder soll ich die Wahrheit sagen?", fragte er seinen Anwalt André Seydoux. Der Advokat riet zur Wahrheit. Und die gab Bellasi dann so wieder: er sei von seinem direkten Vorgesetzten Bernhard Stoll und von Nachrichtendienst-Chef Peter Regli beauftragt worden, die Millionen vom amtlichen Budget „schwarz" abzuzweigen. Mit dem Geld sollte ein ganz geheimer Geheimdienst samt Geheimarmee und einem unauffälligen geheimen Stützpunkt in seiner Villa nahe von Graz finanziert werden.

Er habe zu diesem Zweck auch ein umfangreiches geheimes Waffenlager angelegt. Tatsächlich wurden moderne Gewehre, ausreichend für die Bewaffnung von Hunderten Gefolgsleuten, in einem von Bellasi angemieteten Lager in Bern entdeckt. Zwar verpassten ihm Medien daraufhin das Etikett ein Sammler und „Waffennarr" zu sein, doch die Menge und der technische Zustand der Gewehre sprachen nicht dafür, hier ein privates Hobby zu vermuten. Die Polizei fand heraus, dass in Bellasis Lager in der Berner Morgenstraße Waffen um eine halbe Million Franken lagerten.

War also Bellasi kein „gewöhnlicher" Krimineller, der Geld unterschlagen hat, sondern ein Geheimagent, der mit dem Wissen seiner Vorgesetzten gehandelt hat? Oder flunkerte er sich nur Geschichten aus einer irrationalen Schattenwelt zusammen, in der jeder jeden misstraut und ein konspiratives Treffen das andere ablöst?

Die Behörden jedenfalls nahmen Bellasis Angaben so ernst, dass Divisionär Regli von seiner Funktion als Chef des Nachrichtendienstes beurlaubt wurde. Und der zuständige Minister Adolf Ogi von „Dimensionen, an welche wir nicht im Traum gedacht haben" sprach.

Vorsichtshalber ließ die Justiz Bellasi psychiatrieren. Der Basler Gutachter Volker Dittmann stellte das vieldeutige Gutachten, dass Bellasi „nicht schwachsinnig" sei, aber unter „Persönlichkeitsstörungen" leide. Staatsanwältin Carla Del Ponte, derzeit Chefanklägerin im Prozess gegen Jugoslawiens Slobodan Milosevic, leitete damals die Untersuchungen gegen Bellasi und ihr Bericht veranlasste die Regierung in Bern, das Innenleben des Nachrichtendienstes näher unter die Lupe zu nehmen.

Schweizer spionierten auch in Österreich

Bereits 1979 war ein ähnlicher Skandal aufgedeckt worden. Oberst Albert Bachmann von der „Untergruppe D" des Eidgenössischen Nachrichtendienstes hatte damals ebenfalls versucht, einen zusätzlichen, ihm gehorchenden und keiner Kontrolle unterliegenden Geheimdienst aufzubauen.

Der Codename dafür: „Gruppe P-26".

Bachmann schickte seinen Agenten Kurt Schilling nach Österreich, der hier Geheimnisse über das Bundesheer herausfinden sollte. Vor allem der Raumverteidigungsplan des neutralen Nachbarn schien interessant. Schilling sollte gleichzeitig mögliche Mitarbeiter für die Erweiterung der P-26 in Österreich akquirieren.

Der österreichische Heeres-Nachrichtendienst, damals unter der Leitung von Brigadier Alexander Buschek, enttarnte Schilling, der 1979 eine Raumverteidigungsübung des Bundesheeres äußerst auffällig „unauffällig" beobachtet hatte. Er kam in Wien vor Gericht.

In den Berichten über den Prozess gegen den Schweizer Agenten wurde Schilling als „Tölpel-Spion" bezeichnet. Nach seiner Verurteilung schob Wien den Agenten Schilling in die Schweiz ab. Da er sich in Österreich als Angehöriger des Geheimdienstes zu erkennen gegeben hat, wurde er in der Schweiz noch einmal vor Gericht gestellt und wegen Landesverrats verurteilt.

In der Öffentlichkeit wurde bekannt, dass es dem „geheimen" Geheimdienst auch gelungen ist, Kontakte mit dem deutschen Bundesnachrichtendienst in Pullach aufzubauen. Unter dem Decknamen „Schwarze Hand" vereinbarte man den Austausch von Geheiminformationen.

Eine parlamentarische Untersuchungskommission bezeichnete die „P 26" als verfassungswidrig. Zu den Einsatzplänen habe auch die Variante eines „Umsturzes im Inneren" gehört. Die Abgeordneten ordneten die Auflösung der „P 26" an.

Der Verdacht tauchte auf, dass man hier ein Zipfel jener Organisation erwischt habe, die auch anderswo in Europa in den 50er-Jahren von der CIA aufgebaut worden ist – sollte die „P 26" nur ein anderer Name für das schweizerische „Gladio"-Netzwerk sein? Unter diesem Code waren ja in einigen Ländern geheime Waffenlager angelegt und Parallel-Geheimdienste aufgebaut worden.

Nachdem der Fall Bellasi aufgeflogen ist, nahmen schweizerische Abgeordnete 1999 den Heeresminister in die Zange – ob denn der seinerzeitige Beschluss, die „P 26" aufzulösen, wirklich in die Tat umgesetzt worden sei? Ogis Antwort: „Ich bin nicht sicher, ob ich alles weiß."

Auch die Zuhörer und die Berichterstatter, die Anfang 2003 den Prozess gegen Bellasi verfolgten, sind sich nicht sicher, dass sie jetzt alles wissen, was sich rund um den Geheimdienstoffizier in den letzten Jahren abgespielt hat. Wann immer der Angeklagte zu dem von ihm behaupteten „Schatten-Geheimdienst" befragt wurde, hatte er drei Antworten bereit: „Dazu will ich nichts sagen", „Dazu möchte ich nichts sagen", „Dazu kann ich nichts sagen." Zugegeben hat Bellasi jedenfalls, dass er die Franken-Millionen abgehoben hat, und das genügte schließlich dem Gericht, ihn des Betrugs schuldig zu erkennen und ihn zu sechs Jahren Zuchthaus zu verurteilen. Seine Verantwortung, einen Schattengeheimdienst auch mit Wissen seiner Vorgesetzten aufbauen zu wollen, sei unglaubwürdig, meinten die Richter, da es dazu „nach dem Zusammenbruch des Ostens" keinen Grund mehr gegeben habe.

Auch die Schweiz lauscht im Äther

Der schweizerische Geheimdienst nennt sich derzeit „Strategischer Nachrichtendienst“ (SND) und untersteht dem Verteidigungsministerium unter Samuel Schmid. Der Minister ist Oberst der Miliz, und in Bern kennt man ihn als freundlich blickenden 56-jährigen Herrn mit hoher Stirn und braunem Schnauzer.

Die Aufgaben des Geheimdienstes werden so beschrieben: „Der SND beschafft zuhanden der politischen und militärischen Führung Informationen politischer, wirtschaftlicher, militärischer und wissenschaftlich-technischer Natur aus dem Ausland, die für die Sicherheit der Schweiz bedeutsam sind, wertet diese aus und verbreitet sie.“

Oberst Hans Wegmüller ist der eidgenössische Chefspion. Vielen schien es absurd, dass ausgerechnet ein ehemaliger Generalstabsoffizier den SND aus dem Einflussbereich des Militärs herauslösen soll, wie es die Regierung als Schock auf die Bellasi-Affäre verordnete. Zuständig wurde eine zivile Pufferstelle im Verteidigungsministerium. Weiterhin geheim bleiben allerdings Zahlen über das Budget und die Personalstärke des Strategischen Nachrichtendienstes.

Vor zwei Jahren richtete der SNA um rund 100 Millionen Franken ein eigenes Satelliten-Abhörsystem unter dem Code-Namen „Satos 3“ ein, durch das alle via Satelliten geführten grenzüberschreitenden Telefonate, Faxe oder E-Mails aufgefangen und gespeichert werden können. Lauschstationen sind in Heimenschwend und in Lenk eingerichtet. Die aufgefangenen Nachrichten werden mit Hilfe von Computerprogrammen nach „Schlüsselwörtern“ durchsucht.

Obwohl man selbst lauscht, ist man beim Geheimdienst der Schweiz über die zunehmenden Gefahren besorgt, die der von der USA-Spionagezentrale National Security Agency (NSA) betriebene Abhördienst Echelon darstellt. Die Schweiz fürchtet, dass Echelon vor allem für die Wirtschaftsspionage benützt wird.

Kapitel 15

Das dichte Geflecht der Ost-Mafia Die EDOK und ihre Beziehungen

Zahlreiche Affären in jener Truppe, die geheime Einsätze gegen Mafia-Organisationen und die Organisierte Kriminalität durchführen sollte. Vom vergessenen Laptop im Schlafzimmer bis zur langen Suche nach dem Agenten H 600. Was geschah in der Zelle BE 13?

Manche Schattenmänner landeten hinter Gittern

Im Advent des Jahres 1999 versammelte sich in der Wiener Hofburg eine Schar festlich gekleideter Herrschaften, etliche davon erschienen in gepflegten Uniformen. Getränke wurden gereicht, dann betrat Bundespräsident Thomas Klestil den Saal und begrüßte die Gäste. Zu Weihnachten will doch jeder eine kleine Freude machen, also verteilte das Staatsoberhaupt zwei Orden.

Das Große Silberne Ehrenzeichen mit dem Stern erhielt Klestils Du-Freund Michael Sika, seines Zeichens Generaldirektor für die öffentliche Sicherheit. Mit Jahresende würde er in den Ruhestand treten. Das allein aber war nicht der Grund für die Auszeichnung. Klestil nannte in seiner Rede vor allem „die Gründung der EDOK, die Deine persönliche Handschrift trägt" als Grund für die Verleihung des Ordens.

Die EDOK, amtliche Abkürzung für die „Einsatzgruppe der Gruppe D zur Bekämpfung der Organisierten Kriminalität" wurde 1993 als eine überregionale Kriminal-Polizei-Einheit im Innenministerium eingerichtet und sollte vor allem als die ultimative Waffe gegen die Aktivitäten der Russen-Mafia in Österreich dienen und die Geldwäsche verhindern.

Es muss bezweifelt werden, ob das auch nur ansatzweise gelungen ist. Nicht bezweifelt werden kann allerdings, dass Agenten oder Aktionen der EDOK immer wieder ins Zwielicht kamen und der ganze Verein von Innenminister Ernst Strasser schließlich aufgelöst wurde. Michael Sikas Schattenmänner verschwanden in der Versenkung oder hinter Gittern.

Von Beginn an waren die EDOK-Agenten gut ausgerüstet, fühlten sich wohl auch als eine Art Geheimdienst. Tarnen und Täuschen, Observieren und Priorieren, Gerüchte und Fakten, all das bestimmte ihren Alltag. „Sie bekamen schicke Autos, teure Anzüge und viel Informantengeld, um in die Unterwelt vorzudringen. Ausreichende Kontrolle und Betreuung bekamen sie nicht", schrieb etwa die Wiener Stadtzeitung „Falter" über die Gruppe.

Allerdings war ihre Arbeit auch nicht ungefährlich, denn große kriminelle Organisationen scheuen auch nicht vor Gewalt zurück.

Erste Einblicke in die Welt der Russen-Mafia

1994 bekamen die Schattenmänner der EDOK erstmals Einblick in eine gut organisierte russische Mafia-Bande, die Solnzevskaja (benannt nach dem von ihr beherrschten Moskauer Bezirk Solnzevo). Rund 5 000 bestens bewaffnete und organisierte Mitglieder beschäftigen sich mit Drogenhandel, Waffenschmuggel, Glücksspiel, Prostitution und „jeglicher Art von Wirtschaftsverbrechen", wie es im streng vertraulichen „Lagebild" der EDOK heißt. Und weiter: „Man kann ein Netz von Firmen erkennen, die offensichtlich strategisch weltweit verteilt worden sind."

Als Anführer der Gruppe gilt der 1958 geborene Sergei Mikhailov. Ein Bericht über ihn ist im österreichischen Innenministerium unter der Zahl 415.345/1-II/OC 20 abgelegt. Wobei der Vermerk „OC 20" für den Decknamen des Verfassers steht.

Zeitweise war Mikhailov, der eine Villa in der Schweiz besitzt, auch in Wien eingemietet, unter anderem in einer Wohnung in der Döblinger Scheibelreitergasse. Standesgemäß kutschiert er einen schwarzen Cadillac mit dem ungarischen Zollkennzeichen V-02099. Auch Mikhailovs Stellvertreter Viktor Averin besuchte häufig Wien und benützt hier einen schwarzen Mercedes 600 SEL mit dem Kennzeichen V-01730. Beide Autos waren auf die Budapester Firma Magnex zugelassen.

Die Mafiosi wurden von der EDOK rund um die Uhr beschattet. Handfeste Beweise für gesetzwidrige Aktionen in Österreich aber fand man nicht.

Die Weihnachtszeit 1994 verbrachten Mikhailov und Averin mit acht weiteren Russen im Hotel Interalpen in Buchen bei Telfs in Tirol. Mit dabei war auch Vladimir Courtchenko, der später im Zusammenhang mit dem Mord an Siegfried Goluch im Juweliergeschäft Haban am Wiener Graben in Verdacht geraten ist.

Sowohl Mikhailov als auch Averin halten in Wien engen Kontakt mit Boris Kandov, der 1973 aus Usbekistan über Israel nach Österreich kam und in der Wiener Goldschmiedgasse die Firma Agrotec Handelsgesellschaft m.b.H. gründete. Geschäftszweck: vorwiegend der Handel mit landwirtschaftlichen Produkten. Für Kandov interessiert sich auch die Schweizer Polizei. Nach ihren Erkenntnissen bezahlt der Usbeke allein in Wien für seine Büros eine Monatsmiete von zwei Millionen Schilling.

Boris Kandovs Bruder Avner, ebenfalls mit der österreichischen Staatsbürgerschaft ausgestattet, wurde 1994 in Moskau entführt. Boris sollte zehn Millionen Dollar Lösegeld zahlen. Doch Kandov suchte nicht Hilfe bei der Polizei, er informiert nur seinen Freund, den ehemaligen Innenminister Karl Blecha. Dieser bat Michael Sika um Hilfe, der wiederum die Agenten der EDOK auf die Sache ansetzte.

Die Freilassung des Entführten erwirkte schließlich nicht die EDOK, sondern die Moskauer Mafia-Bande Solnzevskaja unter Führung Mikhailovs. Nicht einmal Lösegeld musste bezahlt werden. Paten unter sich haben wohl eine andere Möglichkeit, sich für Gefälligkeiten zu bedanken.

Die Schattenmänner der EDOK wussten durch eine Telefonüberwachung von dem Deal und schrieben anschließend in ihr „Lagebild“: „Kandov unterhält auch beste Kontakte zu Personen des öffentlichen Lebens in Österreich und hat in der Gesellschaft bereits Fuß gefasst, weshalb sich für Österreich eine nicht zu vernachlässigende Gefährdungslage ergeben könnte.“ Erst später kam die Staatspolizei darauf, dass zu den „besten Kontakten“, die Kandov pflegte, auch ein wichtiger Beamter der EDOK zählte. Er versprach, sich dafür einzusetzen, dass Kandov die Position eines Konsuls von Usbestikan bekäme und kassierte dafür 60 000 Schilling. Überflüssig zu sagen, dass es mit dem Konsul dann doch nicht geklappt hat. Und weiter im 108 Seiten starken „Lagebild“: „Nach internationalen Erkenntnissen und eigenen

Ermittlungsergebnissen wird Österreich als Stützpunkt mafioser Gruppierungen aus der ehemaligen Sowjetunion systematisch ausgebaut ... Aus heutiger Sicht erscheint eine optimierte kontinuierliche Fortführung der Informationserhebung und -auswertung über einen längeren Zeitraum zwingend erforderlich."

US-Unterstaatssekretär Jonathan Winer bestätigte im Mai 1998 die EDOK-Erkenntnisse: „Die russische Mafia und andere kriminelle Vereinigungen aus Osteuropa haben drei Hauptsitze: Moskau, Tel Aviv und Wien."

Der 1956 in Moskau geborene Sergei Mikhailov wurde am 15. Oktober 1996 auf dem Flughafen Genf, aus Wien kommend, wegen Verletzung fremdenpolizeilicher Vorschriften verhaftet. Nach zweijähriger U-Haft wurde er dann in kugelsicherer Weste vor Gericht gestellt, doch reichten die Beweise des Staatsanwalts nicht aus, ihn als Mafia-Boss zu verurteilen. Nach seinem Freispruch wurde er nach Russland abgeschoben, wo er lauthals verkündete: „Damit ist bewiesen, dass nicht alle Russen, die im Ausland Geschäfte machen, Kriminelle und Mafiosi sind."

Anschlag auf das EDOK-Hauptquartier

Die kalte Winternacht zum 1. Februar 1996 treibt die hochbestiefelten und kurzberockten Mädchen am Straßenstrich des Wiener Gürtels in die Haustore oder kurzfristig zum Aufwärmen in die Rotlicht-Lokale. Um zwei Uhr früh lässt das Geschäft ohnehin nach.

Plötzlich ein Krachen, das Splittern von Scheiben und ein um die Ecke verschwindender Mann mit Wollmütze. Der Gehsteig vor dem Wachzimmer im Gebäude des ehemaligen Hernalser Bezirksgerichts ist mit Granatsplittern und Glasscherben übersät, ein rotes Auto, im Halteverbot abgestellt, schwer beschädigt.

Explodiert ist eine jugoslawische Handgranate der Type M-75. Es war ein Morgengruß der russischen Mafia, gewidmet den Beamten der EDOK. Nur Eingeweihte wissen, dass die Schattenmänner im ehemaligen Gerichtsgebäude ihren Sitz haben. Die Bombe war eine Warnung, sich nicht mehr in die Geschäfte der Mafia einzumischen. Geschäfte, die der Russe Sergej Hodscha-Achmedov nicht überlebt hat.

Was am 1. Februar 1996 mit der Granate vor dem EDOK-Quartier am Wiener Hernalser Gürtel endete, begann am 19. September 1994. Vor seinem Wohnhaus in der Felix Dahn-Straße in Wien-Währing wurde der Russe Sergej Hodscha-Achmedov, 36, in seinem silbergrauen BMW durch zwölf Schüsse aus einer Maschinenpistole der Marke Scorpion ermordet. Der Russe hatte die Rotlicht-Geschäfte und den Mädchenhandel des in Wien herrschenden Exil-Russen Alexandre Pak gestört. Und Pak ließ den Killer Vitalij Solodoukhine aus St. Petersburg einreisen, der für 10 000 Schilling die Endlösung zu besorgen hatte. Das hatte man so im Café „Romantica“ besprochen.

16 Monate später findet der Prozess gegen Pak und seine Helfershelfer – zwei Russen und einen Österreicher, dem Geschäftsführer der Rotenturm-Bar Manfred Voronina – statt. Pak und Voronina erhalten lebenslänglich, die zwei Russen 18 beziehungsweise 15 Jahre Haft. Der Killer selbst ist flüchtig.

In der Nacht nach dem Urteilsspruch krachte dann die Handgranate.

Zweimal in diesem Fall wurden Schattenmänner der EDOK ins Vertrauen gezogen. Vier Tage vor seinem Tod sprach Hodscha-Achmedov mit einem Polizei-Agenten, der ihm durch eine wohl allzu offenkundige Beschattung bekannt war. „Ich werde eine große Sache auffliegen lassen“, sagte der Russe zum EDOK-Mann. Es handle sich um Mädchenhandel. Und er werde Details nennen.

Doch ehe es dazu kam, wurde er hingerichtet. Der zeitliche Zusammenhang ist zumindest frappierend, eine undichte Stelle bei der EDOK könnte der Auslöser für die Tat gewesen sein.

Ein zweites Gespräch gab es dann zwischen Pak und einem anderen EDOK-Mann (Spitzname Leo) nach der Berufungsverhandlung im Wiener Justizpalast. „Der Anstifter zum Mord ist der Pepi“, flüsterte er. Pepi – das ist der Burgenländer Josef Ronai, den viele für den ungekrönten Wiener Unterweltkaiser und Betreiber einschlägiger Gürtel-Lokale kennen. Hodscha-Achmedov müsse „umgehackt“ werden, denn er störe den reibungslosen Ablauf von Prostitution und Inkasso. Das habe er Pak im Café Scotch mitgeteilt und ihm gleich auch die Maschinenpistole mitgegeben.

Ronai wurde vor Gericht gestellt, von den Geschworenen aber freigesprochen. Seine Verantwortung: „Weg'n a paar Madln lass' i doch niemand umbringen.“ Bei einem Monatseinkommen von rund 250 000 Schilling, aufgebracht als „Entgelt“ von seinen rund 100 „Madln“, könne er locker auf eine oder zwei davon verzichten. So unlogisch klang die Erklärung nicht, daher verließ „Pepi“ als schuldloser Mann das Gericht.

Der georgische Pate bot „Versicherungen“ an

Zu den großen Mafia-Organisationen in Wien gehörte die „Georgische Gruppierung“. Der bekannteste Pate war David Vladimirovich Sanikidze, der am 11. Juli 1996 in der Wiener Annagasse nahe der Kärntner Straße ermordet worden ist.

Sanikidze wollte von der Wiener Baufirma Maculan, die im ehemaligen Ostblock Geschäfte machte, Schutzgeld erpressen, genannt wurde es „Versicherung“. Das Geschäft mit Maculan sollte für Sanikidze im gleichen Rahmen ablaufen, wie es bei der Erpressung der Baufirma ABV-Allgemeine Bauten- und Vertriebs-GmbH geklappt hat. Deren Eigentümer Leopold Bausbek zahlte für seine Geschäfte in Russland und anderen Oststaaten drei Prozent des Umsatzes als „Versicherungsprämie“. Soll heißen: er war dadurch vor Forderungen und auch Gewalttaten anderer Mafiagruppen geschützt.

Sanikidze war den Schattenmännern der EDOK schon 1993 aufgefallen. Damals schien er als Aktionär der zum Bausbek-Imperium gehörenden Howag Handels AG auf. Das Pikante für die verdeckten Ermittler: zu den Aktionären gehörten (mit je 300 000 Schilling) auch der ehemalige Innenminister Karl Blecha und der ehemalige Außenminister Leopold Gratz.

Doch Sanikidze dürfte nicht nur etwas von „Versicherungen“ und politischen Kontakten verstanden haben. Offenkundig wollte er auch im Rotlicht-Milieu tätig werden. Aus dem „Lagebild“ der EDOK: „Anfang Mai 1995 trat David Sanikidze gemeinsam mit Georgi Ordjonikidze und Autandil Katsachvili in den beiden Bars Haida und Maxim in Innsbruck auf ... Die drei interessierten sich gemäß den Angaben der Besitzerin für Prostituierte, wobei sie diese fragten, ob sie für sie arbeiten wollten. Den Mädchen wurde ein höheres Gehalt in Aussicht gestellt.“ Die Mafia-Paten fuhren einen schwarzen Mercedes 600 mit dem estländischen Kennzeichen 900 TAB, ihre Rechnung im Hotel Vital Royal in Seefeld in Tirol wurde von einer Bausbek-Firma bezahlt.

Warum Sanikidze schließlich auf die Abschussliste kam, lässt sich wohl nie in allen Details rekonstruieren. Zwar wurden zwei vermeintliche Täter kurz nach dem Mord in Budapest verhaftet und von einem EDOK-Agenten nach Wien gebracht, doch wurden in dem Prozess, der von September 1998 bis April 1999 dauert und mit der Verurteilung der beiden Angeklagten Akaki Javakhadse und Georgio Oniani zu lebenslanger Haft endete, mehr verwirrt als geklärt. Motive kamen jedenfalls nicht zu Tage.

Der Herr Chefinspektor wird festgenommen

Ein heißer Tag zu Ferienbeginn 1999. Die Handgelenke von Chefinspektor Johann Hersfelder (Name geändert, Anm. d. Autoren) waren etwas angeschwollen. Vielleicht waren nicht die Temperaturen schuld, sondern die Handschellen, die er an diesem 7. Juli von Polizeikollegen angelegt bekam.

Eine ungewöhnliche Amtshandlung, denn der hagere, immer etwas nervös wirkende Hersfelder gehörte zur EDOK. Sein Spezialgebiet – die Russenmafia. Er ist ein Geheimnisträger, der auch auf die sensibelsten Daten der verschiedenen Polizeicomputer im In- und Ausland Zugriff hatte und der von seinen Vorgesetzten als außergewöhnlich tüchtig beschrieben wurde. Im Prozess um die Ermordung von David Sanikidze war Hersfelder ein wichtiger Zeuge.

Aus dem Polizeibeamten war längst ein Geheimagent geworden. Seine Verbindungen reichten um den halben Erdball, Informationen aus Datenbanken bekam er praktisch von jeder Polizeidienststelle des Westens. Hersfelder hatte sich auch unter dem Decknamen „Wagner" in das österreichische Netz der Russenmafia eingeschleust. Der dreifache Familienvater besitzt bereits ein schmuckes Häuschen an der Côte d'Azur und einige fette Wertpapierdepots.

In diesem Sommer 1999 litt das Ministerium noch an einem Polizeiskandal, der im November 1998 aufgedeckt worden war. Beamte der Interpol hatten eine ganze Reihe von Privatdetektiven mit Informationen aus Polizeicomputern versorgt und dafür abkassiert. Prominentester Käufer von sensiblen Daten war der bekannte Wiener Privatdetektiv Walter Penk-Lipovsky.

Insgesamt dürfte dabei viel Geld geflossen sein. Allein auf ein Sparbuch eines der verdächtigen Polizeibeamten wurden im Laufe von sieben Jahren 778 121 Schilling eingezahlt.

Doch ehe die eigens für diesen Fall des Datenklaus eingerichtete Sonderkommission des Innenministeriums aufgelöst wurde, kam ein Tipp aus der Szene der Berufsdetektive, diesmal aus Graz. Die vertraulichen Hinweise waren konkret genug, um neuerlich die polizeieigene Aufsichtsbehörde zu alarmieren. Der erste Aktenvermerk darüber:

„Am 20. Mai 1999 langte im Kriminalbeamteninspektorat der Bundespolizeidirektion Wien ein Schreiben des BMI (Bundesministerium für Inneres, Anm. d. Autoren) ein, wonach ein Wiener Polizist, möglicherweise von der Staatspolizei, gegen Bezahlung Informationen verkauft. In einschlägigen Kreisen wird diese Person H 600 genannt. H 600 soll für bestimmte Kreise eine wertvolle Investition sein, man kann bei ihm nicht nur EKIS-Auskünfte (EKIS ist die Abkürzung für „Elektronisches Kriminalpolizeiliches Informationssystem", Anm. d. Autoren) kaufen, sondern auch Protokolle, Zeitpunkt und Planung von Razzien sowie Telefonrufdaten-Rückerfassungen. H 600 ist namentlich nicht bekannt, er soll aber 180 cm groß und ca. 40 Jahre alt sein, und kurz geschnittenes dunkles Haar tragen."

Die Suche nach dem Agenten „H 600"

Um die Frage zu klären, wer der große Unbekannte mit dem Decknamen H 600 ist, wurde die Kriminalpolizei in Graz, von wo der Tipp ins Innenministerium kam, eingeschaltet. Ein als „Nick" geführter V-Mann, ein Privatdetektiv, packte schließlich aus. Der 29-jährige ehemalige Polizeischüler, Jusstudent und Bademeister erklärte der Polizei, er sei über einen gewissen Ernst Grabner, Inhaber der Detektei „Signum", ins Detektivgeschäft gekommen. Er gab zu, vom Grazer Polizeibeamten Wolfgang J. (einem ausgebildeten Elektronikspezialisten) heikle, geschützte Daten für seine Recherchen gekauft zu haben.

Grabner sei übrigens eine ganz „große Nummer" im Gewerbe, schilderte „Nick". Immer wieder habe er damit geprahlt, bis hinauf ins

Innenministerium beste Verbindungen zu haben. Sein Top-Informant hätte den Code H 600.

In der Detektivbranche wird Grabner als „der schrägste Vogel, den es gibt“, beschrieben. Für das Monatsmagazin „Basta“ hatte er in einer Testreportage die laxen Sicherheitskontrollen am Schwechater Flughafen bloßgestellt. Durch einen ähnlichen Coup blamierte er das österreichische Bundesheer: Wie einst der Hauptmann von Köpenick ließ Ernst Grabner 1992 in Hauptmannsuniform eine Kompanie der Kaserne Melk exerzieren und aus der Kaserne marschieren. Nach der Veröffentlichung dieser Story im Magazin „Wiener“ lachte die Republik. Eine Anzeige des Bundesheeres wegen Hausfriedensbruch und Besitzstörung wurde vom Gericht zurückgelegt.

Vor allem diese beiden Storys haben Grabner Namen und Image verliehen, die ihn bei Journalisten salonfähig machten. Schmeichelein wie „führender Wirtschaftsdetektiv“ oder „Karriere wie in Hollywood“ blieben nicht aus. Sogar das Nackedei-Magazin „Playboy“ ließ sich verführen und lobte in einer Story über Leibwächter die Qualität von Grabners Detektei.

Grabner heiratete in eine reiche Familie ein und als es Erbschaftsstreitigkeiten gab, bat er seinen Top-Informanten, den er immer als H 600 bezeichnete, um eine Gefälligkeit. Er sollte etwas über einen gewissen Herrn Christian R. herausfinden.

Da dieser Name auch vom Grazer Privatdetektiv „Nick“ genannt worden war, hatte die Polizei eine Spur. Denn im EKIS-Computer hinterlässt jeder, der eine Abfrage macht, einen elektronischen Fingerabdruck. Über R. gab es in der fraglichen Zeit nur eine Abfrage. Am 26. Februar 1998 um 12.59 Uhr hatte der Beamte mit dem internen Code OC/20 vertrauliche Daten über R. abgefragt.

Und OC/20 heißt mit Klarnamen Johann Hersfelder, er ist Chefinspektor der EDOK.

In Graz wurde daraufhin Anzeigen wegen des Verdachts des Amtsmissbrauchs und der Anstiftung zum Amtsmissbrauch erstattet, der heikle Akt landetet auf dem Tisch des Untersuchungsrichter Erik Nauta. Sein Name wurde vor allem in der Briefbomben-Affäre österreichweit bekannt, da er die ersten Verhöre mit dem später verurteilten Franz Fuchs führte.

In Graz wurde der Polizist Wolfgang J. verhaftet, in Wien setzte sich am späten Nachmittag ein Trupp von sieben Kriminalbeamten in Marsch. Um 17.15 Uhr wurde Chefinspektor Johann Hersfelder an seinem Arbeitsplatz in der EDOK-Zentrale verhaftet und suspendiert. Es folgten Hausdurchsuchungen an seinen Adressen in der Wiener Schönbrunnerstraße sowie in einem Haus im Burgenland. Beschlagnahmt wurden Kontoauszüge von Banken, Adressenverzeichnisse sowie sein privater Laptop, angefüllt mit ausschließlich dienstlichen Daten, die nicht aus dem Büro in eine Privatwohnung mitgenommen werden dürfen.

Innenministerium will Affäre klein halten

Grabner, der ebenfalls festgenommen werden sollte, saß an diesem Abend in „Marias Cantina" in der Schubertgasse am Wiener Alsergrund. Er ist Liebhaber von Waffen, daher umstellte sicherheitshalber die Einsatztruppe WEGA der Wiener Polizei das Lokal. Grabner ließ sich, zwei Stunden nach Hersfelder, widerstandslos festnehmen. Seine zwei Büros sowie die Wohnung seiner Ehefrau, alle im Nobelbezirk Döbling, wurden durchsucht, um korrupte Verbindungen aufzudecken.

Ein Bericht hält später fest: „Über die Person des Kriminalbeamten Hersfelder konnte im dienstlichen Umfeld in Erfahrung gebracht werden, dass er eine starke Nahebeziehung zu Grabner hat, bzw. sie auch pflegt ... Grabner benötigte die Dienste des Hersfelder, um Aufträge seiner Detektei Signum erledigen zu können. Von Grabner wurde pro Telefonrufdaten-Rückerfassung bis zu 15 000 Schilling im Monat bezahlt. Bei einem Informanten ließ sich Grabner über H 600 aus, dass dieser zuviel Geld verlange und sich vom bisherigen ein Appartement in einem südlichen Land gekauft hätte."

Die Verhaftung des EDOK-Mannes hatte zwar Schlagzeilen gemacht, doch versuchte das Innenministerium, die Informationen über den Fall möglichst knapp zu halten. Zu heikel und delikat zugleich war diese Affäre, um viel zu verraten. Ein hoher Beamter aus dem Ministerium sagt heute zu den Autoren: „Hersfelder ist ohne Zweifel ein Geheimnisträger und obendrein auch noch ein gefinkelter Mann. Er arbeitete in dem sehr sensiblen Bereich der Organisierten

Kriminalität, beschäftigte sich speziell mit der Ostmafia. Vieles, was er in einer Grauzone zwischen privat und dienstlich gemacht hatte, machte er auch im Interesse der EDOK. Wir konnten da im eigensten Interesse nicht so wirklich hineinsteigen, denn dann wären Vorgänge und Methoden ans Licht gekommen, die sicher nicht im Interesse der Republik gelegen wären. Wir haben Erkenntnisse gewonnen, die nicht für jedermann bestimmt sind, auch nicht für die Justiz. Das machte diesen Fall für uns auch so unangenehm."

Im Klartext: „Vorgänge" und „Methoden" sind hart am Rande der Legalität, da man ansonsten in diesem schwierigen Bereich nicht weiterkommt.

Bereits zwei Tage nach ihrer Verhaftung am 7. Juli wurde das Trio Hersfelder/Grabner/J. aus der Untersuchungshaft entlassen. So wie „Nick" hatte auch Wolfgang J. gestanden, Grabner und Hersfelder gaben sich vorerst als Unschuldslämmer.

Die Aussage eines weiteren Beteiligen an den Machenschaften brachten Grabner und Hersfelder dann aber wieder ins Gefängnis. Kriminalbeamte waren nach Albanien gereist, um dort einen Bundesheersoldaten zu verhören. Dieser bestätige ohne Umschweife, dabei gewesen zu sein, wie Grabner dem EDOK-Mann 20 000 Schilling übergeben habe. „Eine alte Schuld, die Grabner mir zurückgezahlt hatte. Ich habe ihm seinerzeit 70 000 Schilling geborgt, das war eine Rate", verantwortete sich Hersfelder dazu. Für den Untersuchungsrichter war damit Verdunkelungs- und Verabredungsgefahr gegeben. Am 2. August wurden Grabner und Hersfelder neuerlich festgesetzt. Vier Tage und drei Nächte in der Gefängniszelle machte die beiden dann gesprächiger, und beide gaben jedenfalls das zu, was man ihnen schwarz auf weiß beweisen konnte.

Insider Hersfelder schweigt darüber bis heute, ebenso wie er über politische Verbindungen eines milliardenschweren Paten aus Russland, der in Kärnten seinen Stützpunkt hatte, keine Details verrät. Der Mann, Vorname Alexander, besitzt Nobelrestaurants, Bordelle und gibt sich als splendider Förderer des Sports. Abgehörte Telefongespräche belegten rege Kontakte zu Parteizentralen und Interventionen von Politikern für diesen Geschäftsmann mit der Nähe zur organisierten Kriminalität.

Mit seinem Wissen um so manche Hintergründe dubioser Geschäftsleute aus dem Osten vertraute Hersfelder nicht ganz zu unrecht auf samtpfötige Ermittlungen seiner Kollegen gegen ihn. Eine Hand wäscht die andere – keiner weiß das besser als dieser Schattenmann.

Schließlich dürfte seine Taktik doch aufgegangen sein. In einem Prozess unter Ausschluss der Öffentlichkeit wurde Hersfelder im Juni 2001 zu einer bedingten Strafe von sieben Monate verurteilt. „Der Prozess fand hinter verschlossenen Türen statt, weil kriminalpolizeiliche Tätigkeiten erörtert wurden, deren Bekannt werden die nationale Sicherheit hätten gefährden können", schrieb dazu die Wiener Tageszeitung „Kurier".

Ein enges Geflecht von merkwürdigen Beziehungen

Interessante Details über Beziehung zwischen Hersfelder und Grabner waren tatsächlich unter dem Teppich gekehrt worden, brisante Fragen blieben bis heute unbeantwortet. Der Berufsdetektiv Grabner und seine Sicherheitsfirma I.S.A. hatten gerade in jenem Milieu die zahlungskräftigsten Kunden gefunden, in dem EDOK-Beamte Johann Hersfelder von Amtswegen herumstocherte.

Grabner stellte Leibwächter und Gebäudeschutz für einen in Wien tätigen russischen Geschäftsmann, den internationale Polizeidienststellen und Geheimdienste zu den führenden Köpfen der Russenmafia zählen und als „Admiral" in ihren Aufzeichnungen führen. Auch der russische Pate in Kärnten hatte die I.S.A., die ihn vor gewalttätiger Konkurrenz schützen sollte, auf der Lohnliste.

Ebenso brisant waren Verbindungen Grabners zu Sergej Hodscha-Achmedov, der im September 1994 im Auftrag von russischen Mafiosi in Wien-Döbling ermordet wurde. Der russische Capo aus dem Rotlichtmilieu starb ungeschützt im Kugelhagel, weil Leibwächter der I.S.A. wenige Tage zuvor von Grabner abgezogen wurden. Kurz vorher hatte Hodscha-Achmedov der EDOK auch anvertraut, dass er über Mädchenhandel der Russenmafia in Wien Informationen liefern wolle.

Die Vermutung liegt nahe, dass EDOK-Mann Hersfelder von Kontakten seines Freundes Grabner zu den interessanten Geschäftsleuten aus dem Osten dienstlich profitiert hat. Innerhalb der Spezialeinheit wurde bald bekannt, dass einige Erkenntnisse aus dem Dunstkreis der Russenmafia tatsächlich auf Informationen des Berufsdetektivs zurückgegangen sind.

Als Spezialist für die Ost-Mafia war Hersfelder auch zuständig für die sogenannte Affäre Hummelbrunner. Operativ aber leitete die Erhebungen der EDOK-Mann Hannes Schwarz. Über seine Rolle bei den Erhebungen lachte schließlich ganz Wien.

Ein Führungsoffizier vergisst den Laptop

Die russische Geschäftsfrau Walentina Hummelbrunner residierte im Palais Hohenfels in Wien-Hietzing und lieferte Whisky aus Belgien und westliche Luxusgüter nach Russland. In Geschäftskreisen schätzte man, dass sie damit einen Umsatz von etwa 100 Millionen Schilling jährlich machte. Nebenbei betrieb sie in Wien auch einen Kosmetiksalon.

Und noch mehr en passant war sie auch Informantin der EDOK, der sie über russische Mafiapraktiken erzählte. Ein weiblicher V-Mann also. Gemeinhin erkauft man sich für eine derartige Tätigkeit in Agentenkreisen ein gewisses Wohlwollen jener Stellen, die man über pikante, geheime Details informiert.

Führungsoffizier, wie es in der Branche heißt, der Dame war Hannes Schwarz von der EDOK. Er sagte ihr, was sie auskundschaften soll, und auch, was sie in gewissen Kreisen verbreiten möge. Was eigentlich nie passieren sollte, geschah in diesem Fall: der Beamte verliebte sich in seine Informantin und vergaß seinen Laptop mit vertraulichen Notizen im Schlafzimmer der Russin. Natürlich machte die Panne bald die Runde und Hannes wurde zur Lachnummer. Doch lacht schließlich der am besten, der zuletzt lacht, und das war dann doch der EDOK-Agent. Er quittierte den Polizeidienst und heiratete die wohlhabende Russin.

Hummelbrunner war nicht nur Informantin der Schattenmänner, sie stand 1996 auch im Verdacht, für ihren in Baschkortostan lebenden damaligen Ehemann rund 20 Millionen Dollar Schwarzgeld „weiß" gewaschen zu haben.

Von den Ermittlungen gegen die Russin haben andere Personen der Wiener Gesellschaft erfahren und versucht, sie zu erpressen. Hummelbrunner meldete das der EDOK, bei der fingierten Übergabe von sechs

Millionen Schilling vor dem Wiener Luxushotel Sacher waren die Schattenmänner dabei. Der Erpresser wurde festgenommen, der Verdacht tauchte auf, dass neben einem Autoverleiher und einem prominenten Journalisten auch der Staatsanwalt Wolfgang Mekis mit der Sache etwas zu tun haben könnte. Tatsächlich wurde der Jurist schließlich wegen Weitergabe eines Amtsgeheimnisses zu einer bedingten Haftstrafe von vier Monaten verurteilt, amtierte aber ab Dezember 1998 wieder als Staatsanwalt. Im Oktober 2000 ließ sich Mekis pensionieren und arbeitet seither als Anwalt.

Das Verfahren gegen Walentina Hummelbrunner endete salomonisch: Freispruch vom Verdacht der Geldwäsche, Verurteilung wegen Steuerhinterziehung. Mit ihrem Mann, den aus dem Dienst geschiedenen EDOK-Inspektor Schwarz, übersiedelte sie zuerst nach Hamburg, kam aber bald wieder nach Wien zurück, wo sie jetzt in der Gloriettegasse in Wien-Hietzing ein Restaurant und eine Consultinggesellschaft betreibt.

Geheimnisse des geheimen Sonder-Geheimdienstes

Manchmal vermutet man, Österreich habe einen ganz geheimen weiteren Geheimdienst – manche Aktionen von Mitarbeitern der „Einsatzgruppe der Abteilung D zur Bekämpfung der Organisierten Kriminalität" (EDOK) jedenfalls muten so an.

Als er der breiten Öffentlichkeit erstmals auffiel, war Jeremiasz Baranski Ende 50. Er trug kurzgeschnittenes graumeliertes Haar und einen ebenfalls angegrauten Schnurrbart. Der Mann mit der runden Designerbrille war mit ausgesuchter Eleganz gekleidet und sprach fließend deutsch mit einem charmanten Akzent. Sein offiziell angegebener Beruf: Kaufmann. Er leitete auch eine kleine Firma in Niederösterreich, die damals allerdings seine Frau führte.

Inoffiziell kannte man ihn in einschlägigen Kreisen als Agent für jedermann, der gut bezahlte. Und er wurde auch gut bezahlt.

Auf der einen Seite belieferte er von 1995 bis 1997 den deutschen Bundesnachrichtendienst BND mit Informationen über Alkohol- und Zigarettenschmuggel, auf der anderen Seite gab er auch der EDOK als V-Mann (Tarnname: Lammfleisch) manches preis und wurde dafür angeblich auch fürstlich entlohnt. Auch die österreichische Staatsbürgerschaft soll er sich um 500 000 Schilling und mit Hilfe des EDOK-Beamten Johann Hersfelder im September 1998 gekauft haben. Beweisen konnten die Behörden nur den Eingang der Summe auf das Konto Hersfelders. Das war's.

Baranski lebte seit 20 Jahren in einer kleinen Ortschaft ein paar Kilometer südlich von Wien und hat, zusätzlich zu seiner polnischen, nun auch die österreichische Staatsbürgerschaft. Darüber hinaus war er Handelsattaché im Konsulat des afrikanischen Staates Liberia in Bratislava.

Der emsige Zuträger hatte nicht nur in Deutschland und Österreich gute Kontakte, auch in seinem Geburtsland Polen spann er seine Fäden. Einer davon reichte zu seinem Cousin, Sportminister Jacek Debski. Der Politiker wurde im Jahr 2000 abgelöst, soll sich aber anschließend angeblich mit der russischen Mafia eingelassen haben. Baranski war seinem Verwandten bei einigen Devisengeschäften behilflich, und verhalf ihm daneben auch zu amourösen Kontakten.

Als Debski am 11. April 2001 mit einer der von Baranski vermittelten Damen in Warschau das italienische Restaurant „Casa Nostra" aufsuchte, um seinen Geburtstag zu feiern, lauerte vor der Tür ein Killer und erschoss den Politiker mit einer 9-mm-Pistole aus kurzer Entfernung.

In den frühen Morgenstunden des 5. Juli 2001 wird Baranski in seiner Villa im niederösterreichischem Grammatneusiedel unter dem Verdacht verhaftet, den Mord an Debski per Handy in Auftrag gegeben zu haben. Zumindest hatte eine Rufdatenauswertung ergeben, dass Baranski kurz vor dem Auftragsmord sowohl mit dem Killer als auch mit dem weiblichen Lockvogel telefoniert hat.

Bereits ein Jahr vorher war Baranski bei der EDOK in Verdacht geraten, an dem Schmuggel einer großen Menge von Ecstasy-Tabletten beteiligt zu sein. Die Drogen stammten von der polnischen Mafia-Organisation „Pruszkow", deren Wiener Filiale eben von Baranski geleitet worden sein soll.

Einige Zeit nach der Festnahme von Baranski allerdings werden drei Beamte der EDOK verhaftet. Sie sollen, so meinte der Staatsanwalt, den gebürtigen Polen begünstigt und Beweismittel unterdrückt haben. Zwei von ihnen legten Geständnisse ab, nur Oberstleutnant Josef Bendekovits, der Einsatzleiter in der Causa Baranski, nicht. Er blieb in Haft.

Die Vorwürfe: die Beamten der EDOK wollten FBI-Agenten dafür gewinnen, Baranski eine falsche Identität zu verpassen, damit dieser weiterhin als V-Mann für Österreich arbeiten könne. Außerdem seien alle Informationen, die aus Polen über Verdächtigungen gegen Baranski nach Österreich kamen, „ganz weit unten" in einem Aktenstapel verschwunden.

Prozess-Reigen beginnt im „Grauen Haus"

Anfang 2003 begannen Prozesse sowohl gegen den vermeintlichen Mörder als auch gegen den hochrangigen EDOK-Agenten. Dieser hat sich einen prominenten Verteidiger gewählt: Wolfgang Mekis. Auf Grund seiner Vergangenheit kennt er das Metier aus den verschiedenen Perspektiven, doch an dem Tag, wo üblicherweise Kinder die Erwachsenen zum Narren halten, ist auch er offenbar mit seinem Latein am Ende.

„Jetzt ist es vorbei, es ist vorbei", sagt Mekis am 1. April 2003 zu seinem sichtlich nervösen Mandanten Bendekovits. Die beiden stehen am Gang vor der großen Türe des Saals 203 im Wiener Landesgericht und warten auf das Urteil. Die Zeit gibt dem Strafverteidiger recht: In erster Instanz erhält der EDOK-Mann zwei Jahre Haft wegen Amtsmissbrauchs aufgebrummt. Schuldig sei der ehemalige EDOK-Leiter vor allem deshalb, weil er versucht habe, die Verhaftung des mutmaßlichen polnischen Paten Baranski zu verhindern, und damit die öffentliche Sicherheit gefährdete.

„Ich bin nicht sonderlich scharf darauf, dass ein solcher Typ frei herumläuft", formulierte dazu Staatsanwältin Michaela Schnell und meinte damit den Polen. Viele werden ihr Recht geben, doch gleichzeitig wissen nicht nur alle Staatsdiener: Es wird immer „solche Typen" wie Baranski geben. Und sie werden immer jemanden finden, der für sie die Drecksarbeit erledigt. Es ist immer nur eine Frage der Macht, des Geldes und der Position. Doch die kann sich schnell ändern – die Position. Das wusste auch Jeremiasz Baranski. Logierte er doch einst in seiner feudalen, lichtdurchfluteten Villa, musste er später mit einigen wenigen Quadratmetern und einem einzigen kleinen vergitterten Fenster auskommen. Im Februar 2003 hatte der Prozess gegen ihn begonnen.

Ende März ruft der Richter die Polin Halina Galinska in den Zeugenstand. Baranski wird aus Sicherheitsgründen in einen Nebenraum gebracht. Und wie immer verhüllt er sein Gesicht hinter einem bunten Reisebürokatalog, scheut die Blitzlichtgewitter der Fotografen.

Die junge Dame war seinerzeit, an jenem verhängnisvollen Abend, die Begleiterin von Jacek Debski, und sie war bei dem Attentat selbst verletzt worden. Nun packt sie aus. Sie erzählt dem Richter, wie ihr Baranski immer wieder telefonische Anweisungen gegeben hat, dass sie danach die SIM-Karte hätte vernichten („schluck sie einfach") sollen, und sie kennt den Mörder: Tadeus „Tadek" Maziuk. Aber auch er soll nur Befehlsempfänger von Baranski gewesen sein. Einer von Dutzenden Auftragskillern. Auch er, wie sie, nur ein kleiner Fisch. Doch er ist mittlerweile tot. Erhängt in einer Gefängniszelle. Und sie, sie lebt noch. Und sie hat Angst. Wie alle kleinen Fische, die mit den Haien schwimmen wollten, und nun keine Kraft mehr haben.

Zeugen, die Baranski lebenslänglich hinter Gittern wissen wollen, gibt es einige: Die Lehrerin mit der gebrochenen Nase, der Baranski „die Hölle" bereiten wollte, oder die polnische Staatsanwältin, auf die einst ein Säureattentat im Auftrag des Haies verübt wurde. Junge Damen, die aus Angst SIM-Karten verschlucken würden. Sie alle haben Angst. Angst vor der Rache des Mannes, den seine Gefolgsleute einmal „Chef aus Wien" nannten. Angst vor den „blutigen Telefonaten" des Herrn Baranski. Sogar aus seiner Zelle im „Grauen Haus" heraus rief er mit einem eingeschmuggelten Handy einen Zeugen an und instruierte ihn, was er aussagen solle.

In der Nacht, ehe das Urteil verkündet werden sollte, fanden Aufseher den Polen besinnungslos in seiner Zelle BE 13 am Boden liegen. Mit Vergiftungssymptomen wurde er ins Krankenhaus gebracht. Wollte er Selbstmord begehen – oder war es ein Trick, um Zeit zu gewinnen, um vielleicht Gelegenheit zur Flucht zu finden?

Kaum aus dem Spital zurück in der Zelle, tischte er seinem Verteidiger Karl Bernhauser eine abenteuerliche Version des Vorfalls auf: in der Nacht seien Kriminalbeamte in die Zelle gekommen, hätten ihn festgehalten und das WC-Reinigungsmittel gewaltsam eingeflösst. Beweise dafür wurden allerdings trotz intensiven Ermittlungen keine gefunden.

Sollte er beseitigt werden, oder war es ein neuer Schachzug von „Lammfleisch"? Tagelang wurde in den Zeitungen spekuliert, dann kam am Vormittag des 7. Mai 2003 eine Eilmeldung der APA an die Redaktionen: der Untersuchungshäftling Jeremiasz Baranski war tot in seiner Zelle entdeckt worden, erhängt mit seinem Ledergürtel. „Fremdverschulden ist auszuschließen", beeilte sich das Justizministerium offiziell mitzuteilen.

Eine Version, die viele nicht glauben wollten, da er doch während seiner Haft intensiv versucht hatte, das Verfahren zu beeinflussen und auch bisher alle Krisen in seinem abenteuerlichen Leben gemeistert hatte. Beweise dafür, dass jemand mitgeholfen hat, Baranski ins Jenseits zu befördern, wurden allerdings keine bekannt.

Genau so wenig wie in ähnlich geheimnisvollen Fällen, wo ebenfalls lange um die Selbstmordversion diskutiert worden ist. Der des mehrfachen Mordes angeklagte Jack Unterweger hatte sich 1994 in der Nacht nach dem Urteil zu lebenslanger Haft in seiner Zelle erhängt, und auch der wegen der Briefbombenserie verurteilte Franz Fuchs erdrosselte sich 1999 mit dem Kabel seines elektrischen Rasierapparats im Gefängnis. In beiden Fällen waren zwar Urteile ergangen, dennoch schienen vielen Beobachtern nicht alle Details geklärt. So wie eben auch im Fall Baranski.